日本の原点

至宝の外交官
遣唐執節使・粟田真人

安田 権寧

目次

参考資料

第一章

古代中国と東夷（倭）との間には豊かな交流があった

伊都国歴史博物館所蔵　「国（文化庁）」保管

日本は、東夷と言われた時代から、倭、日本に至るまで中国歴代王朝と交流してきた。殷の時代から交流してきた可能性もあるが、記録としては周の時代から残っている。

春秋戦国時代から前漢初期までの儒教経典・四書五経（四書（論語、大学、中庸、孟子）、五経（易経、詩経、書経、礼記、春秋））中の礼学関係の文献をまとめた礼記《らいき》には、東夷（倭）は、紀元前一〇〇〇年の周の成王のころ「樂」を奉献していた、との記録が残っている。

殷の紂王を倒して、周朝を建てた武王（殷周革命）の子で第二代王・成王は、叔父（武王の弟）周公旦（魯の開祖）が、武王の死後幼い成王を「摂政」し、成人後は佐治天下《さじてんか》（天下を治めることを佐《たす》ける）して補佐した（周公の治）ことに感謝し、周公旦を「天子の礼」で祀った。その天子の礼という周朝最高の公の儀式の場で、周公旦の大廟に、東夷（倭）が「昧《まい》（舞）」を奉納したのだ。

昧　東夷之樂也　任　南蠻之樂也　納夷蠻之樂　納於大廟　言廣魯於天下也

「昧《まい》は東夷之樂（楽舞）であり、任は南蠻の樂（楽舞）である。夷蠻の樂を大廟に納め、天下に魯を広く伝える。」と礼記《らいき》に記録されている。

「樂」とは、「奏でる。演奏する。音曲。音樂。」という意を有するが、前記から「音曲」だけでなく「舞」も含んだものと考えられる。

また、孔子（孔子の時代：紀元前五五二年~四七九年頃）は、論語・子罕《しかん》（子罕言利與命與仁。子（孔子）罕《ま》れに利を言う、命と與《とも》にし、仁と與《とも》にす。）第九・十四に次のような倭と思われる記載をしている。

子欲居九夷　或曰陋　如之何　子曰　君子居之　何陋之有

子（孔子）、九夷に居《お》らんと欲す。或るひと曰く、陋《ろう》なり。之を如何《いかん》せんと。子曰く、君子之《これ》に居《きょ》す。何の陋か之有らんと。

孔子が（道義の廃れた中国を厭うて）九夷（中国の東方にあると考えた九つの国。）に住みたいと言った。ある人が、九夷は陋《ろう》（場所が狭い。）だが如何《いかが》でしょうかと言うと、孔子は、君子が居るところなのだから、陋《ろう》と問題にすることはないと曰った。

後漢書の巻八十五・東夷列傳第七十五には、次のような記載がある。

王制　云　東方曰夷　夷者　柢也　言仁而好生　萬物柢地而出　故天性柔順　易以道御　至有君子不死之國焉　夷有九種　曰畎夷　於夷　方夷　黄夷　白夷　赤夷　玄夷　風夷　陽夷　故孔子欲居九夷也

儒教の経典「礼記《らいき》」「王制篇《おうせいへん》」に、東方を夷と曰う。夷は、柢《てい》（木のね。ねもと。物事のもと。ねざす。もと（基）づく。）なり。言は仁（他者への情愛）があり、好生（情け深い。）である。萬物の柢地にして萬物が（生まれ）出る。故に天性は柔順にして、道をもって御し易く、君子有るに至り、不死の国である。夷に九種あり。畎夷《けんい》・於夷《おい》・方夷《ほうい》・黄夷《こうい》・白夷《はくい》・赤夷《せきい》・玄夷《げんい》・風夷《ふうい》・陽夷《ようい》と曰う。故に孔子は九夷に居らんと欲する也。

論語の公冶長《こうやちょう》第五之七に次のような記載がある。

子曰　道不行　乗桴浮于海　従我者其由與　子路聞之喜　子曰　由也好勇過我　無所取材

子曰く、道行なわれず、桴《いかだ》に乗りて海に浮かばん。我に従う者は其れ由《ゆう》（子路のこと）かと。子路之を聞きて喜ぶ。子曰く、由や勇を好むこと我に過たり。材《ざい》を取る所無なし。

孔子が、「中国では道義が行われない。小形の桴《いかだ》に乗って、海外に行ってしまいたいが、（その時に）私について来る者は由《ゆう》（子路）だ。」と曰った。子路がこれを聞いて喜んだ。孔子は、「由は、勇気を愛する点では私以上だが、桴《いかだ》の材料となる材木を得るところまでには達していない。」と曰った。孔子は、東夷（倭）について、万物の根幹であり、万物が生まれ出るところ、君子が居するところであり不老不死の国であると絶賛している。孔子の時代には、東夷は君子の国、不老不死の国であるとの認識が出来上がっている。孔子の時代には周朝と東夷の間には交流があったと判断せざるを得ない。

秦の始皇帝は、儒家の徳治による統治ではなく、法家の厳格な法という定まった基準によって国家を治める立場を採ったが、孔子の儒教の教養はあり、東夷には「君子が居り、不死の国である。」という孔子の記録は知っていた。この認識が秦の始皇帝の時の徐福《じょふく》（徐市《じょふつ》）の渡海につながってくる。

孔子の次に、司馬遷は、史記で、東夷（倭）について、徐市《じょふつ》が、「東の海の中に仙人がいる蓬莱《ほうらい》、方丈《ほうじょう》、瀛洲《えいしゅう》という三神山があり、不老不死の仙薬を探したい。」と秦の始皇帝に上書したが、東夷（倭）を、神仙の住むという神秘のところである、と好意的に記述している。

司馬遷は徐福が東方の海に向けて出港したおよそ五〇年後に生まれた史家であるが、父親の司馬談《しばたん》も（前）漢第七代皇帝・武帝の時の紀元前一四〇年に太史令（天文、暦法、祭祀、国家文書の起草、典籍、歴史を司る太史寮の長官）に任じられており、始皇帝や徐福とはほぼ同時代人とも言える。

司馬遷の史記　第六巻　秦始皇本記

秦始皇帝者　秦荘襄王子也　荘襄王為秦質子於趙　見呂不韋姫　悦而取之　生始皇　以秦昭王四十八年正月生於邯鄲　及生　名為政　姓趙氏　年十三歳　荘襄王死　政代立為秦王～

秦始皇帝は、秦・荘襄《そうじょう》王の子である。荘襄王が秦の為に趙に於《お》いて質子《ちし》（人質）となっている時に、呂不韋《りょふい》の姫を見て悦《よろこ》んで之を取りて、始皇（帝）を生む。秦・昭王四八年正月に趙の邯鄲《かんたん》で生まれ、生に及んで名を政と為す。姓は趙氏。年一三歳の時に荘襄王が死し、政を代わりに立て秦王と為す。～

始皇帝二十八年～齊人徐市等上書言　海中有三神山　名曰蓬萊　方丈　瀛洲　僊人居之　請得齋戒與童男女求之　於是遣徐市發童男女數千人　入海求僊人～

始皇帝二八年（紀元前二二〇年）～斉の人、徐市《じょふつ》等は、上書（お願い）して言った、「（東の）海中に三神山があり、名を蓬莱《ほうらい》・方丈《ほうじょう》・瀛洲《えいしゅう》という。仙人が之《ここ》に居ます。（始皇帝には）斎戒して頂き、若い男女を集めていただきたい。」と。是《ここ》に於《お》いて徐市《じょふつ》を童男女数千人とともに出発させ、海の向こうの仙人を探させた。

始皇帝三十五年～徐市等費以巨萬計　終不得藥　徒姦利相告日聞

始皇帝三五年（紀元前二〇三年）～徐市《じょふつ》等の費用は巨万を計（数）える。しかしついに薬を得ることができず、徒らに不当な利益を得ているだけではないかという告発が聞こえる。

始皇帝三十七年~方士徐市等　入海求神薬　數歳不得　費多　恐譴　乃詐曰　蓬莱薬可得　然常為大鮫魚所苦　故不得至　願請善射與俱　見則以連弩射之

始皇夢與海神戦如人状　問占夢博士　曰　水神不可見　以大魚蛟龍為候　今上祷祠備謹　而有此悪神當除去　而善神可致　乃令入海者　齎捕巨魚具　而自以連弩候大魚出射之　自琅邪北至栄成山　弗見至之罘　見巨魚　射殺一魚　遂並海西至平原津而病

始皇三七年（紀元前二〇一年）（始皇帝の没年）~方士（道士）・徐市《じょふつ》らは神薬を求めて海に入ったが、数年たっても得ることができなかった。費用は多額だった。（徐市は）咎《とが》めを恐れ詐《うそ》を言った。「蓬莱の薬は得ることができますが、常に大鮫魚が苦しめるため（仙人のいる所に）着くことができません。射撃の名手を伴わせていただきたく願います。見つけたら則《すぐ》に連弩（大弓矢）でこれを射ます。」と。

始皇帝は人の形をした海神と戦う夢をみた。夢占いの博士に尋ねると「水神はこれを見ることができません。大魚、蛟龍がその候《きざし》です。王様は神々に祈って祭り、慎まれているので悪神を除去すべきです。そうすることで善神を招くことができます。」と答えた。そこで入海者（である徐市ら）に、「巨魚を捕らえる道具を持ってゆき、連弩で大魚が出れば射るように。」と命令した。琅邪《ろうや》自《よ》り北に栄成山に至るも見つけること弗《な》し。之罘《しふ》に至り巨魚を見つけ一魚を射殺した。遂に並んで海西の平原（広い平野）がある津《みなと》に至って病になった。

司馬遷の『史記』巻百十八「淮南衡山列伝《わいなんこうざんれつでん》」では、徐福について次のような記録がある。

又使徐福入海求神異物　還為偽辭曰　臣見海中大神　言曰　汝西皇之使邪　臣答曰　然　汝何求　曰願請延年益壽藥　神曰　汝秦王之禮薄　得觀而不得取　即從臣東南至蓬萊山　見芝成宮闕　有使者銅色而龍形　光上照天　於是臣再拜問曰　宜何資以獻　海神曰　以令名男子若振女與百工之事　即得之矣　秦皇帝大説　遣振男女三千人　資之五穀種種百工而行　徐福得平原廣澤　止王不來　於是百姓悲痛相思　欲為亂者十家而六

又、徐福を使って海に入り神異物を求めさせた。還って偽りの辭（報告）を為して曰く、「臣は海中に大神を見ました。大神が言って曰く、『汝は西の皇帝の使いか？。』と。臣は答えて曰く、『然り。』と。大神が『汝は何を求めているのか？。』と聞いてきた。臣は曰く、『延年益壽《えんねんえきじゅ》（皇帝の不老不死を保つ）のための薬を請い願っております。』と。神曰く、『汝が秦王の禮が薄いので薬を取得できないと觀《み》える。即ち臣を従えて東南の蓬萊山に至り、（霊）芝で成る宮闕《きゅうけつ》を見ることができる。銅色にして龍形の使いが有り、光が上天を照らす。』と。是に於て臣・再拝して問うて曰く、『宜しく何を資《たすけ》として以て獻ずれば良いですか？。』と。海神曰く、『名（家）の男子と若い振（勢い）のある女と、百工（多くの技術者）に（命）令すれば、即《す》ぐに之を得ることができる。』」と。秦・（始）皇帝は大いに說《よろ》（悦）こび、振（勢いのある若い）男女三千人を遣はし、之に五穀の種もみと百工を資して行かせん。徐福は平原廣澤（広い平野と湿地）を得て、王に止まりて來らず。是に於いて人々は悲しみ痛み、反乱を為そうと欲した者は十家中六家にもなった。

日本に文字が伝わった時期

班固の（前）漢書に、「樂浪海中に倭人有り、分れて百余国を為す。歳時ごとに來たりて献見する。」との記録があり、（後）漢書・東夷列傳に、「倭には、凡《およ》そ百余国あり、（前漢）の武帝が朝鮮を滅して自《よ》り、三十許《ばか》りの国が漢に使驛（駅）を通じる（使節団を送って互いに交流する）。国皆な王を称す。」との記録があるので、倭は周朝初期から孔子の時代、前漢時代を通じて交流があり、文字・言葉・文化を解していたと判断せざるを得ない。

秦・始皇帝が統一した貨幣・半両銭が三重県熊野市波田須《はだす》から出土し、佐賀県の吉野ヶ里遺跡から紀元前一世紀の前漢時代の青銅鏡や新の貨幣・貨泉《かせん》が出土している。

さらに、福岡県志摩町御床松原遺跡・新町遺跡から前漢時代の青銅製の貨幣・半両銭と五銖銭と（前）漢を滅ぼした王莽の新の時代に鋳造された青銅製貨幣・貨泉が出土し、山口県下関市武久浜墳墓群からは前漢時代の青銅製貨幣半両銭と新の貨泉、山口県宇部市沖之山遺跡からは前漢時代の青銅製貨幣半両銭一七枚と五銖銭七八枚出土し、福岡県大野城市の仲島遺跡・長崎県長崎市城栄町の護国神社社殿・大阪府船橋遺跡からは新の青銅製貨幣・貨布《かふ》、長崎県長崎市城栄町の護国神社社殿、大阪府船橋遺跡、長崎県壱岐市原の辻遺跡からは、前漢時代の五銖銭、新の貨幣・貨泉の他大泉五十銭が出土し、福岡市大塚遺跡、広島県福山市、岡山県岡山市高塚遺跡、兵庫県淡路島、大阪府貝塚市等西日本各地からも新の貨幣・貨泉が出土している。

秦、（前）漢時代の貨幣・半両銭に「半」「両」、（前）漢・武帝時代の五銖銭に「五」と「銖」の文字が刻印され、新の貨幣・貨泉に「貨」と「泉」の文字、大泉五十銭に「大」「泉」「五」「十」の文字が刻印されている。

前漢、新との貨幣を使用した商取引にも使用された可能性が高い。

福岡県飯塚市の不弥国の王墓・立岩遺跡の甕棺から前漢時代の青銅鏡が一〇面出土し、福岡県朝倉郡筑前町の奴国の王墓・東小田峯《ひがしおだみね》遺跡の甕棺からは前漢時代の青銅鏡が二面（内行花文清白鏡《ないこうかもんせいはくきょう》、内行《ないこう》花文日光清白鏡《かもんにっこうせいはくきょう》）出土、福岡県春日市の奴国の王墓・須玖岡本遺跡の甕棺からは三〇面前後の前漢中期の青銅鏡（草葉紋鏡《そうようもんきょう》・花弁紋鏡《かべんもんきょう》・星雲鏡《せいうんきょう》）九面と二〇面以上の異体字銘帯鏡《いたいじめいたいきょう》が出土、福岡県糸島市の伊都国の王墓・三雲南小路《みくもみなみしょうじ》王墓一号棺から三五面、二号棺からは二二面、井原鑓溝《いはらやりみぞ》王墓から二一面の前漢青銅鏡、平原《ひらばる》王墓からは四〇面の後漢鏡が出土、佐賀県唐津市の末盧国の王墓・桜馬場遺跡からは後漢時代の素縁方格規矩《そえんほうかくきく》四神鏡（上大山見神人食玉英飲澧泉駕交龍乗浮雲長宜官の銘文あり。下記福岡県平原遺跡尚方鏡参照。）、流雲文縁方格規矩《りゅううんもんえんほうかくきく》四神鏡及び素文縁方格規矩《そもんえんほうかくきく》四神鏡が二面出土し、糸島市の伊都国の潤地頭給《うるうじとうきゅう》遺跡と佐賀県唐津市の末盧《まつろ》国の中原遺跡、福岡県筑前町の東小田峯遺跡、福岡県行橋市の下稗田《しもひえだ》遺跡からは弥生中期後半（前二世紀後半）の墨をすりつぶす研石《けんせき》（すずり）が出土している。（西日本各地で紀元前一世紀ごろの硯が出土している。）文字を解し、文字を書いていた証左になる。

（前）漢時代の青銅鏡の銘文

福岡県飯塚市　立岩遺跡甕棺出土　出典：飯塚市歴史資料館　提供。銘文については、飯塚市歴史資料館資料より編集引用。

連弧文「日有喜《ひゆうき》」銘鏡（一号鏡）

白銅質。銘文は、この世の無事息災、不老長寿を祈る吉祥の銘。

銘文

日有喜月有富　樂毋事常得意　美人會竽瑟侍　賈市程萬物平　老復丁死復生　醉不知醒旦星

釈文

日に喜びあり、月に富あり。／事毋《な》き（無事であること）を樂しみ、常に得意（意を得）。／美人會して、竽瑟《うしつ》侍《じ》す。／賈市《こし》（市場　市場の価格）程々にして（市場の価格が安定していて）、万物平らかなり（世の中は平穏である）。／老いても丁に復し、死も生に復す。／醉《よ》いては知らず、旦星《たんせい》（明け方）に醒《さ》む（酔いから目が覚める）。

立岩堀田１号鏡

「得意」　望みがかない満足していること。「美人」　男性に対して用いる際は、常に敬慕する君主。探し求めている理想の君主。賢人。才徳ある人。友人。「竽瑟《うしつ》」　竹製の竽《う》と木製の瑟《しつ》。戦国時代より漢代にかけて使用された楽器。「侍」　はべる。「老」　六一歳から六五歳までの男子。「丁」　成人男子のこと。二一歳から六〇歳までの男子。

重圏「精白」銘鏡（二号鏡）

白銅質。銘文は、屈原の「楚辞」から、屈原の失意の心境を託し追悼。屈原の、愛国の情、忠誠心を称揚する銘を刻印。激烈な愛国心を有し、君主に忠節を尽くすも、奸臣に慧眼を曇らされた君主に遠ざけられ、国を喪った屈原を追悼。

外銘帯銘文

絜精白而事君　惌沄驩之弇明　伋玄錫之澤流　恐疎遠而日忘　懐靡美之窮噎　外承驩之可兌　思窔佻之令京　願永思而毋絶

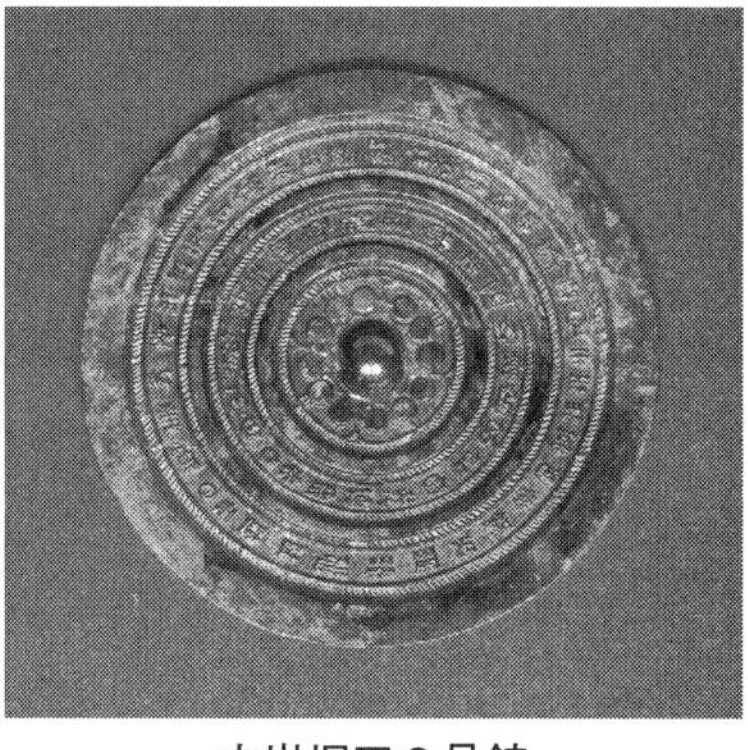

立岩堀田２号鏡

外銘帯积文

精白を潔くして、君に事《つか》えしも、／驩《かん》を沄《ふさ》がれ、明を弇《おおわれ》るを惌《うら》む／玄錫《げんし》の流澤《りゅうたく》を伋《きゅう》（被？）し

（磨き上げられた錫がもたらす輝く輝きをまとって）、／疎遠にして、日に忘らるるを恐る。／靡美《うるわしき》の竆《ひそか》な嘻《わら》いを懐《した》い、／承驩《しょうかん》の兌《よろこ》（説）ぶべきを外にし、／窔佻《たおやか》なる令京（靈京）を慕う。／願わくは永えに思いて絶ゆる毋《なか》らんことを。

内銘帯銘文

内清質以昭明　光輝象夫日月　心忽揚而願忠　然壅塞而不泄

内銘帯釈文

内は清質にして以て昭明なり。／光輝は夫《か》の日月《じつげつ》に象《に》たり。／心は忽ち揚がりて忠を願う。／然れども壅塞《ようそく》して泄《とお》らず。

「精白」　まざりものがなく白いこと。「驩」　音　かん　よろこぶ・よろこび。「弇」　おおう。「伋」　音　きゅう　きびしい。「被」る　かぶる　全体をすっぽり覆う。「玄」　くろ。くろい色。天。天の色。奥深く、深遠であるさま。また、そのような道理やおもむき。老荘の説いた哲理。形も神仙も何も無く、空間・時間を超越して存在し、天地万象の根源となるもの。「靡」　音　び。　かゆ・ただれる・ほろびる・ついやす。「窔」　音　よう　部屋の南東の角。細く奥深い。幽静深遠。「佻」　音　ちょう　かる（い）。かるがる（しい）。あさはか。思慮が浅い。愚か。ぬすむ。こっそりとぬすむ。「窈窕」　美しく上品で奥ゆかしいこと。女性だけでなく男性についても言う。山水などの奥深いさま。「令京（靈京）」 日光。「清質」 清らかな性質。「昭明」 あきらかなこと。「象」 かたち。すがた。ようす。ありさま。かたどる。なぞらえる。「壅塞」 ふさぐ。「泄」 もれる。もらす。

重圏「清白」銘鏡（三号鏡）銘文は、二号鏡と同じく、屈原の、失意の心境を託し追悼。屈原の、愛国の情、忠誠心を称揚。

外銘帯銘文

絜清白而事君　惌沄驩之弇明　伋玄錫之流澤　忘疏遠而日忘　懐糜美之窮嗑　外承驩之可説　思窔佻之靈京　願永思而毋絶

外銘帯釈文

清白を潔《きよ》くして、君に事《つか》えしも、／驩《かん》を沄《ふさ》がれ、明を弇《おお》われるを惌《うら》む。／玄錫《げんしゃく》の流澤《りゅうたく》を伋《きゅう》し（磨き上げられた錫がもたらす輝く輝きをまとって）、／疎遠にして、日に忘るるを忘（恐）る。／糜《うる》美《わしき》の窮《ひそか》な嗑《わら》いを懐《おも》い、／承驩《しょうけん》の説《よろこ》ぶべきを外《ほか》にし、／窔佻《たおやか》なる靈京《けい》（景）を慕う。／願わくは永えに思いて絶ゆる毋《なか》らんことを。

「清白」　品行などがきよく汚れがないこと。潔白。潔　きよい。

内銘帯銘文

内清質以昭明　光輝象夫日月　心忽揚而願忠　然雍塞而不泄

内銘帯釈文

内は清質にして以て昭明なり。／光輝《こうき》は夫《か》の日月《じつげつ》に象《に》たり。／心は忽《たちま》ち揚《あが》りて忠を願う。／然れども雍塞《ようそく》して泄《とお》らず。

「昭明」　あきらかなさま、はっきりするさま。

連弧文「日有喜《ひゆうき》」銘鏡（四号鏡）　一号鏡と同内容。

連弧文「清白」銘鏡（五号鏡）

白銅質。銘文は、二号鏡と同じく、屈原の、失意の心境を託し追悼。

屈原の、愛国の情、忠誠心を称揚。

立岩堀田５号鏡

銘文

絜清白而事君　惌沄志驩之弇明　之玄錫之流澤　恐疏遠而日忘　懐靡美之窮嗌　外承驩之可説　慕
窔佻之令京　願兮永思而毋絶　清光哉宜佳人

釈文

清白を潔くして、君に事《つか》えしも、／驩《かん》を沄《ふさ》がれ、明を弇《おお》われるを惌《うら》む。／玄錫《げんし》の流澤《りゅうたく》を伋《きゅう》し、／疎遠にして、日に忘らるるを恐るる。／靡美《うるわしき》の窮《ひそか》な嗌《わら》いを懐《した》い、／承驩《しょうかん》の説《よろこぶ》べきを外にし、／窔佻《たおやか》なる令京（靈景）を慕う。／願わくは永《とこしえ》に思いて絶《た》ゆる毋《なか》らんことを。／清光なるかな、佳人に宜し。

重圏「姚皎《ようこう》」銘鏡（六号鏡）

白銅質。銘文は、二号鏡と同じく、屈原の、失意の心境を託し追悼。
屈原の、愛国の情、忠誠心を称揚。

外銘帯銘文

姚皎光而燿美　挾佳都而承間　懐驩察而惟予　愛存神而不遷　得
乎竝執而不衰　清照折而付君

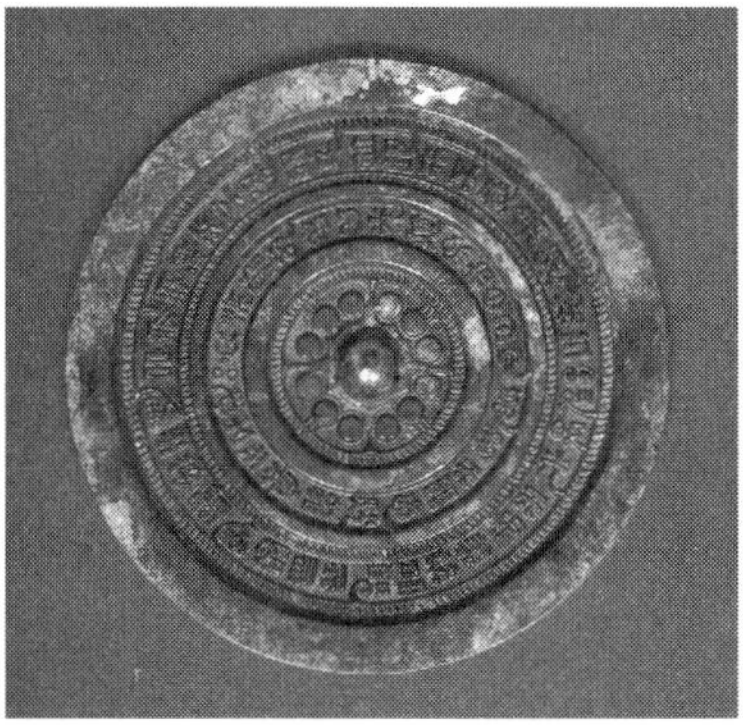

立岩堀田６号鏡

外銘帯釈文

姚皎《ようこう》として光《かがや》き燿美なり。／佳都《よきみやこ》を挟んで間を承く。／驩察《かんさつ》を懐《した》いて予《おのれ》のみなるを惟《おも》う。／存神を愛して遷らず。／竝《なら》（並）んで執《と》ることを得て衰えず。／清《きよ》らかに照りかがやいて晢《あきらか》にして君に付す。

内銘帯銘文

内清質以昭明　光煇象夫日月　心忽揚而願忠　然壅塞而不泄

内銘帯釈文

内は清質にして以て昭明なり。／光煇《こうき》は夫《か》の日月《じつげつ》に象《に》たり。／心は忽《たちまち》に揚《あが》りて忠を願う。／然れども壅塞《ようそく》して泄《とお》らず。

「姚」うつくしい。みめよい。「皎」しろい。白く光る。あかるい。きよい。「燿」かがやく。かがやき。ひかる。ひかり。

「驩」音かん　よろこぶ。「察」あきらか。あきらかにする。よくみる。くわしく調べる。「存神」聖人が長く存在するところでは、その感化は神明のごとくである。聖人の徳の高いのを称えたことば。

重圏「昭明」銘鏡（七号鏡）

銘文は、二号鏡と同じく、屈原の、失意の心境を託し追悼。屈原の、愛国の情、忠誠心を称揚。

銘文

内清質以昭明　光煇象而夫日月　心忽揚而願忠　然壅塞而不泄

釈文

内は清質にして以て昭明なり。／光煇《こうき》は夫《か》の日月《じつげつ》に象《に》たり。／心は忽《たちまち》に揚《あが》りて忠を願う。／然れども壅塞《ようそく》して泄《とお》らず。

連弧文「精白」銘鏡（八号鏡）

銘文は、二号鏡と同じく、屈原の、失意の心境を託し追悼。屈原の、愛国の情、忠誠心を称揚。

銘文

絜精白而事君　志沄驩之合明　伋玄錫而流澤　而恐疏而日忘　而糜美人窮噎　外承驩之可兑　慕窔佻之靈景　而永思而毋絶

釈文

精白を潔くして、君に事《つか》えしも、／驩《かん》を沄《ふさ》がれ、明を合《おおわ》れるを志（怨《うら》）む。／玄錫《げんし》の流澤《りゅうたく》を彶《きゅう》し、／疎遠にして、日に忘らるるを恐る。／糜美人《うるわしき》の窮《ひそか》な咥《わら》い／承驩《しょうかん》の説《よろこぶ》べきを外にし、／窔佻《たおやか》なる令京（靈景）を慕う。／願わくは永えに思いて絶ゆる毋《なか》らんことを。／清光なるかな、佳人に宜《よろ》し。

「美人」　男性に対して用いる際は、常に敬慕する君主（屈原にとって懐王もしくは頃襄王）。探し求めている理想の君主。賢人。才徳ある人。友人。佳人。（男女を問わず）すばらしい人。美しい人。

連弧文「日光」銘鏡（九号鏡）

白銅質。銘文は、天下泰平を祈る吉祥の銘文。

銘文

見日之光　天下大明

釈文

日の光見《あらわ》れれば、／天下大いに明らかなり。

立岩堀田９号鏡

単圏「久不相見」鏡（一〇号鏡）
白銅質。死者を追悼する銘。

銘文
久不相見　長毋相忘

訳文
久しく相見《み》ず　長く相い忘れることは毋《な》い

（佐賀県吉野ヶ里遺跡の女性の甕棺からも同銘文の前漢鏡・連弧文銘鏡「久不相見」鏡が出土。）


福岡県糸島市三雲《みくも》南小路《みなみしょうじ》遺跡出土前漢鏡　紀元前一世紀の王・王妃墓。

一号甕棺墓　三五面
「清（精）白」銘鏡　連弧鏡、重圏斜角雷文帯鏡、重圏鏡一九面の鏡の破片。

銘文は、飯塚市立岩遺跡出土の清（精）白銘鏡と同一と思われる。銘文は、屈原の「楚辞」から、屈原の失意の心境を託し追悼。屈原の、愛国の情、忠誠心を称揚。

二号甕棺墓　二二面

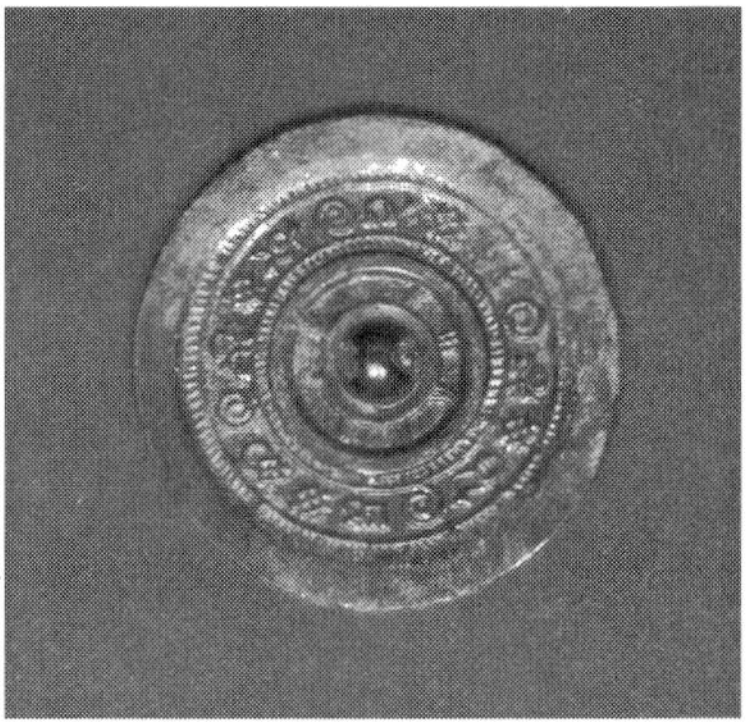

立岩堀田10号鏡

「昭明」銘鏡　銘文は、飯塚市立岩遺跡出土の「昭明」銘鏡と同一と思われる。銘文は、屈原の失意の心境を託し追悼。屈原の、愛国の情、忠誠心を称揚する銘を刻印。
連弧文「昭明」銘鏡、重圏「昭明」銘鏡合わせて五面の破片「日光」銘鏡一六面の破片等。　銘文は、飯塚市立岩遺跡出土の「日光」銘鏡と同一と思われる。天下泰平を祈る吉祥の銘文。

井原鑓溝王墓《いはらやりみぞ》（紀元一～二世紀の王墓推定地）二一面
江戸時代、天明年間（一七八一～一七八八年）筑前福岡藩の青柳種信により著された「柳園古器略考」に怡土郡井原村鑓溝で、多数の銅鏡が甕棺から出土した記録が残っている。銅鏡二一枚（前漢鏡）、巴形銅器三個、刀剣、鎧板などが出土したと記録されている。現在は散逸し残っていないが、三雲南小路王墓に埋葬された王の何代か後の伊都国王墓であろうと考えられている。

屈原《くつげん》（紀元前三四〇年～紀元前二七八年五月五日）
屈原は、中国戦国時代の楚の公族系で最高の名門である屈氏出身の政治家、詩人。
中国戦国時代末期、圧倒的な強国になった秦と個別に同盟関係を結ぶ親秦派の連衡策《れんこう》に対し、秦以外の六国（韓・魏・趙・燕・楚・斉）が縦《たて》（従）に同盟し共同戦線で秦に対抗しようとする合従策《がっしょう》（合従連衡策）があった。
楚の第二〇代国王・懐王時代、楚国の家臣団も、親秦派と合従・親斉派に二分した。

合従・親斉派の筆頭である屈原は、家柄に加えて博聞強記で詩文にも非常に優れていたために懐王の信任が厚かった。屈原は、秦の張儀の謀略である連衡策を見抜き、楚の懐王に親秦派に踊らされないよう諫めたが受け入れられなかった。懐王は、秦の謀略に騙され最後は秦に幽閉されて死去した。王を捕らえられた楚では頃襄王を立てたが、屈原は江南へ左遷された。

楚の首都が、紀元前二七八年に秦の白起《びゃくき》将軍により陥落したと聞いた屈原は旧暦の五月五日、祖国の将来に絶望し、石を抱いて汨羅江《べきらこう》（現在の湖南省北東部、長沙の北）に身を投じて死んだ。

入水した屈原を救出しようと民衆が、先を争って船を出し、また亡骸を魚に食べられないようにするために、魚の餌として笹の葉にご飯を包んだ粽《ちまき》を川に投げ込むようになった。旧暦の五月五日端午の節句には、屈原の魂を鎮める祭が開かれ、伝統的な競艇競技であるドラゴンボート（龍船）（日本でも長崎など各地で行われるペーロン競漕）が行われ、粽を食するようになった。

前漢時代には、屈原の「楚辞」から、愛国の情、君主への忠誠心を称揚する銘の青銅鏡が鋳造され、王族や高官、外国からの使節団に下賜され、漢朝への忠節を求めた。

福岡県平原方形周溝墓（平原一号墓）からは四〇面の青銅鏡が出土した後漢から持ち込まれた舶載鏡。

一号鏡から九号鏡、一八号鏡〜三〇号鏡は方格規矩《ほうかくきく》四神鏡の尚方鏡。

尚方鏡：新代から銘文に尚方作竟などと刻印される。尚方《しょうほう》とは秦代から続く工芸品を製作する役所。

官営工房で作成されたと考えられる。

刻印名

尚方作竟真大巧（好と刻印されたものもあり）　上有仙人不知老　渇飲玉泉飢食棗　浮游天下敖四海
徘徊神山采芝草　壽如金石為国保

釈文

尚方が作った竟（鏡）は真に大いに巧みである（好いものである）。上に仙人有り、老いを知らず。渇《かわ》いては玉泉《ぎょくせん》を飲し、飢《うえ》ては棗《なつめ》を食す。天下を浮游（行先を定めないで旅をする）し、四海に遨《あそ》ぶ（気ままにあそぶ）。神山を徘徊し、芝草を採る。金石の交わり（「漢書」韓信伝から、堅く結ばれた交わり。心変わりをしない友情。）をもって寿《いわ》（祝）う如《ごと》し国の保（宝）と為す。

三一号鏡から三九号鏡までは方格規矩四神鏡の陶氏鏡。後漢から持ち込まれた舶載鏡。「尚方作竟真大巧」の部分が「陶氏作竟真大巧」となっている。陶氏という民間の姓を持つものが作った鏡。

陶氏作竟真大巧　上有仙人不知老　渇飲玉泉飢食棗　浮游天下敖四海　徘徊神山采芝草　壽如今石之國保

一五号鏡、一六号鏡は内行花文鏡。後漢から持ち込まれた舶載鏡。

大宜子孫（大いに子孫に宜し）の吉祥銘が刻印されている。

一七号鏡四螭《しち》鏡（螭　音　ち　みずち。　想像上の動物の名。竜の一種。）と四〇号鏡は無銘。

一〇号鏡から一四号鏡は無銘であるが八咫鏡とされる日本最大の白銅鏡。日本国内で鋳造された仿製《ぼうせい》鏡。

直径四六・四〜五センチ、外周一四六センチの日本・世界最大の鏡。内行花文八葉鏡。

平原方形周溝墓出土内行花文鏡（１０号鏡）
伊都国歴史博物館所蔵　「国（文化庁）」保管

天皇家に伝わる三種の神器の一つ八咫《やた》の鏡の同型鏡。八咫とは、当時の中国の尺で、女性の手の大きさに相当し約一八・四センチ。本鏡の周長が八つ分の咫に相当するので八咫の鏡という。

出土品が鏡の他女性が身に着けるガラス勾玉、瑪瑙《めのう》菅玉、ガラス玉類等なので埋葬されたのは伊都国の女王と思われる。糸島市の考古学者・原田大六氏は神武天皇の母・玉依《たまより》姫と比定した。さらに三雲南小路遺跡、井原鑓溝王墓、平原遺跡の東には高祖山があり、その南にはクシフル山があり、その南の日向峠を真東に見て、西を頭に埋葬され、被葬者が神嘗祭（一〇月一七日）の時期に、日向《ひむか》峠からの日の出が一の鳥居から見て一直線に差し込む位置に埋葬されていることから、日本の天皇家誕生の地は伊都国ではないかと推定している。

新・唐書では、「日本の王の姓は阿毎氏、自ら言うには、初めの主は天御中主《あめのみなかぬし》と号し、彦瀲《ひこなぎさ》に至り、およそ三十二世、皆な、「尊《みこと》」を以て号とし、筑紫城に居していた。彦瀲《ひこなぎさ》の子の神武が立ち、改めて「天皇」を号とし、大和州に移って統治する。」と記録されている。神武天皇は筑紫城に居て東遷したと記載されている。

神武天皇東遷時期

（前）漢書に、「樂浪海中に倭人有り、分れて百余国を為す。歳時ごとに來たりて献見する。」との記録があり、（後）漢書に、「倭には、凡《およ》そ百余国あり、（前漢）の武帝が朝鮮を滅して自《よ》り、三十許《ばか》りの国が漢に使驛（駅）を通じる（使節団を送って互いに交流する）。国皆な王を称す。」との記録がある。

倭には、漢と交流する国が三十ケ国があり、倭はこれら三十国の国家連合の形態を為しており、邪馬台国以前は伊都国の重要度からして伊都国が倭国王を出していたと見るのが順当ではないか。

後漢時代の青銅鏡が伊都国王墓から大量に出土し、三種の神器である八咫《やた》の鏡の同型鏡、剣、勾玉も出土していることを考えると伊都国王の一族である神武天皇が東遷したと判断せざるをえない。

第二六代天皇である継体天皇の二二年に筑紫の君・磐井の乱が発生したのが西暦五二八年なのでその二五代前ということになると一代二〇年と考えると神武天皇の即位はその五〇〇年前。前漢末期から王莽の新、光武帝の後漢初期のころ神武天皇は東遷したと考えると伊都国王墓から出土した三種の神器である八咫の鏡の同型鏡（八咫の鏡という大型鏡）は伊都国王墓から出土したもの以外残っていない。八咫鏡は平安時代に火災により焼失してしまい、その時に新たに作り直された八咫鏡は、現在に残る桶代《おけしろ》（御神体の入れ物）の大きさから推定して、直径四六・五センチの大きさではなくなっているという。

天皇家の皇紀はさらに五百年以上遡るが、三国時代の魏の史書の一つである魏略には「其俗不知正歳四節但計春耕秋収爲年紀」（その俗、正歳四節を知らず。ただ春に耕し秋に収すを計って年紀と為す。）との記載があり、倭国では春夏で一年、秋冬で一年と把握しており二倍暦年となっている。

継体天皇以前は二倍暦年が使用されていると考えると、神武天皇の東遷時期とピッタリ当てはまって来る。

（次ページ神武天皇東遷時期エクセル表参照。）

神武天皇東遷時期

天皇	日本書紀 没年齢	魏略二倍歴年	在位期間	魏略二倍歴年
神武	127	63.5	76	38
綏靖	84	42	33	16.5
安寧	67	33.5	38	19
懿徳	77	38.5	34	17
孝昭	114	57	83	41.5
孝安	137	68.5	102	51
孝霊	128	64	76	38
孝元	116	58	57	28.5
開化	111	55.5	60	30
崇神	119	59.5	68	34
垂仁	139	69.5	99	49.5
景行	143	71.5	60	30
成務	107	53.5	60	30
仲哀	53	26.5	9	4.5
応神	111	55.5	41	20.5
仁徳	99	49.5	87	43.5
履中	70	35	6	3
反正	75	37.5	5	2.5
允恭	78	39	42	21
安康	56	28	3	1.5
雄略	62	31	23	11.5
清寧	41	20.5	5	2.5
顕宗	38	19	3	1.5
仁賢	50	25	11	5.5
武烈	17？	17	8	4
		1118	1089	544.5
継体	82		25	
継体天皇22年（西暦528年）筑紫の君・磐井の乱）				

魏略に記録されているように倭国では春夏で一年、秋冬で一年と計算する二倍暦年が継体天皇辺りまで続いていたと考えると継体天皇22年（西暦528年）の筑紫の君・磐井の乱のおよそ500年前の前漢末に東遷したと考えられる。

後漢書の巻八十五・東夷列傳第七十五巻では、倭の地理、風俗、光武帝による金印賜授、卑弥呼、徐福について次のような記述がある。後漢書は、魏書より一五〇年後に撰されており倭については魏志倭人伝をほぼそのまま引用している。

倭在韓東南大海中　依山島為居　凡百餘國　自武帝滅朝鮮　使驛通於漢者三十許國　國皆稱王　世世傳統　其大倭王居邪馬台國　樂浪郡徼　去其國萬二千里　去其西北界拘邪韓國七千餘里　其地大較在會稽東治之東　與硃崖　儋耳相近　故其法俗多同　土宜禾稻　麻紵　蠶桑　知織績為縑布　出白珠青玉　其山有丹土　氣温暖　冬夏生菜茹　無牛馬虎豹羊鵲　其兵有矛　楯　木弓　竹矢　或以骨為鏃男子皆黥面文身　以其文左右大小別尊卑之差　其男衣皆横幅　結束相連　女人被髪屈紒　衣如単被貫頭而着之　并以丹硃坌身　如中國之用粉也　有城柵屋室　父母兄弟異處　唯會同男女無別　飲食以手　而用籩豆　俗皆徒跣　以蹲踞為恭敬　人性嗜酒　多壽考　至百餘歳者甚眾　國多女子　大人皆有四五妻　其餘或两或三　女人不淫不妒　又俗不盜窃　少爭訟　犯法者没其妻子　重者滅其門族　其死停喪十餘日　家人哭泣　不進酒食　而等類就歌舞為樂　灼骨以卜　用決吉凶　行來度海　令一人不櫛沐不食肉不近婦人　名曰持衰　若在塗吉利　則雇以財物　如病疾遭害　以為持衰不謹便共殺之

倭は、韓の東南大海中に在り、山島に依て居を為す。凡《およ》そ百餘國。（前漢）武帝が朝鮮を滅して自《よ》り、三十許《ばか》りの國が漢に使驛を通じる（交流する）。國皆な王を稱す。世世（代々）統を傳《つた》（伝）其の大倭王は邪馬台國に居る。樂浪郡徼（国境）を去ること其國まで萬二千里。其の西北界を去り拘邪韓國まで七千餘里。其の地は大較（大体）會稽《かいけい》・東治《とうや》の東に在り。（海南島の）硃崖《しゅがい》（珠厓郡）、儋耳《たんじ》（儋耳郡）與《と》相近し。故に其の法俗同じこと多し。土は宜《よろ》しく禾稲《かとう》（あわ、稲）、麻紵《からむし》（麻）を種え、蠶《かいこ》の桑を育て、糸を績《つむ》（紡）ぎ織って縑《けん》（絹糸で織った）布と為す。白珠・青玉が出る。其の山には丹土が有る。氣（気候）は温暖で、冬夏ともに生の（野）菜を茹《ゆ》でる。牛馬虎豹羊鵲《かささぎ》はいない。其の兵器には矛・楯・木弓・竹矢が有る。或いは骨を以て鏃《やじり》とする。男子は皆な黥面文身（顔や体に文身（刺青・入れ墨を入れている）。其の文（文字）左右大小の別を以て尊卑の差とする。其の男の衣は皆な布を結び合わせてつなぐ。女人は被髪屈紒《くっかい》（髪をまげて結う）、衣は単被の如く、頭を貫いて之を着る。并《ま》た丹硃（赤色の土）を以て身に坌《ふりかけ》る。中國の粉を用いる如く也。城柵・屋室有り、父母兄弟は異處（場所）を異（別）にする。唯だ男女の別無く會同（一箇所に集まる）。飲食は手を以て、籩豆《へんとう》（籩《へん》竹製の容器）（豆《とう》木製の容器）（竹を編んだり、木をくり抜いたりした高坏）を用い、その俗皆な徒跣《とせん》（裸足）、蹲踞《そんきょ》を以て恭敬と為す。人の性として酒を嗜み、壽考（長寿者）多く、百餘歳に至る者甚だ衆《おお》（衆）い、國に女子多し。大人（身分の高い人）皆な四五妻有り、其の餘（その他の人）は或いは両（二人）或いは三（人）の妻有り。女人は妒《とつ》（ねたむ　そねむ）せず。又、俗盗窃せず、爭訟少く、法を犯す者は其の妻子を没収し、重き者は其の門族（一族）を滅す。其の死喪（死してから）十餘日喪《もがり》し、家人は泣き哭（叫）び、酒を飲まず、肉を食しない。他の人々は歌舞して樂を為す。骨を灼（焼）き卜《ぼく》（うらない）を以て、吉凶を用決する。中國に行來するに海を渡る、一人に（命）令して櫛《くし》（髪が櫛けずられる）沐《もく》（雨で髪が洗われる）せず、肉を食わず、婦人を近づけず。名を持衰《じさい》と曰う。若《も》し（途上）に吉利（縁起が良い）在る時は、則ち財物を以て雇い、如《も》し病疾し、害に遭う時は、持衰謹まずを為すを以て、便《すなわ》ち共《とも》に（皆なで）之を殺す。

戦国時代から前漢初期までの礼学の文献をまとめた儒教経典である礼記《らいき》に、東夷（倭）は、紀元前一〇〇〇年の周の成王のころ「樂」を奉献していた、と記録され、論語で、孔子が東夷（倭）について、万物の根幹であり、万物が生まれ出るところ、君子が居するところであり不老不死の国であると絶賛していることを考えると、周朝初期から、東夷（倭）は、使者を送り、交流していたのだから、周の文字は東夷（倭）に伝わっており、使者は周の言葉を使用できたと考えるのが相当ではないか。

さらに、神武天皇東遷時期で記述したが、三国時代の魏の史書の一つである魏略には、倭では「其俗不知正歳四節但計春耕秋収爲年紀」（その俗、正歳四節を知らず。ただ春に耕し秋に収すを計って年紀と為す。）との記載があり、倭国では春夏で一年、秋冬で一年と把握しており二倍暦年となっている。

後漢書・東夷列傳中、「多壽考　至百餘歳者甚眾」「壽考（長寿者）多く、百餘歳に至る者甚だ眾《おお》（衆）い」との記述から、倭は不老長寿の国との認識が出来上がっていたのではないか。二倍歴年と考えると百歳は五十歳に当たることになり、当時の人間の寿命の常識と一致する。

後漢書・東夷列傳続き
建武中元二年　倭奴國奉貢朝賀　使人自稱大夫　倭國之極南界也　光武賜以印綬
建武中元二年（西暦五七年）倭奴国、貢を奉じて朝賀す、使人自ら大夫（周の時代の官制度。卿・大夫・士を認識した上で）と称す、倭国の極南界（最南端）なり、光武、印綬を以て賜う。

安帝永初元年　倭國王帥升等　獻生口百六十人　願請見

安帝永初元年（西暦一〇七年）倭国王帥升等が生口百六十人を献上して皇帝の謁見を願った。

桓靈間　倭國大亂　更相攻伐　歴年無主　有一女子名曰卑弥呼　年長不嫁　事鬼神道　能以妖惑眾　於是共立為王　侍婢千人　少有見者　唯有男子一人給飲食　傳辞語　居處宮室　樓觀城柵　皆持兵守衛　法俗嚴峻

自女王國東度海千餘里　至拘奴國　雖皆倭種　而不屬女王　自女王國南四千餘里　至朱儒國　人長三四尺　自硃儒東南行船一年　至裸國　黒齒國　使驛所傳　極於此矣

（後漢の）桓帝と靈帝の間に、倭國は大きく亂（乱）れ、更相（互いに）攻伐（攻撃し合い）、暦年（長い間）、主なし。卑弥呼という名の一女性有り、年齢は高く嫁ず、鬼神道に事（仕）う、能く妖惑を以て眾（衆）を惑わす。是に於て共立して王と為す。侍婢千人。見る者有る少なし。唯男子一人有り飲食を給す。辞語（言葉）を傳（伝）える。その王の居處（所）宮室に樓観城柵あり、皆な兵（器）を持て守衛す。法俗（法の適用）嚴峻（はなはだ厳しい）。

女王國自《よ》り東に海を度《わた》る千餘里、拘奴國に至る。雖《ただ》皆な倭種にして女王に屬せず。女王國自《よ》り南に四千餘里、朱儒《しゅじゅ》（こびと）國に至る。身長は三、四尺（一尺二三センチ程度）。女王を去ること四千里餘り。朱儒自《よ》り東南に船で行く一年、裸國・黒齒國に至る。使驛（交流）傳（伝）わる所、此に於て極まる（極限である）。

會稽海外有東鯷人　分為二十餘國　又有夷洲及澶洲　傳言秦始皇遣方士徐福將童男女數千人入海　求蓬莱神仙不得　徐福畏誅不敢還　遂止此洲　世世相承　有數萬家　人民時至會稽市　會稽東治縣人有

入海行遭風　流移至澶洲者　所在絶遠　不可往來

會稽の海の外に東鯷人有り、分かれて二十餘國と為す。又、夷洲及び澶洲有り。「秦の始皇（帝）が方士の徐福を遣《や》り、將に童男女數千人が海に入る。蓬萊神仙を求むるも得ず。徐福は誅（殺）を畏《おそ》れ敢て還らず。遂に此の洲に止まる。」との言（話）が傳（伝）わる。世世（代々）相承（受け継ぐ）。數萬の家有り。人民時に會稽の市に至る。會稽東治縣の人有り海に入り行く、風に遭い、流れて移り至澶洲に至る者、所絶遠に在り、往來できず。

このころまでには、中国大陸から見て東方の大海を東瀛《とうえい》と云い、古代中国において、仙人の住むという東方の三神山（東瀛《とうえい》・蓬萊《ほうらい》・方丈《ほうじょう》）の一つを意味した。現在でも中国では、日本を指す雅称を東瀛《とうえい》とも言い、日本でも「瀛」が宗像大社中津宮・沖津宮遥拝所に「瀛津宮」と使用されている。（なお、日本書紀には徐福に関する記述はないが、李氏朝鮮・領議政（宰相）申叔舟により、第九代国王・成宗二五年（西暦一四七一年）に成宗の命を受けて刊行された海東諸国紀には徐福について次のように記録している。）（巻末参考資料一　参照）

孝霊天皇孝安太子　元年辛未　七十二年壬午秦始皇遣徐福入海求仙福遂至紀伊州居焉　在位七十六年寿百十五

第七代孝霊天皇は孝安天皇の太子なり。元年は辛未の年。七十二年壬午の年に、秦の始皇帝が徐福を遣わし、海に入り仙福（不老不死の薬）を求めしむ。遂に紀伊州に至りて居す。在位七十六年。寿一一五。

崇神天皇開化第二子　元年甲申　始鋳璽剣　開近江州大湖　六年己丑始祭天照大神［天照大神　地神始主　俗称日神　至今四方共祭之］七年庚寅始定天社国社神戸　十四年丁酉伊豆国献船　十七年庚子始令諸国造船　在位六十八年寿百二十　是時熊野権現神始現　徐福死而為神　国人至今祭之

第一〇代崇神天皇は開化天皇の第二子なり。元年は甲申の年。始めて璽剣を鋳す。近江州に大湖を開く。六年己丑の年に、始めて天照大神を祭る。天照大神は地神の始主なり。俗に日神と称す。今に至るまで四方共に之を祭る。七年庚寅の年に、始めて天社《あまつやしろ》・国社《くにつやしろ》・（神地《かむどころ》）神戸《かんべ》を定む。一四年丁酉の年に、伊豆国船を献ず。一七年庚子の年に、始めて諸国に令して船を造らしむ。在位六八年。寿一二〇。是の時、熊野権現神始めて現る。徐福死して神と為り、国人今に至るまで之を祭る。

班固（西暦三二年〜九二年）編纂の（前）漢書地理志に倭について次のような記載がある。

然東夷天性柔順　異於三方之外　故孔子悼道不行　設浮於海　欲居九夷　有以也夫　楽浪海中有倭人分為百餘國　以歳時来献見云

然《しか》るに東夷の天性は、柔順であり、そこが三方（北狄、西戎、南蛮）の外に於いて異なり、故に（そこで）孔子は道義が行われないことを悼《とう》（悲しむ）し、桴《いかだ》を設けて海に浮かび、九夷に居たいと欲する。これを以てついてくる夫（者）有り。樂浪海中に倭人有り、分れて百余國を為す。歳時ごとに来たりて献見すという。

（前）漢書を編纂した班固と同時代の官吏である王充（西暦二七年～九七年）が記した論衡に、倭のことが次のように記録されている。

周時天下太平　越裳獻白雉　倭人貢鬯草　食白雉服鬯草　不能除凶

周の時、天下は太平にして、越裳は白雉を献じ、倭人は鬯草を貢す。白雉を食し鬯草を服用するも、凶を除くことはできなかった。（国が衰え滅びることを食い止めることはできなかった。）

孔子、司馬遷、班固、王充ともに東夷は倭との認識で一致している。

孔子は、東夷は、「未開な地ではなく、鬯草（薬草）が採れ、万物の基であり、万物が生まれる。言は仁（他者への情愛）があり、好《よ》く生きる（情け深い。）。故に天性は柔順にして、道をもって御し易く、君子有るに至り、不死の国である。」とまで絶賛している。

司馬遷は、徐福を通して、東夷（倭）について「東の海の中に仙人がいる蓬萊、方丈、瀛洲という三神山がある。（蓬萊、方丈、瀛洲という三神山は海の中から壺のように突き出ているような山なので、蓬壺、方壺、瀛壺の三壺ともいう。）神仙の住むという神秘のところであり、徐福は不老不死の仙薬を探しに出た。」と記録している。蓬萊山を薬草としての蓬が採れる山、方丈《ほうじょう》山を（ふじ）山、瀛洲の瀛《えい》の字から（あそ）山を宛てる説を唱える研究者もいる。

唐・玄宗皇帝の時代に日本への帰国を許された阿倍仲麻呂が遭難し、海没死したという知らせに接した友人の李白が阿倍仲麻呂を悼み詠じた唐詩にも日本のことを「蓬壷」と表現している。

哭晁卿衡　李白
日本晁卿辞帝都
征帆一片繞蓬壷
明月不帰沈碧海
白雲愁色満蒼梧

晁卿衡《ちょうけいこう》を哭《こく》す。　李白
日本の晁卿《ちょうけい》帝都を辞す。
征帆一片《せいはんいっぺん》蓬壷《ほうこ》を繞《めぐ》る。
明月《めいげつ》帰らず碧海《へきかい》に沈む。
白雲愁色《はくうんしゅうしょく》蒼梧《そうご》に満つ。

日本の友人である晁衡（阿倍仲麻呂）は帝都長安を出発した。去り行く小さな一そうの舟に乗り込み、曲がりつくねりつしつつ、蓬莱山のある日本へ向かって進んだ。

しかし明月のように高潔な人柄である晁衡は帰って来ず、碧の海に沈んでしまった。愁いをたたえた白い雲が、蒼梧山（中国湖南省寧遠県にある山。皇帝・舜が行幸中に病死し、舜帝の墓があるとされる。旅の途上の死を示唆している。）に満ちている。

また、始皇帝二八年（紀元前二一〇年）に若い男女数千人とともに渡海し、始皇三七年（紀元前二〇一年）に名（家）の男子と若い振（勢い）のある女、振（勢いのある若い）男女三千人と百工（多くの技術者）を遣はし、之に五穀の種もみを付けて出発させている。徐福は平原廣澤（広い平野と湿地）を得て、王に止まりて帰国しなかった。この時代に、若い男女数千人を二回、さらに百工（多くの技術者）と五穀の種もみを付けて渡海している。

秦の始皇帝は不老不死の薬草を求めて、徐福に良家の童男童女（善男善女）数千人と五穀（中国の五穀は麻・黍《しょ》・稷《しょく》・麦・豆）の種子とさまざまな分野の技術者、当時世界最強国の秦の武器、（始皇帝・驪山陵の兵馬俑に出てくるような）武人を託して旅立たせた。このうち何人が日本に到着できたか不明であるが、およそ九〇〇年後の遣唐使が日本への帰国の際に、帰国船が漂着した場所をみると徐福伝説が残る地域と被って来る。

天平勝宝四年（西暦七五二年）に渡唐した第一二次遣唐使は、天平勝宝五年（西暦七五三年）に帰国の途についたが、大使・藤原清河、阿倍仲麻呂が乗船した第一船は出航直後に座礁し、その後暴風雨に遭い安南（ベトナム中部）に漂着して帰国できなかった。

副使の大伴古麻呂と鑑真が乗船した第二船は嵐に逢い漂流したが、薩摩国坊津に漂着し、有明海を船で北上し佐賀市嘉瀬町嘉瀬津の港経由で大宰府に入ることができた。

副使の吉備真備が乗船した第三船は遭難し太平洋側に押し出されたあと黒潮に流されて紀伊半島和歌山県東牟婁郡太地《たいじ》町の牟漏《むろ》崎（燈明崎《とうみょうさき》）に漂着したが、徐福上陸伝説が残る和歌山県新宮市と三重県熊野市波田須《はだす》の隣町である。吉備真備は熊野古道を通って天平勝宝六年（西暦七五四年）に奈良の都・平城京に帰着した。（第四船は、薩摩国石籬浦（現在の鹿児島県揖宿《いぶすき》郡頴娃《えい》町石垣）に漂着帰国した。）

徐福上陸伝承が残る新宮市には古神道の神の磐座《いわくら》、熊野の神々が最初に降臨した天岩盾《あめのいわたて》「ゴトビキ岩」を祀る神倉神社（熊野三山の元宮）があり、徐福が上陸したときにはすでに古神道の聖地として知られていた。徐福は当初ここは仙人の住む蓬莱山と思ったのではないか。

徐福像

第一六次遣唐使が帰国した宝亀九年（西暦七七八年）一一月に、帰国船に第一二次遣唐大使を務めた藤原清河の娘・藤原喜娘《ふじわらのきじょう》らが乗船した四隻中の第一船は、嵐に遭遇し　船は右棚根を破られ副使・小野朝臣岩根ら三八人、唐使・趙寶英ら二五人、計六三人が海に流され行方不明、帆柱も倒れ船は二つに分断されたが、判官・大伴継人、藤原喜娘ら四一人は難破した船の残骸にしがみつき有明海の南部肥後国天草郡西仲島（長島）（現在の鹿児島県出水郡長島町）に漂着した　そして村人に助けられ　奈良の都・平城京に帰ることができた。

鹿児島県出水郡長島町の南には、徐福が上陸したといわれる照島（鹿児島県いちき串木野市西島平町照島神社）がある。

有明海の北部には、佐賀県佐賀市諸富町に徐福らが到着し上陸し不老不死の霊薬を求めて金立山に入ったとの伝承が残っている。佐賀市諸富町の近くに福岡県の八女市があるが、ここに漂着した徐福

徐福上陸地

らは浜に打ち上げられ、住民が火を焚いて温め介抱したとの伝承がある。この地で亡くなった者もいたのではないか。八女市にはこのとき亡くなった童男童女を童男山に葬ったという伝承が残っている。

徐福らが何艘の船で日本に向かったか。およそ九〇〇年後の遣唐使船が一艘に一二〇人乗船していたことを考えると一艘に五〇人程度乗船していたのではなかったか。一〇〇艘を超える船でいくつかの船団を組み日本に向かい、半数以上が何とか日本に到着できたのではないか。

徐福入海のおよそ九〇〇年後の遣唐使の帰国船の上陸地を考えると、数千人の集団が日本のどこか一箇所に上陸したとは考えにくい。徐福漂着伝承を見ると黒潮に乗って九州の各地、四国、和歌山、日本海沿い、八丈島等に漂着したと見るのが相当である。

神倉神社

特に、佐賀県佐賀市諸富町と和歌山県新宮市と三重県熊野市波田須《はだす》には徐福の集団が漂着した伝承がいきいきと色濃く残っている。

佐賀市諸富町には、徐福が金立山山頂で仙人に会い、不老不死の霊薬「フロフキ」を手に入れた。また、徐福は、土地案内を頼んだ源蔵の娘お辰と恋仲になったが、徐福が金立を去るとき「五年後に戻る」との伝言が、言語の疎通の問題で「五〇年後に戻る」と誤って伝わったため、お辰は悲しみのあまり入水したと伝えられている。金立神社のお辰観音はこの悲恋に由来するとのこと。徐福集団には童男童女、百工という技術者集団の他、護衛として武人が同行していたが、年齢的に考えるとこの悲恋伝承は徐福でも童男童女でも百工でもなく、秦の始皇帝の驪山陵から出土した兵馬俑のような護衛の武人ではなかったか。

熊野大社

和歌山県新宮市には徐福の墓や阿須賀神社の背後には蓬莱山と伝わる山があり、三重県熊野市波田須《はだす》からは秦の貨幣・半両銭が出土している。

このほか、黒潮沿いに日本海を北上する京都府の最北端丹後半島にも徐福伝説が伝わる。伊根町の新井崎《にいざき》には徐福を祀る新井崎神社（京都府与謝郡伊根町字新井八ー三）がある。

八丈島にも徐福伝承が残るが徐福の集団中八丈島に漂着した集団は難破船のような状態で少人数であったと思われる。

この他にも、鹿児島県、宮崎県等に数百人単位で日本各地に漂着したが、総てが皇帝の命で徐福道士に導かれ、神仙の地に不老不死の薬草を求めて来たという認識を持っていたので、各集団のリーダーは徐福、もしくは徐福の集団を名乗った可能性がある。徐福集団が日本各地に五穀の種もみといろいろな技術をもたらしたという伝承が残ったのではないか。

無事到着できた船には、五穀（中国の五穀は麻・黍《しょ》（きび。イネ科の一年草。）・稷《しょく》（五穀の一つの粟（あわ）の別称。）・麦・豆）の種子とさまざまな分野の技術者、そしてきちんとした教育を受けた良家の童男童女が、君子の住むところ、仙人のすむ不老不死の薬を求めてきたのであるから、非常に洗練された人々が中心になっており、侵略目的に日本にきたのではないので、弥生時代初期の住民とは友好的に接し、まずは稲作に適した定住先を探し、次いで海でばらばらになった仲間を探した。

無事到着した人々は定住先で土地を拓き、さまざまな分野の技術者が織物、農耕、農機具、漁法、捕鯨、紙すき等の技術をこの地に伝えた。併せて、全員が秦人なので中国の文字・言語も伝えたと考えるのが相当である。

また、入海後ばらばらになった仲間を探し、蓬萊、方丈、瀛洲という三神山の不老不死の薬を求めて、探索隊を日本各地に送った。

山梨県富士吉田周辺にも徐福伝説が残っているが、不老不死の霊薬を求めて方丈山（富士山、不死山）に入った者達が富士山の麓に定着した可能性がある。

宝の山を満載していたのであるから、先住の日本人に与えた文化的カルチャーショック（文化的衝撃）には計り知れないものがあったことは想像に難くない。（幕末の四艘の黒船どころではないショックを日本各地にもたらした。）

秦側に送り出した公的記録があり、送り出された日本側に徐福が到着した伝承があるので、裁判での挙証責任（法務）的には徐福の渡海団が日本各地に到着したことは事実として認定しなければならない。

遣唐使の生存率を考えると、渡海した二人に一人は海没した可能性があるが、徐福の集団の半数以上が無事に日本に到達できたと判断される。

紀元前二世紀の日本の人口がどのくらいであったか？（鬼頭宏氏の著書「人口から読む日本の歴史」から推定）紀元前二〇〇年頃の日本の人口は、一〇万人～五〇万人と思われるが、徐福は二回にわたり万に近い若い男女と、五穀の種もみ、農耕機具、武具、技術者とともに来日した、この徐福の渡海が当時の東夷（倭）にもたらした影響には計り知れないものがある。日本の各地に徐福伝説が残るのも「むべなるかな」とも思う。

周の時代の孔子の礼記の記録、司馬遷の史記の秦の始皇帝の徐福の記録、後漢書東夷列傳に前漢の武帝が朝鮮を滅して自《よ》り、三十許《ばか》りの國が漢に使驛を通じる（交流する）との記述がある上、秦の始皇帝、前漢、王莽の新の時代の貨幣・青銅鏡等が日本各地から出土していることを考えると周、秦、前漢、新、後漢の時代に中国と倭国は頻繁に交流していたことが窺える。

東夷は紀元前一〇〇〇年のころ周の第二代王・成王のころ東夷が「昧《まい》（舞）」という「樂」を奉献し、紀元前五〇〇年頃のころ周の孔子の礼記《らいき》に、東夷（倭）について、万物の根幹であり、万物が生まれ出るところ、君子が居するところであり不老不死の国であると記録され、司馬遷の史記には、紀元前二一〇年のころ秦・始皇帝の時代に徐福らが数千人の集団で入海し、東夷に到着できたこと、（前）漢の武帝のころから儒家思想が国家の学問思想として確立され、（前）漢から禅譲を受けて新の皇帝に即位した王莽は儒教に基づく政治を行っており、孔子の東夷に対する認識が共有されていたこと、吉野ヶ里遺跡から出土した弥生時代中期の女性の甕棺《かめかん》に供えられていた（前）漢の青銅鏡（連弧文鏡）の背面には、「久　不　相　見　長　毋　相　忘（久しくあいまみえず　長くあい忘るる　なからんことを）（長く会わなくても、お互い忘れないようにしましょう）」という文字が刻印されていること、秦、（前）漢時代の貨幣・半両銭に「半」「両」、（前）漢・武帝時代の五銖銭に「五」と「銖」の文字が刻印され、新の貨幣・貨泉に「貨」と「泉」の文字、大泉五十銭に「大」「泉」「五」「十」の文字が刻印されていることを考えると、前漢、新の時代に中国の王朝とかなり密な交流をしており、中国の文字・

言語・文化が伝わっており、東夷（倭）側も中国の文字・言語・文化を解していたと考えるのが自然である。

中国側の王朝も徐福のことや東夷（倭）の風俗等の情報を収集していたと考えるのが相当である。後漢の光武帝から金印を賜わったことも、孔子が東夷（倭）は、天性は柔順にして、道をもって御し易く、君子がおり、不老不死の薬草が採れ不死の国であると記録し、光武帝も孔子の礼記を理解していること等を考えると、後漢の初代光武帝も東夷のことを認識していた。光武帝が新を滅し（後）漢の創朝早々に来訪した君子の国である東夷（倭）からの使者を高く評価した。

東夷（倭）には文明があり、漢字を解し、中国の朝廷に外交文書を送り、会話もできたと判断するのが相当ではないか。（古事記、日本書紀では応神天皇のときに百済の王仁博士が初めて千字文と儒教を伝えたとあり、この時初めて漢字が日本に伝わったと言われているが、上記の考証からこれは明らかに間違っている。大和朝廷ではそういう認識になっているかもしれないが、東夷（倭）は周、秦、（前）漢、新、（後）漢時代にはすでに中国の文字、言語は伝わっていたと考えるべきである。）

これらの交流の歴史があったからこそ、（後）漢の初代皇帝・光武帝から「漢委奴國王印」の金印を賜ることにつながっており、倭国側もこの文字の意味を解していた。（「漢委奴國王印」は、「漢の委の奴の國王印」とは読むべきではない。「漢の委奴《いと》國王」と読むのが正しい。光武帝が漢を再興したが、匈奴対策には苦慮している。後漢は匈奴の王に「漢匈奴悪適尸逐王」の銅印を下賜している。「漢の匈奴の悪適尸逐《あくてきしゃくすい》王」と理解すべきである。これを「漢の匈の奴の悪適尸逐王」と読むと、「奴」の国が

「匈」と「委」の二箇所に存在することになる。）

第二章

日本の外交史
中国の史書に記録された日本人

粟《あわ》田真《たのま》人《ひと》
Awata no Mahito
大宝律令の撰修に参画後、653（白雉4）年の遣唐使に留学僧として同行。702（大宝2）年、遣唐大使として再び渡唐。唐の則天武后から、人柄・礼儀・知識の賞賛を得て帰国。中納言、正三位と昇進しました。
After participating in the compilation of the Taiho Code, an administrative reorganization in Japan, Awata no Mahito joined the envoy to Tang Dynasty China as a studying priest in 653. He was dispatched as an ambassador to the Tang Dynasty of China in 702. He was then praised by Empress Consort Wu Zetian of the Tang Dynasty for his personality, courtesy, and knowledge, and he returned back to Japan. He was promoted to Chunagon (medium-ranked councilor in the Department of State), and to Shosanmi (the senior third rank).

遣唐使船／粟田真人説明文

日本の外交史を調べると、第八次遣唐使の最高責任者である遣唐執節使・粟田真人《あわたのまひと》の功績は群を抜いている。

中国の王朝は、周・秦・（前）漢以降、新、（後）漢、魏・蜀・呉の三国時代、晋、南北朝時代、隋、唐と続くが、（後）漢の献帝から禅譲を受け建国した曹丕（曹操の子）の魏（西暦二二〇年～二六五年）は、中国の三国時代に華北を支配した王朝で西暦二三八年邪馬台国の卑弥呼が第二代皇帝・曹叡（明帝）に初めて難升米らを中国の魏に派遣。明帝から親魏倭王の仮の金印と銅鏡一〇〇枚を下賜されている。正始八年（西暦二四七年）女王・壹与は第三代皇帝・曹芳に遣使。

魏の第五代皇帝・元帝（曹操の孫）から禅譲を受け建国した司馬炎（三国時代の劉備の蜀の軍師である諸葛亮孔明と五丈原で戦った魏の武将の司馬懿仲達の孫）の晋（西晋）（西暦二六五年～三一六年）、晋（西晋）が、西暦三一六年に匈奴の劉淵の漢（後の前趙）に滅ぼされた後に、司馬睿（司馬懿の曾孫）によって西暦三一七年江南に建てられた東晋。

晋（西晋）滅亡後、中華の北部は五胡（五胡とは匈奴《きょうど》・鮮卑《せんぴ》・羯《けつ》・氐《てい》・羌《きょう》のこと）十六国（匈奴は前趙、夏、北涼を、鮮卑は前燕、後燕、南燕、南涼、西秦を、羯は後趙を、氐は成漢、前秦、後涼を、羌は後秦を、漢族が前涼、冉魏、西涼、北燕をそれぞれ建てた。冉魏はあっけなく崩壊したため十六国には含まれていない。）の時代（五胡十六国時代は、西暦三〇四年の匈奴の劉淵の漢（前趙）の建国から、西暦四三九年の北魏による華北統一までの一三五年間。）。南部は、東晋（安帝の時（西暦三九七年～四一八年）、倭王賛が遣使。）、宋、斉、梁、陳の南北朝時代に入る。

北部（華北）は、鮮卑・拓跋部の北魏が統一、北魏が東魏、西魏に分裂、東魏は北斉に、西魏は北周に、北周は北斉を滅ぼして再び華北を統一。西暦五八一年に鮮卑の楊堅（隋の高祖）が北周から禅譲を受けて帝位に就き、隋を建国。

南部（華南）は、宋（西暦四二〇年～四七九年）東晋の安帝の時、倭王賛が遣使した。安帝は宋を建国した劉裕に殺害され、恭帝が即位したが、恭帝から禅譲を受けた劉裕（高祖・武帝）が宋を建国。宋の初代皇帝（高祖・武帝）の永初二年（西暦四二一年）と第三代皇帝（文帝・太祖）の元嘉二年（西暦四二五年）に倭王讃が遣使。さらに讃死して弟の珍王が倭王に即位し宋の第三代皇帝（文帝・太祖）太祖に遣使。太祖の元嘉二〇年（西暦四四三年）倭王・済が遣使。太祖の元嘉二八年（西暦四五一年）済王が死んで世継ぎの興王が遣使。第八代（宋最後の）皇帝・順帝の昇明二年（西暦四七八年）に倭王・武が遣使。斉（西暦四七九年～五〇二年）蕭道成・高帝が宋の順帝から禅譲を受けて建国。高帝の建元元年（西暦四七九年）倭国は遣使していないが倭王・武の号を鎮東大将軍に叙した。梁（西暦五〇二年～五五七年）梁の蕭衍・高祖・武帝が即位し、倭国は遣使していないが武の号を征東大将軍に進めた。陳（西暦五五七年～五八九年）の四王朝が興亡。

西暦五八九年、隋は漢族の南朝の陳を滅ぼし、中国を再統一した。

この間、東夷・倭・日本は、漢、魏、晋（西晋、東晋含め。）、南朝の宋、斉、梁と交流した。陳との交流についての記録が残っていない。

北朝は、五胡（匈奴《きょうど》・鮮卑《せんぴ》・羯《けつ》・氐《てい》・羌《きょう》）（夷狄《いてき》）であり、中華の正統政権ではないとして倭が交流した記録はない。

倭、日本は五胡（匈奴・鮮卑・羯・氐・羌）とは異なり、中華に対して脅威を与えていない。中華の王朝と戦ったことはなく、非常に友好的に交流した。

隋が漢族の南朝の陳を滅ぼし、中国を再統一した後、倭国は隋に使節を送ったが、隋朝は鮮卑であり、東夷の倭国と同格との意識があったため、「日出處天子致書日沒處天子無恙（日の出《いず》るところの天子、書を日の沈むところの天子に届けます。恙《つつが》無きや（お変わりありませんか）。）」と対等関係の国書を送り、隋第二代皇帝（煬帝）を激怒させている。

東夷・倭・日本と中国の漢から唐までの交流の中で、中国の史書に記録された日本人は、新・唐書に記録された日本の天皇の漢風諡号を除き、次の通り二三人いる。

後漢第六代皇帝の安帝永初元年（西暦一〇七年）に遣使した①倭国王・帥升《すいしょう》。

魏に使者を送り「親魏倭王」の金印を授けられた②倭の女王・卑弥呼、卑弥呼が派遣した大夫（周代からの身分制度、卿・大夫・士の大夫を使用。）③難升米《なんしょうまい》（難升米は率善中郎将《そつぜんちゅうろうしょう》に叙された。）、④都市牛利《としぐり》（率善校尉《そつぜんこうい》に叙された。）、遣使大夫⑤伊聲耆《いせき》、⑥掖邪狗《えきやく》（掖邪狗等は等しく率善中郎将の官位と印綬を授けられた。）、同じく卑弥呼が派遣した⑦載斯烏越《さいしうえつ》、卑弥呼の宗族（一族）の女⑧壹与《いよ》。

南朝宋に使者を送った倭の五王（⑨讃《さん》、⑩珍《ちん》、⑪済《せい》、⑫興《こう》、⑬武《ぶ》）。

⑩珍は自ら、「使持節都督倭・百済・新羅・任那・秦韓《しんかん》・慕韓《ぼかん》六国諸軍事安東大将軍倭国王（宋朝皇帝の使者として節を持つことを許された都督で倭・百済・新羅・任那・秦韓《しんかん》・慕韓《ぼかん》の六国の諸軍事を

司る安東大将軍）」と自称し、宋の文帝は、⑩珍を「安東将軍倭国王」に除正。⑩珍の時に平西・征虜・冠軍・輔国将軍に除正された⑭倭隋ら一三人。

⑪済は宋朝・文帝から「使持節都督倭・新羅・任那・加羅・秦韓・慕韓六国諸軍事安東将軍（宋朝皇帝の使者として節を持つことを許された都督で倭・新羅・任那・加羅・秦韓・慕韓の六国の諸軍事を司る安東大将軍（百済が抜け代わりに加羅が入っている。）」に除正された。

⑪済の世子の⑫興は宋・孝武帝から「安東将軍倭国王」に除正され、

⑫興の弟⑬武は、

窃自仮開府儀同三司〜詔除武　使持節都督倭新羅任那加羅秦韓慕韓六国諸軍事安東大将軍倭国王

ひそかに「開府儀同三司《かいふぎどうさんし》（府（役所）を開くことを許された儀礼の格式が三司に同じ。）三司（漢代の中央政府の最高官であった丞相（司徒）、太尉、御史大夫（司空）のこと。）、三司でないものが三司の礼遇を受けることを儀同三司という。」と自称し、宋の順帝は⑬武を「使持節・都督（宋朝皇帝の使者として節を持つことを許された都督）で倭・新羅・任那・加羅・秦韓・慕韓・六国諸軍事・安東大将軍・倭国王（百済の諸軍事を認めていない。）」に叙正。斉の高帝は⑬武を「鎮東大将軍」「征東将軍」に進号。梁の武帝は、王朝樹立に伴い、⑬武を「征東大将軍」に進号させている。

⑨讃が派遣した⑮司馬曹達《しばそうたつ》、⑩珍が除正を求めた⑭倭隋、隋に使者を送った俀王⑯阿毎《あめ》の多利思北《たりしほ》孤《こ》、隋が文林郎の裴清を倭に遣使した際に出迎えた小徳⑰阿輩臺《あはたい》、大禮⑱哥多毗《かたび》、唐の時代の遣唐使⑲粟田真人、⑳阿倍仲麻呂、㉑空海、㉒使者高階真人、㉓（橘の）免勢。

唐は西暦六六〇年に百済を滅亡させた。それに続く百済復興活動の中で、倭が百済復興軍を支援し、西暦六六三年百済の白村江で唐と戦った。倭国が中国の王朝と戦ったのはこれが初めてであった。倭国軍は、唐との海戦・白村江の役で全滅。倭と唐の国交は断絶した。

遣唐執節使の粟田真人は唐との国交回復に尽力したが、唐書では真人のことを、「朝臣眞人粟田　貢方物　朝臣眞人者　猶唐尚書也　冠進德冠　頂有華蘤四披　紫袍帛帶　眞人好學能屬文　進止有容」「朝臣《あそみ》の真人《まひと》である粟田《あわた》が日本の産物を献じてきた。粟田真人は、唐の宰相・尚書省（吏、戸、礼、兵、刑、工の六部）の長官である尚書のようであり、進徳冠を冠《かぶ》り、頂に華蘤（花）四本を挿し、紫の袍に帛（絹布）の帯。真人はよく学び、文を屬（書）き、その容止は温雅で偉容があった。」と絶賛している。

第三章

粟田真人とは

粟田真人は、皇極天皇・飛鳥板蓋宮朝で下級官吏・粟田臣百済の子として西暦六四三年（中大兄皇子、中臣鎌足による大化の改新の二年前）に飛鳥で生まれ、養老三年（西暦七一九年）二月五日に数え年七七歳で薨じた。近所には同い年の中臣鎌足の長子・中臣真人《なかとみのまひと》がいた。

粟田真人は、孝徳天皇の白雉四年（西暦六五三年）五月第二次遣唐使の中臣鎌足の長子・定恵《じょうえ》（中臣真人）らとともに学問僧・道灌として唐に派遣されたと日本書紀に記録されている。

大化の改新を主導した中大兄皇子は、推古天皇三四年（西暦六二六年）生まれ、西暦六六〇年の百済滅亡に当たり百済復興を支援するために斉明天皇と共に筑紫の朝倉宮に遷幸したが、斉明天皇七年（西暦六六一年）斉明天皇が朝倉宮で崩御。その後の西暦六六三年の百済の白村江の戦いで、百済復興軍と倭国の支援軍が唐との海戦で全滅した混乱からか、天皇位に即位せず皇太子のまま称制（即位せずに政務を執る。中大兄皇子の称制）し、七年後の天智天皇七年（西暦六六八年）第三八代天皇に即位。大海人皇子（のちの天武天皇）を皇太弟とした。天智天皇一〇年一二月三日（西暦六七二年一月七日）に崩御した。

中臣鎌足は、推古天皇二二年（西暦六一四年）生まれで天智天皇八年（西暦六六九年）薨去している。

皇極天皇四年（西暦六四五年）の乙巳の変（大化の改新）で皇極天皇から譲位を受けた孝徳天皇は、皇極天皇（斉明天皇）の同母弟。天智天皇（中大兄皇子）、天武天皇（大海人皇子）の叔父。乙巳の変で、中大兄皇子が蘇我入鹿を暗殺、蘇我蝦夷が自殺した（乙巳の変）後、孝徳天皇は、第三六代天皇

（在位：大化元年・西暦六四五年〜白雉五年西暦六五四年）として即位し、難波長柄豊碕宮を造営し、都と定めた。

粟田真人も中臣鎌足の長子・中臣真人も父親に従って飛鳥から難波長柄豊碕宮に移動し、ここで教育を受け、僧侶になった。

孝徳天皇は、白雉四年に第二次遣唐使を唐に派遣した。第二次遣唐使の学問僧には內大臣・中臣鎌足の長男・定恵《じょうえ》（数え年一一歳）、出家前の俗名・中臣真人《なかとみのまひと》や中臣一族の中臣渠毎連《なかとみのこめのむらじ》の子・安達、春日《かすがの》粟田臣百濟《あわたのおみくだら》の子道觀《どうかん》（粟田真人）等学問僧一五人、學生三人が同行している。

白雉四年（西暦六五三年）の第二次遣唐使　日本書紀の記録

孝徳天皇白雉四年夏五月辛亥朔壬戌　發遣大唐　大使小山上吉士長丹　副使小乙上吉士駒　駒更名絲
學問僧　道嚴　道通　道光　惠施　覺勝　辨正　惠照　僧忍　知聰　道昭　定惠　定惠　內大臣之長
子也　安達　安達　中臣渠毎連之子　道觀　道觀　春日粟田臣百濟之子　學生巨勢臣藥　藥　豐足臣
之子・氷連老人　老人　眞玉之子　或本　以學問僧・知辨・義德　學生坂合部連磐積而增焉幷一百廿
一人倶乘一船
又大使大山下高田首根麻呂　更名八掬脛　副使　小乙上掃守連小麻呂　學問僧道福　義向　幷一百廿
人倶乘一船
秋七月　被遣大唐使人高田根麻呂等　於薩麻之曲　竹嶋之間合船沒死

孝徳天皇白雉四年（西暦六五三年）夏五月辛亥（干支の四八番目）を朔（一日）とする壬戌（干支

の五九番目）の日である一二日（以下干支を使った暦の読み方に従って表記する。）、遣大唐大使・位階一三位の小山上・吉士長丹、副使・位階一七位の小乙上・吉士駒（駒更名絲）（更《ま》たの名を絲という）、學問僧①道嚴②道通③道光（詳細下述。）④惠施⑤覺勝（客死）⑥辨正（第八次遣唐使の弁正とは異なる。）⑦惠照⑧僧忍⑨知聰（海死）⑩道昭（詳細下述。文武天皇四年（西暦七〇〇年）三月一〇日に七二歳で亡くなっているので西暦六二九年生まれ。二五歳での渡唐。斉明七年（西暦六六一年）帰朝。）⑪定惠（定惠は內大臣・中臣鎌足の長子なり）⑫安達（安達は中臣渠毎連《こめのむらじ》の子）⑬道觀（道觀は春日粟田臣百濟の子）、⑭學生巨勢臣藥（藥は豐足臣の子）・⑮氷連老人（老人は眞玉の子）が（出）發した。（或る本には、以學問僧⑯知辨⑰義德⑱學生坂合部連磐積が而《しか》して（そして）増して幷《あわ》（併）せて一二一人が倶に一船に乘って（出）發した。（第一船）

又、大使・位階一二位の大山下・高田首根麻呂（更名八掬脛）（更《ま》たの名を八掬脛という。）高田首根麻呂の位階は位階一二位・大山下であり位階一三位・小山上の吉士長丹より位階が上なので、本来の遣唐大使であったが、事故で海死し、唐に行きつけず、功がなかったので記録上は第二船扱いとなったのではないか。）、副使・位階一七位の小乙上・掃守連小麻呂、學問僧道福・義向、幷《あわ》（併）せて一二〇人が倶に一船に乘って（出）發した。（第二船）

秋七月、大唐に遣わされた（第二船の）使人の高田根麻呂等は、薩麻《さつま》の曲《くま》（まがったところ）と竹嶋の間で船が合して（衝突して）沒（沈没）して死んだ。第二船で海没死した一二〇人の中には第一船と同じような孝德朝の俊秀な官吏、学問僧、學生達がいたと思われるが惜しまれる人材であった。

遣唐使は使節団の半数以上が死亡する生死をかけたものであった。

第二次遣唐使で帰国できた者は、その後朝廷で然るべく処遇されている。

③道光は日本書紀に、以下の記録がある。

持統天皇八年夏四月甲寅朔～庚午　贈律師道光賻物

持統天皇八年夏四月甲寅（干支の五一番目）の日を朔（一日）とする庚午（干支の七番目）の日の一七日に、律師③道光に賻物《はぶりもの》（賭物　すぐれた者に与える金品。死者を弔って、その遺族に贈る金品。）を贈るとの記録があるので、このときに薨去したものと思われる。

⑩道昭は、玄奘三蔵に師事。土木工事に優れ、井戸を掘り、渡し、港、架橋を行った。弟子に行基がおり、行基も土木事業を行った。

道昭については、続日本紀の文武天皇四年（西暦七〇〇年）三月一〇日の条に以下の通り記録されている。

道照和尚物化　天皇甚悼惜之　遣使弔即賻之

文武天皇四年（西暦七〇〇年）三月一〇日、道照和尚が物化（物故）した。文武天皇は甚だ之を悼惜（死を悼み惜しし）み、使を遣わし弔（問）して即《すなわ》ち之に賻《はぶりもの》（賭物　すぐれた者の死を弔って、その遺族に贈る金品。）を贈った。

和尚河内國丹比郡人也　俗姓船連　父恵釋少錦下

和尚は河内國の丹比郡の人也。俗姓は船連、父・恵釋は少錦下。

和尚戒行不缺　尤尚忍行　甞弟子欲究其性　竊穿便器　漏汗被褥　和尚乃微笑曰　放蕩小子汗人之床竟無復一言焉

和尚は戒行（戒をたもち、実践修行すること）を缺（欠）かさず、尤も忍行を尚び、甞《かつ》（嘗）て弟子が其（和尚）の性を究《きわめ》んと欲して、便器に竊《ひそか》（窃）に穴を穿った。被褥（布団）に汗（汚物）が漏れてしまった。和尚は乃《すなわ》ち微笑して曰く、放蕩小子（いたずら小僧）が人の寝床を汗（汚）したなと復《ま》た一言言っただけで竟無（終わ）た。

初孝徳天皇白雉四年　隨使入唐　適遇玄弉三藏　師受業焉　三藏特愛　令住同房　謂曰　吾昔往西域　在路飢乏　無村可乞　忽有一沙門　手持梨子　与吾食之　吾自啖後氣力日健

初め、孝徳天皇の白雉四年、遣唐使に隨って入唐し、適《たまた》ま玄弉三藏法師に遇（出）あって、師として業を受けた。玄弉三藏法師は特に愛して、同房に住い令《せし》めて謂いて曰く、吾れ昔し西域に往きし時、路に在りて飢乏（食物が足りなくて飢え）るも、乞う可き村無く、忽《にわか》に一沙門（僧侶）有り、手に持っていた梨の実を、吾に与えてくれた、吾は之を食した。吾は自ら啖（食）らった後、氣力が日（日々）健やかになった。

今汝是持梨沙門也　又謂曰　經論深妙　不能究竟　不如學禪流傳東土　和尚奉教　始習禪定　所悟稍多　於後隨使歸朝　臨訣　三藏以所持舍利經論　咸授和尚而曰　人能弘道　今以斯文附属　又授一鐺子曰　吾從西域自所將來　煎物養病　無不神驗

今汝は是の梨を持った沙門也。又謂いて曰く、經論は深く妙であり、究めつくすことは難しい。禪流を學んで東土（日本）に傳（伝）えるに如《し》かず。和尚は玄奘三藏法師の教えを奉じて、禪定（禅の修行）を習い始め、悟る所稍《いささか》多し。後に遣唐使に隨って歸朝、訣（別れ）に臨んで、玄奘三藏法師は所持する舍利、經論を以て咸《ことごと》く和尚に授けて曰く、人能く道を弘むる、今斯の文を以て附属すと、又一つの鐺《なべ》子を授けて曰く、吾れ西域從《よ》り自ら将（持）ち來る所なり、物を煎り病を養生する、神驗（人間の想像をこえた霊妙不可思議な現象）不《あら》ずということ無しと。

於是和尚拝謝　啼泣而辞　及至登州　使人多病　和尚出鐺子　暖水煮粥　遍与病徒　當日即差

　是に於いて和尚拝謝し、啼泣して辞す。登州に至るに及びて、使人（遣唐使達）多く病む。和尚は鐺《なべ》子を出し、水を暖め粥を煮る、遍《あまね》く病徒に与うるに、當日に即ぐ差が出てきた。

既解纜順風而去　比至海中　船漂蕩不進者七日七夜　諸人怪曰　風勢快好　計日應到本國　船不肯行
計必有意　卜人曰　龍王欲得鐺子　和上聞之曰　鐺子此是三藏之所施者也　龍王何敢索之　諸人皆曰
今惜鐺子不与　恐合船為魚食　因取鐺子拋入海中

　既に纜《ともづな》を解き出帆し順風にして去る。海中に至るに比《ころ》（頃）、船漂蕩《ただよう》して進ま不《ざ》る者七日七夜。諸人怪みて曰く。風勢快好なれば、日を計りて本國に應到するに、船肯《あえ》て行か不《ざ》るは、計るに必ず意有らんと、卜《うらない》人曰く、龍王が鐺《なべ》子を得んと欲す。和上は之を聞いて曰く、鐺《なべ》子は此《こ》れは是《こ》れ玄奘三藏法師の施す所の者也、龍王何ぞ敢て之を索《もとめ》んと、諸人皆曰く、今鐺《なべ》子を惜んで与え不《ず》んば、恐くは船合わさりて（衝突して）魚の為に食はれんと、因りて鐺《なべ》子を取りて海中に拋《なげ》入る。

登時船進還歸本朝　於元興寺東南隅　別建禪院而住焉　于時天下行業之徒　從和尚學禪焉　於後周遊

天下　路傍穿井　諸津濟處　儲船造橋乃　山背國宇治橋　和尚之所創造者也

登時《すぐ》に船進んで本朝に還歸す。元興寺の東南隅に於《お》て、別に禪院を建て住す。于時《とき》に天下の行業（仏道の修行）の徒、和尚に從りて禪を學ぶ、後に於いて天下に周遊し、路傍に井を穿ち、諸の津濟《しんさい》（済）（渡し場）の處《ところ》に、船を儲けて橋を造る、乃《すなわ》ち山背國の宇治橋は和尚の創造する所の者也。

和尚周遊凡十有餘載　有勅請還止住禪院　坐禪如故　或三日一起　或七日一起　修忽香氣從房出　諸弟子驚怪　就而謁和尚　端坐繩床　无有氣息　時年七十有二　弟子等奉遺教火葬於粟原　天下火葬從此而始也　世傳云　火葬畢　親族与弟子相爭　欲取和上骨斂之　飄風忽起　吹颺灰骨　終不知其處　時人異焉　後遷都平城也　和尚弟及弟子等奏聞　徒建禪院於新京　今平城右京禪院是也　此院多有經論　書迹楷好　並不錯誤　皆和上之所將來者也

和尚周遊すること凡《およ》そ十有餘載、勅請有りて住禪院に還して止まる。坐禪すること故《もと》（旧）の如し。或いは三日に一たび起き、或いは七日に一たび起く。修忽《しゅうこつ》として香氣が房從《よ》り出ず、諸の弟子驚き怪みて、就いては和尚に謁するに、繩床《じょうしょう》（縄を張って作った腰かけ）に端座したまま、有氣息无（無し（息絶えていた）、時に年七十有二歳、弟子等遺教を奉じて粟原に於て火葬す。天下の火葬は此從《よ》り始まる也。世傳に云く（代々伝わっていることには）、火葬が畢（終）わり、親族と弟子が相い爭い、和上の骨を取りて之を斂（収）めんと欲するに、飄風《つむじかぜ》忽《たちま》ちに起り、灰骨を吹颺（風に吹き上げられ）、終に其の處を知ら不《ず》。時の人焉《これ》を異《あやし》む。後に平城に都を遷す也。和尚の弟及び弟子等奏聞して、徒《た》だ新京（平城京）に於て禪院を建つる。今の平城右京の禪院是也。此の院に經論多く有り。書迹（書跡書いた文字の跡）は楷好して（それらはいずれも正確で好い）、並んで錯誤不《あら》ず、皆な和上の将來《もち》れる所の者也。

⑫安達（安達は中臣渠毎連《こめのむらじ》の子）については、中臣家の出身もあってか日本書紀には一一箇所に記録されており、役人としても学者としても粟田真人よりも評価されていたようであるが、数え年五一歳で薨去しており位階としては神祇伯《かんづかさのかみ》・直大貳止まりであった。

安達は、中臣連大嶋（藤原朝臣大嶋、葛原朝臣大嶋）の兄との説もある（根拠不明）が、天武天皇から天武天皇一〇年三月一七日、「帝紀及び上古の諸事を記し校定させられた。」、天武天皇一〇年一二月二九日、粟田真人らとともに「小錦下の位を授けられた。」との記述から、遣唐使として長安に学び学者としても高い評価を受けた内大臣（中臣鎌足）の長子・定恵や粟田真人の記録から中臣連大嶋（藤原朝臣大嶋、葛原朝臣大嶋）は安達と解するのが相当だと判断する。

天武天皇十年~三月庚午朔~丙戌　天皇御于大極殿　以詔川嶋皇子　忍壁皇子　廣瀬王　竹田王　桑田王　三野王　大錦下上毛野君三千　小錦中忌部連首　小錦下阿曇連稲敷　波連大形　大山上中臣連大嶋　大山下平群臣子首　令記定帝紀及上古諸事　大嶋　子首　親執筆以錄焉

天武天皇一〇年~三月庚午（干支の七番目）を朔（一日）とする丙戌（干支の二三番目）の日である一七日（三月一七日）、天皇は大極殿にお出ましになり、川嶋皇子《かわしまのみこ》、忍壁皇子《おさかべのみこ》、広瀬王《ひろせのおおきみ》、竹田《たけだの》王《おおきみ》、桑田王《くわたのおおきみ》、三野王《みののおおきみ》、大錦下の上毛野君三千《かみつけののきみみちぢ》、小錦中の忌部連首《いんべのむらじおびと》、小錦下の阿曇連稲敷《あずみのむらじいなしき》、難波連大形《なにわのむらじおおかた》、大山上の中臣連大嶋《なかとみのむらじおおしま》、大山下の平群臣子首《へぐりのおみこびと》に詔《みことのり》し（命）令して、帝紀及び上古の諸事を記し校定させられた。大嶋《おおしま》と子首《こびと》が自ら筆をとって（記）録した。

天武天皇十年～十二月乙丑朔～癸巳　田中臣鍛師　柿本臣猨　田部連國忍　高向臣麻呂　粟田臣眞人
物部連麻呂　中臣連大嶋　曾禰連韓犬　書直智徳　幷壹拾人授小錦下位

天武天皇一〇年～一二月乙丑（干支の二番目）を朔（一日）とする～癸巳（干支の三〇番目）の日である二九日（一二月二九日）、田中臣鍛師《たなかのおみかぬち》、柿本臣猨《かきもとのおみさる》、田部連国忍《たべのむらじくにおし》、高向臣麻呂《たかむくのおみまろ》、粟田臣真人《あわたのおみまひと》、物部連麻呂《もののべのむらじまろ》、中臣連大嶋《なかとみのむらじおおしま》、曽禰連韓犬《そねのむらじからいぬ》、書直智徳《ふみのあたいちとこ》ら合わせて一〇人（舎人造《とねりのみやつこ》の糠虫《ぬかむし》は、少し遅れて）に、小錦下の位を授けられた。

天武天皇一二年一二月一三日、諸王五位の伊勢王《いせのおおきみ》、大錦下の羽田公八国《はたのきみやくに》、小錦下の多臣品治《おおのおみほんじ》、小錦下の中臣連大嶋《なかとみのむらじおおしま》と判官、録史《ふびと》、工匠《たくみ》などを遣わし、全国を巡行し諸国の境界を区分させたが、この年、区分は出来上がらなかった。

天武天皇十四年～九月甲辰朔～辛酉　天皇　御大安殿　喚王卿等於殿前以令博戯　是日　宮處王　難波王　竹田王　三國眞人友足　縣犬養宿禰大侶　大伴宿禰御行　境部宿禰石積　多朝臣品治　采女朝臣竹羅　藤原朝臣大嶋　凡十人賜御衣袴

天武天皇一四年～九月甲辰（干支の四一番目）を朔（一日）とする～辛酉（干支の五八番目）の日である一八日（九月一八日）、天皇は大安殿《おおあんどの》（内裏の正殿）に御出ましになり、王卿らを殿前に召して博戯（双六などのかけごと）をされた。この日、宮処王《みやところのおおきみ》、難波王《なにわのおおきみ》、王《おおきみ》、三国真人友足《みくにのまひとともたり》、県犬養宿禰大侶《あがたのいぬかいのすくねおおとも》、大伴宿禰御行《おおとものすくねみゆき》、石積《いわつみ》、多朝臣品治《おおのあそんほんじ》、采女朝臣竹羅《うねめのあそんつくら》、藤原朝臣大嶋《ふじわらのあそんおおしま》の合わせて一〇人に、ご自身の衣と袴を賜わった。

天武天皇朱鳥元年春正月～是月　爲饗新羅金智祥　遣淨廣肆川内王　直廣參大伴宿禰安麻呂　直大肆藤原朝臣大嶋　直廣肆境部宿禰鯯魚　直廣肆穗積朝臣蟲麻呂等于筑紫

　天武天皇朱鳥元年春正月～是の月に、新羅の金智祥に饗を賜わるために、浄広肆の川内王《かわちのおおきみ》、直広参の大伴宿禰安麻呂、直大肆の藤原朝臣大嶋、直広肆の境部宿禰鯯魚《このしろ》、直広肆の穂積朝臣虫麻呂を筑紫に遣わした。

天武天皇朱鳥二年～九月戊戌朔辛丑　親王以下逮于諸臣悉集川原寺　爲天皇病誓願　云々　丙午　天皇　病遂不差　崩于正宮～甲子～是日　肇進奠卽誄之～次直大肆藤原朝臣大嶋　誄兵政官事

　天武天皇朱鳥二年～九月戊戌（干支の三五番目）を朔（一日）とする辛丑（干支の三八番目）の日である四日（九月四日）、親王以下諸臣に至るまで悉く、川原寺に集い、天皇の御病平癒の為に誓願した云々。丙午（干支の四三番目）である九日天皇の病遂に癒えず、正宮で崩御された。～甲子（干支の一番目）の日である二七日～是の日に肇《はじめ》（初）て奠《みけ》（死者への供えもの）を奉って、誄《しのび》した。～次に直大肆の藤原朝臣大嶋が兵政官のことを誄《しのび》した。

　持統天皇元年～八月壬辰朔丙申　嘗于殯宮　此曰御靑飯也～己未　天皇　使直大肆藤原朝臣大嶋直大肆黄書連大伴　請集三百龍象大德等於飛鳥寺　奉施袈裟人別一領　曰　此以天渟中原瀛眞人天皇御服所縫作也　詔詞酸割　不可具陳

　持統天皇元年～八月壬辰（干支の二九番目）を朔（一日）とする丙申（干支の三三番目）の日であ

る五日（八月五日）、殯宮《もがりのみや》に嘗《なおらい》（新穀をお供えする）をした。此れを御青飯《あおきもの》と曰う。～己未（干支の五六番目）の日である二八日、持統天皇は直大肆の藤原朝臣大嶋と直大肆の黄書連《きふみのむらじ》大伴《おおとも》に命じ、三〇〇人の高僧達を飛鳥寺に招き、各人に袈裟を一揃いずつ施された。「これは天武天皇の御服で縫い作ったものである」と曰われた詔《みことのり》の言葉は悲しく心を破り、詳しく述べるに堪えなかった。

持統天皇二年～三月己未朔己卯　以花縵進于殯宮　藤原朝臣大嶋誄焉

　持統天皇二年～三月己未（干支の五六番目）を朔（一日）とする己卯（干支の一六番目）である二一日（三月二一日）に、花縵《はなかずら》を殯宮《もがりのみや》に奉った。藤原朝臣大嶋が誄《しのび》した。

持統天皇四年春正月戊寅朔　物部麻呂朝臣　樹大盾　神祇伯中臣大嶋朝臣　讀天神壽詞

　持統天皇四年春正月戊寅（干支の一五番目）の一日に、物部麻呂朝臣が大楯《おおたて》を樹（立）て、神祇《かんづかさの》伯《かみ》の中臣大嶋朝臣が天つ神の寿詞《よごと》を読みあげた。

持統天皇五年～十一月戊辰　大嘗　神祇伯中臣朝臣大嶋　讀天神壽詞

　持統天皇五年～一一月戊辰（干支の五番目）の日（一一月一日）、大嘗祭を行ない、神祇伯《かんづかさのかみ》の中臣朝臣大嶋が、天つ神の寿詞《よごと》を読んだ。

持統天皇七年～三月庚寅朔～庚子　賜直大貳葛原朝臣大嶋賻物

　持統天皇七年（西暦六九三年）～三月庚寅（干支の二七番目）を朔（一日）とする～庚子（干支の三七番目）の日である一一日（三月一一日）、直大貳の葛原朝臣大嶋に賻物《はぶりもの》（賻物　すぐれた者の死を弔って、その遺族に贈る金品。）を賜わった。享年五一歳であったと思われる。

⑮氷連老人については、日本書紀白雉五年（西暦六五四年）の条に、次の記載がある。

伊吉博得言　學問僧惠妙於唐死　知聰於海死　智國於海死　智宗以庚寅年付新羅船歸　覺勝於唐死
義通於海死　定惠以乙丑年付劉德高等船歸　妙位　法勝　學生氷連老人　高黄金幷十二人　別倭種韓
智興　趙元寶　今年共使人歸

伊吉博得《いきのはかとこ》言わく、學問僧惠妙《えみょう》は唐で死に、知聰《ちそう》は海で死に、智國《ちこく》は海で死に、智宗《ちそう》は庚寅の年（持統四年）に新羅船に付いて歸る。覺勝《かくしょう》は唐で死に、義通《ぎつう》は海で死に、定惠は乙丑年（西暦六六五年、唐の麟德二年、天智天皇四年）に劉德高等船に付いて歸る。妙位・法勝・⑮學生氷連老人《ひのむらじおきな》・高黄金ら幷（合わせて）一二人、別に倭種韓智興・趙元寶が今の年に使人と共に歸った。

⑰義德については、持統天皇四年（西暦六九四年）の条に、次の記載がある。なお、乙丑年（西暦六六五年、唐の麟德二年、天智天皇四年）に劉德高の船に付いて帰国した⑮學生氷連老人と天智天皇一〇年に記録された四人の捕虜（土師連富杼・氷連老・筑紫君薩夜麻・弓削連元寶兒）中の氷連老と同一人物との説もあるが、帰国した年が明らかに異なるので違う人物である。

持統天皇四年九月乙亥朔~丁酉　大唐學問僧智宗　義德　淨願　軍丁筑紫國上陽咩郡大伴部博麻　從
新羅送使大奈末金高訓等　還至筑紫
冬十月甲辰朔~癸丑　大唐學問僧智宗等　至于京師
戊午　遣使者詔筑紫大宰河內王等曰　饗新羅送使大奈末金高訓等　准上送學生土師宿禰甥等送使之例
其慰勞賜物　一依詔書　乙丑　詔軍丁筑紫國上陽咩郡人大伴部博麻曰　於天豐財重日足姫天皇七年

救百濟之役　汝　爲唐軍見虜　洎天命開別天皇三年　土師連富杼・氷連老・筑紫君薩夜麻・弓削連元寶兒　四人　思欲奏聞唐人所計　緣無衣粮　憂不能達　於是　博麻謂土師富杼等曰　我欲共汝還向本朝　緣無衣粮　俱不能去　願賣我身以充衣食　富杼等　依博麻計　得通天朝　汝獨淹滯他界　於今卅年矣　朕　嘉厥尊朝愛國　賣己顯忠　故　賜務大肆　幷絁五匹　綿一十屯　布卅端　稻一千束　水田四町　其水田　及至曾孫也　免三族課役　以顯其功

～十一月甲戌朔庚辰　賞賜送使金高訓等　各有差

持統天皇四年（西暦六九四年）九月乙亥（干支の一二番目）を朔（一日）とする～丁酉（干支の三四番目）の日の二三日（九月二三日）に、大唐學問僧智宗、⑰義德、淨願、軍丁筑紫國上陽咩郡大伴部博麻、新羅の送使である大奈末《だいなま》・金高訓《きんこうくん》らに従って、筑紫に帰国した。

冬一〇月甲辰（干支の四一番目）を朔（一日）とする～癸丑（干支の五〇番目）の日である一〇日（一〇月一〇日）に、大唐学問僧・智宗らが京師《みやこ》についた。戊午（干支の五五番目）の一五日に、使者を遣わして、筑紫大宰・河内王ら詔《みことのり》にして曰く、「新羅の送使である大奈末・金高訓らの饗応に、学生の土師宿禰甥らを送り、送使の饗えに準ぜよ。その慰労と賜物は、詔書に示されたことに従え」と。乙丑（干支の二番目）の二二日に、軍丁（兵士である）筑後国上陽咩郡《かみつやめのこおり》の人である大伴部博麻《おおともべのはかま》に詔《みことのり》して、斉明天皇の七年、百済救援の役で、汝は唐の捕虜とされた。天智天皇の三年になって、土師連富杼、氷連老、筑紫君薩夜麻、弓削連元宝児の四人が、唐人の計画を朝廷に奏上しようと思ったが、衣食も無いために京師《みやこ》まで行けないことを憂えた。是に於て、博麻は土師富杼らに語って、『私は皆と一緒に朝廷に行きたいが、衣食もない身で叶わないので、どうか私を奴隷に売り、その金を衣食にあててくれ』と言った。富抒らは博麻の計に従って、日本へ帰ることができた。汝は一人他国に三〇年も留まった。朕は、おまえが朝廷を尊び国を思い、己を売ってまで、忠誠を示したことを喜ぶ。それゆえ、務大肆の位に合わせて、絁《ふとぎぬ》五匹、綿一〇屯、布三〇端、稲千束、水田四町を与える。その水田は曽孫まで引き継げ。課役は三代まで免じて、その功を顕彰する。

〜一一月甲戌（干支の一一番目）を朔（一日）とする庚辰（一七番目）の日である七日（一一月七日）、送使・金高訓らにそれぞれ物を賜わった。

⑱學生坂合部連磐積《さかいべのむらじいわつみ》については、日本書紀に次の記録がある。

天智天皇四年〜九月庚午朔壬辰　唐國遣朝散大夫沂州司馬上柱國劉徳高等　等謂　右戎衛郎將上柱國百濟禰軍・朝散大夫柱國郭務悰　凡二百五十四人　七月廿八日至于對馬　九月廿日至于筑紫　廿二日進表函焉　冬十月己亥朔己酉　大閲于菟道　十一月己巳朔辛巳　饗賜劉徳高等　十二月戊戌朔辛亥賜物於劉徳高等　是月　劉徳高等罷歸　是歳　遣小錦守君大石等於大唐　云々　等謂　小山坂合部連石積・大乙吉士岐彌・吉士針間　蓋送唐使人乎

　天智天皇四年（西暦六六五年）〜九月庚午（干支の七番目）を朔（一日）とする壬辰（干支の二九番目）の日である二三日（九月二三日）、唐國が朝散大夫・沂州司馬上柱国・劉徳高らを遣わしてきた。等と謂うのは右戎衛郎将・上柱国百済禰軍・朝散大夫柱国である郭務悰　凡《およ》そ（全部で）二五四人、七月二八日に対馬に至る。九月二〇日、筑紫に至り、二二日に表函を奉った。冬一〇月己亥（干支の三六番目）を朔（一日）とする己酉（干支の四六番目）の一一日（一〇月一一日）、菟道で大閲兵をした。一一月己巳（干支の六番目）を朔（一日）とする辛巳（干支の一八番目）の一三日（一一月一三日）、劉徳高らを饗応した。一二月戊戌（干支の三五番目）の日を朔（一日）とする辛亥（干支の四八番目）の一四日（一二月一四日）、劉徳高らに物を賜わった。是の月、劉徳高らは罷り帰った。是の歳、小錦の守君大石等を大唐に遣わした、云々と。等と謂うのは、小山・坂合部連《さかいべのむらじ》石積《いわつみ》、大乙・吉士岐弥・吉士針間を言う。蓋《けだ》し（推測するに）、唐の使者を送ったものであろう。

天智天皇六年〜十一月丁巳朔乙丑　百濟鎮將劉仁願　遣熊津都督府熊山縣令上柱國司馬法聰等　送大山下境部連石積等於筑紫都督府

　天智天皇六年（西暦六六七年）〜一一月丁巳（干支の五四番目）を朔（一日）とする乙丑（干支の二番目）の九日（一一月九日）、百済の鎮将・劉仁願は熊津都督府・熊山県令・上柱国司馬・法聡らを遣わして、大山下・境部連《さかいべのむらじ》石積《いわつみ》らを筑紫都督府に送ってきた。

天武天皇十年春正月辛未朔〜丁丑　天皇　御向小殿而宴之　是日　親王諸王引入内安殿　諸臣皆侍于外安殿　共置酒以賜樂　則大山上草香部吉士大形授小錦下位　仍賜姓曰難波連　辛巳勅　境部連石積封六十戸因以給絁卅匹　綿百五十斤　布百五十端　钁一百口

　天武天皇一〇年（西暦六八一年）春正月辛未（干支の八番目）を朔（一日）とする日〜丁丑（干支の一四番目）の七日（正月七日）、天皇は小殿に御向され、宴が行なわれた。是の日、親王、諸王を内安殿へお召しになった。諸臣は皆、外安殿に侍り、酒を振舞われ舞楽を見せられた。そして大山上・

草香部吉士大形に、小錦下の位を授けられた。姓を賜わって難波連といった辛巳（干支一八の番目）の一一日、境部連石積《さかべのむらじいわつみ》に勅して、六〇戸の食封《へひと》を与えられ、因りて絁《ふとぎぬ》三〇匹、綿一五〇斤、布一五〇端、钁《くわ》（鍬）一〇〇口を以て給う。

天武十一年三月甲午朔〜丙午　命境部連石積等　更肇俾造新字一部卌四巻

　天武一一年（西暦六八二年）三月甲午（干支の三一番目）を朔（一日）とする〜丙午（干支の四三番目）の一三日（三月一三日）、境部連石積《さかいべのむらじいわつみ》らに命じて、更に肇《はじめ》て新字《にいな》（日本最初の辞典）一部四四巻を造らしむ。

天武十四年〜九月甲辰朔〜辛酉　天皇　御大安殿　喚王卿等於殿前以令博戯　是日　宮處王　難波王
竹田王　三國眞人友足　縣犬養宿禰大侶　大伴宿禰御行　境部宿禰石積　多朝臣品治　采女朝臣竹羅
藤原朝臣大嶋　凡十人賜御衣袴

　天武天皇一四年九月甲辰（干支の四一番目）を朔（一日）とする辛酉（干支の五八番目）の日の一八日（（九月一八日））、天皇は大安殿《おおあんどの》（内裏の正殿）にお出ましになり、王卿らを前に召して博戯《はくぎ》（双六などのかけごと）をされた。この日、宮處王、難波王、竹田王、三国真人友足、県犬養宿禰大侶、大伴宿禰御行、境部宿禰石積《さかいべのすくねいわつみ》、多朝臣品治、采女朝臣竹羅、藤原朝臣大嶋の合わせて一〇人に、ご自身の衣と袴を賜わった。

内大臣中臣鎌足の長男である定恵を一一歳で危険を冒してまで渡唐させた理由

内大臣中臣鎌足の長男を出家させて一一歳で渡唐させているが、現代でいうと小学校三年生～四年生である。こんな子どもを、それも大化の改新の中核人物である中臣鎌足の長男をなぜ危険を押して渡唐させたのか。それも神祇官・中臣家の一族の子を別にもう一人、僧に出家させ、渡唐させている。

どのような事情があったのか。乙巳の変（大化の改新）では日本に仏教を取り入れた勢力である蘇我馬子の一族を滅している。

中臣鎌足は薨去後、多武峯《とうのみね》略記に、「最初は摂津国安威（現在の大阪府茨木市大織冠神社）に葬られたが、後に大和国の多武峯《とうのみね》（談山神社）に改葬された。」との記述がある。大阪府茨木市大字安威の阿武山古墳で発見された棺に

談山神社

入っていた冠帽が、当時最高級の技術で作られ、金糸を織り込まれていることから、大織冠であり、埋葬人骨は藤原鎌足本人ではないかとも言われている。談山とは、中臣鎌足と中大兄皇子が、蘇我入鹿暗殺のための談合を多武峰で行ったことから、談《かたら》い山《やま》とされる。

定恵は中臣鎌足の長男として誕生しているが、談山神社の多武峰《とうのみね》縁起には、実は孝徳天皇の皇子であり、母は孝徳天皇即位前の軽皇子時代の寵姫である車持《くらもちの》与《よ》志《し》古《こ》娘《のいらつめ》との記載があり、多武峯略記には、鎌足が車持与志古娘を賜わった際には妊娠六カ月であり、四カ月後に生まれたとの記載がある。（時に夫人、孕むこと已に六箇月。詔して曰ふ、「生まれる子、若し男ならば臣（中臣鎌足）の子と為せ。若し女なれば朕の子と為す。」と。堅く守りて四箇月を送る。生まれし子男なり。故に大臣（中臣鎌足）の子と為す。）

談山神社十三重塔

孝徳天皇の子であれば、皇位継承権を有することになり、天智天皇と天皇位を争う可能性を秘めており、現実に孝徳天皇の子である有間皇子は斉明天皇四年（西暦六五八年）一九歳の時に、斉明天皇への謀反計画が発覚したとして、処刑されている。

中臣鎌足は、定恵が政争に巻き込まれないよう、神祇官の一族であるにも関わらず命を長らえさせるために出家させ、唐で学問を修めさせ学者として皇位争いに巻き込まれないようにしようとしたのではないかとも思われる。

中臣鎌足の長男で孝徳天皇の落胤である可能性のある定恵を一人で渡唐させるのではなく、同じ年頃の利発な子どもを数人同行させていたと考えるのが順当ではないか。

神祇を司る一族である中臣一族から中臣鎌足の長男・定恵だけでなく、中臣渠毎連の子・安達と二人も僧にして学問僧として渡唐させているが、安達も一一歳であったと思われる。同じ学問僧・道灌（粟田真人）も経歴を見ると安達とほぼ同じような昇任をしていることから同じく一一歳で渡唐したと思われる。

定恵は、日本書紀の記録では、百済が滅亡（西暦六六〇年）し、倭国から百済復興のための援軍が白村江の戦いで全滅（西暦六六三年）したのち、乙丑年（西暦六六五年、唐の麟徳二年、天智天皇四年）九月二三日唐の使者・劉徳高の船に乗船して帰国している。

唐も倭国・日本の最高の大臣の長男を丁重に扱い、在唐時は最高の教育を授け、帰国時も特別待遇で帰国させたと思われる。このとき一二人が一緒に帰国したとの記録があるので、中臣安達や粟田真人もこの時に帰国したと思われる。

数え年一一歳から唐で一二年間勉学にいそしみ、数え年二三歳（満年齢で二二歳。現代では大学四年生）での帰国であった。

定恵、中臣一族の安達、粟田真人ら同世代の学問僧らは唐・長安の懐徳坊にある慧日道場に寄宿し、玄奘の弟子の神泰法師に師事。起居を共にして勉学に励んだ。唐も最高の教育を施した。安達と道灌（真人）は定恵の付き人というより同級生の親友のような存在であった。安達も道灌（真人）も帰国後還俗し、安達は中臣大嶋として中臣一族の神祇の職に戻っている。

天武天皇が帝紀及上古諸事編纂を命じた中に大山上・中臣連大嶋がいるが、中臣渠毎連《こめのむらじ》の子なので中臣連大嶋は安達だと思われる。中臣連大嶋は、天武天皇が崩御した朱鳥元年（西暦六八六年）の時、直大肆（従五位下相当）・藤原朝臣大嶋として兵政官事について誄《しのび》し、持統四年、五年には神祇伯の職にあり、そして持統七年（西暦六九三年）三月、直大貳（従四位上相当）・葛原朝臣大嶋に賻物《はぶりもの》（賭物　すぐれた者の死を弔って、その遺族に贈る金品。）を賜るという記載があり、数え年の五一歳で亡くなっていると思われる。

定恵は学者として唐で最高の教育を受け、帰国後は唐との戦争で敗戦した倭国を立て直し、唐の文化、文物、制度を日本に取り入れることを期待されていたが、日本に帰国した三カ月後に飛鳥の大原の鎌足邸で突然死去している。

「百済の士人、窃かに其の能を妬みて毒す」と藤氏家伝《とうしかでん》には記録されている。天智天皇が毒殺し、百済人が毒殺したたとの噂をたてたとの説もあった。定恵は天智天皇が驚くような優秀な僧・学者となって帰国した。定恵が孝徳天皇の子であり、中臣鎌足が支持すれば皇位継承権を有することになる危険性があるので天智天皇が早いうちに除いた可能性をぬぐい切れない。

藤原仲麻呂（恵美押勝）が天平宝字四年（西暦七六〇年）に編纂した藤氏家伝《とうしかでん》（藤原家に代々伝えられてきた、藤原氏の伝記）

藤原仲麻呂は、左大臣・藤原武智麻呂の次男。藤原武智麻呂は藤原不比等の長男。藤原南家の祖。天平九年（西暦七三七年）の天然痘の流行で藤原不比等の子で藤原四家の祖である武智麻呂（南家）、藤原房前（北家）、藤原宇合（式家）、麻呂（京家）の四人が相次いで天然痘で病死。仲麻呂は藤原不比等の娘で聖武天皇の光明皇后（藤原光明子）、従兄妹で皇太子だった阿倍内親王（孝謙天皇　天平勝宝元年（西暦七四九年）聖武天皇の譲位により即位。）の信任が厚かった。孝謙天皇は、藤原仲麻呂の進言に従って、天平宝字二年（西暦七五八年）に淳仁天皇に譲位。同時に孝謙天皇は、太上天皇（孝謙上皇）となった。淳仁天皇から、仲麻呂の一家は姓に恵美の二字を付け加えられるとともに、仲麻呂は押勝の名を賜与された。天平宝字四年（西暦七六〇年）に仲麻呂は皇族以外で初めて太師（太政大臣）に任じられ藤氏家伝を編纂したが、この頃から病を患った孝謙上皇は自分を看病した道鏡を寵愛するようになった。仲麻呂は淳仁天皇を通じて、孝謙上皇に道鏡との関係を諫めさせた。これが孝謙上皇を激怒させ、上皇は出家して尼になるとともに淳仁天皇から大事・賞罰の大権を奪うことを宣言。孝謙上皇・道鏡と淳仁天皇・仲麻呂との対立は深まり、危機感を抱いた仲麻呂は、天平宝字八年

（西暦七六四年）軍事力の掌握を企てるが、孝謙上皇が皇太子・阿倍内親王時代の天平一五年（西暦七四三年）に従四位下・春宮大夫兼春宮学士に叙任されて、皇太子・阿倍内親王の指導・教育に当たった吉備真備の策で先手を打たれ敗死した。孝謙上皇は淳仁天皇を廃して孝謙上皇は事実上、皇位に復帰した。孝謙上皇が重祚したので称徳天皇と呼ばれるようになる。

　藤原仲麻呂が編纂した藤氏家伝には、仲麻呂の曽祖父・中臣鎌足、中臣鎌足の長子・定恵（貞慧）、仲麻呂の祖父である藤原不比等の長子で仲麻呂の父・藤原武智麻呂《ふじわらのむちまろ》の三名の事績が記載されている。藤原不比等の事績の記載はない。

藤氏家伝に記録された定恵（貞慧）。

貞慧　性聡明好学　太臣異之　以為雖有堅鉄　而非鍛冶　何得干将之利　勁箭而非羽括詎成会稽之美
仍割膝下之恩　遥求席上之珍　故以白鳳五年歳次甲寅　随聘唐使到于長安　住懐徳坊慧日道場　依神
泰法師作和上　則唐主永徽四年　時年十有一歳矣　始鑽聖道　日夜不怠従師遊学十有余年　既通内経
亦解外典　文章則可観　藁隷則可法　以白鳳十六年歳次乙丑秋九月　経自百斉来京師也　其在百斉之
日誦詩一韻　其辞曰　帝郷千里隔　辺城四望秋　此句警絶　当時才人不得続末　百斉士人窃妬其能毒
之則　以其年十二月廿三日終於大原之第春秋廿三道俗揮涕朝野傷心

　貞慧、性聡明にして学を好めり。大臣（内大臣・中臣鎌足）は異《ことな》びて（普通でない）と、以為《おも》へらく（思うには、考えるには）、「堅《かた》き鉄有りと雖《いえど》も、鍛冶《たんや》するに非ずば、何ぞ（干将・莫耶《ばくや》。中国における名剣）の利（よく切れること）を得む。勁《つよ》き箭（矢）有りと雖も、羽括《うかつ》（羽と括、羽と矢筈《はず》（矢の上端の弦を受ける所））（鏃礪括羽《ぞくれいかつう》（現状に満足せず、学識に磨きをかけて、さらに優れた人材になること。）（「鏃礪」は矢の先にやじりをつけて、それを研いで鋭くすること。「括」は弦を受ける矢の部分、矢筈。「羽」は矢羽。竹にやじりや矢筈、矢羽をつけて矢を作るという意味。）するに非ずば、詎《いずくんぞ》（何ぞ）会稽（会稽山に産する竹で造った矢）の美と成らむ」と以為《おも》へり。

仍《よ》りて（よって）（中臣鎌足は）膝下の恩（親子の情愛）を割きて、遥かに席上の珍（教養知識）を求めしめき。故《かれ》て（そこで）、白鳳五年甲寅の歳次（年）を以て、聘唐《へいとう》使（遣唐使）に随ひて長安に到り、懐徳坊の慧日道場に住ひき。神泰法師を和上（師僧）と作すに依れり。則ち唐主（唐の高宗行程）の永徽四年に、時に年十有一歳なり。始めて聖の道を鑽《うが》ちて（物事の道理を深く究《きわ》める。研鑽。）、日夜怠らず、師に従ひて遊学すること十有余年。既に内経（仏教の書籍。仏典。内典。）に通し、また外典（仏教以外の典籍。主として儒学の教典。）を解せり。文章は観るべく、藁隷《こうれい》（藁（草書体）・隷（隷書体・楷書体）は法《のり》とる（正しいしかた・方法である法にかなった筆使い。）。白鳳一六年歳次乙丑の歳次（年）の秋九月を以て、百斉（百済）より経て京師《みやこ》に来りぬ。其の百斉（百済）に在りし日に、詩一韻を誦《よ》みき。其の辞に曰はく、「帝郷（天子のいる都）は千里隔り、辺城（国境の城）の四望（四方の眺め）は秋なり」といふ。此の句警絶《けいぜつ》（警（警策　人に驚きを与えるほどに詩文に優れている）絶（絶倫　抜群に優れている）にして、当時の才人も末を続ぐ（次の句を続ける）こと得ざりき（できなかった）。百斉（百済）の士人、窃《ひそ》かに其の能を妬みて毒すれば、其の年の一二月二三日を以て、大原の第（邸宅）に終わりぬ（亡くなった）。春秋（寿命）二三歳なり。道俗（仏道に入っている人も俗世間の人も）涕（涙）を揮《ふる》い、朝野（朝廷と民間、官民）心を傷めり。

藤氏家伝《とうしかでん》には、乙丑年（西暦六六五年、唐の麟徳二年、天智天皇四年）帰国した三月後に定恵は二三歳で亡くなったと記録されているが、談山神社には、これとは別に、西暦六七八年に藤原不比等とともに藤原鎌足の供養のために十三重塔と講堂を建立したとの記録もある。

定恵（貞慧）の「通内経　亦解外典　文章則可観　藁隷則可法」「内経（仏教の書籍）に通じ、また外典（仏教以外の典籍　主として儒学の教典。）を解し、文章は観（見）る価値があり相当なものであり、書体も藁（草書体）・隷（隷書体・楷書体）の正しいやりかた・方法である法にかなっている。」との記述は、唐書で真人のことを、「朝臣眞人粟田　貢方物　朝臣眞人者　猶唐尚書也　冠進徳冠頂有華蘤四披紫袍帛帶　眞人好學能屬文　進止有容」「粟田真人は、唐の宰相・尚書省の長官の尚書のようであり、進徳冠を冠り、頂に華蘤（花）四本を挿し、紫の袍に帛（絹布）の帯。真人はよく学び、文を屬（書）き、その容止は温雅で偉容があった。」と絶賛した記述を彷彿とさせる。

定恵、安達、真人の三人ともに学者としては最高のレベルに達したと思われる。

（今回のテーマから外れるので定恵に関わる記述はこの程度とする。）

定恵とともに唐で学び、一緒に帰国した学問僧や学生には定恵に代わって官吏・学者・僧として朝廷で活躍することを期待された。真人も安達も帰国後は最高の学者、知識人として日本の律令制度、日本書紀の編纂に活躍し、昇任も同等だった。

真人と安達は、その後天武天皇一〇年（西暦六八一年）（真人三九歳）に小錦下（後の従五位下相当）に叙任された。

天武一〇年一二月乙丑（干支の二番目）を朔（一日）とする～癸巳（干支の三〇番目）の日である（一二月二九日）に小錦下に叙任された粟田臣真人、中臣連大嶋（安達）の他に、田中臣鍛師・柿本臣猨・田部連國忍・高向臣麻呂・物部連麻呂・曾禰連韓犬・書直智徳がいる。

この中に定恵、安達、真人と一緒に、唐で学び、一緒に帰国した学問僧や学生の可能性があるが、日本書紀等では確認できない。

真人と安達は、帰国後天智天皇の飛鳥岡本宮で還俗し、下級官吏に任官した。

天智天皇は称制六年目の西暦六六七年に飛鳥岡本宮から近江大津宮に遷都し、天智七年（西暦六六八年）即位した。

遷都に伴い、真人と安達も近江大津宮に移動した。

天智一〇年（西暦六七一年）天智天皇が崩御すると、翌西暦六七二年皇太弟・大海人皇子が兵を挙げて大友皇子（弘文天皇）の近江朝に対して反乱した壬申の乱が勃発。

真人も安達も三〇歳でこの乱に巻き込まれたが、下級官吏の文官であったため乱後処分されていない。

日本書紀の記録

天智十年十一月甲午朔～丙辰　大友皇子在於內裏西殿織佛像前　左大臣蘇我赤兄臣　右大臣中臣金連

蘇我果安臣　巨勢人臣　紀大人臣侍焉　大友皇子　手執香鑪　先起誓盟曰　六人同心奉天皇詔　若有違者必被天罰　云々　於是　左大臣蘇我赤兄臣等　手執香鑪　隨次而起　泣血誓盟曰　臣等五人隨於殿下奉天皇詔　若有違者四天王打　天神地祇亦復誅罰　卅三天證知此事　子孫當絶家門必亡　云々～十二月癸亥朔乙丑　天皇崩于近江宮

天智一〇年（西暦六七一年）一一月甲午（干支の三一番目）の日を朔（一日）とする～丙辰（干支の五三番目）の日である二三日（一一月二三日）に、大友皇子《おおとものみこ》は内裏の西殿の織物の仏像の前におられた。左大臣《ひだりのおとど》蘇我赤兄臣《そがのあかえのおみ》、右大臣《みぎのおとど》中臣金連《なかとみのかねのむらじ》、蘇我果安臣《そがのはたやすのおみ》、巨勢人臣《こせのひとのおみ》、紀大人臣《きのうしのおみ》が侍っていた。大友皇子《おおとものみこ》は手に香鑪《こうろ》をとり、まず立ち上って、誓盟《ちかい》して曰く、「六人は心を同じくして、天皇の詔《みことのり》を承ります。もし違背することがあれば、必ず天罰を受けるでしょう」云々と。そこで左大臣《ひだりのおとど》蘇我《そが》赤兄臣《あかえのおみ》らも、手に香爐《こうろ》を取り、順序に従って立ち上り、泣いて誓盟《ちかい》して曰く、「臣《おみ》ら五人は殿下と共に、天皇の詔《みことのり》を承ります。もしそれに違うことがあれば、四天王が我々を打ち、天地の神々もまた罰を与えるでしょう。三十三天（仏の守護神達）はこのことを証明し知らしめるだろう。子孫もまさに絶え、家門も必ず滅びるでしょう」云々と。～一二月三日、天皇は近江宮《おうみのみや》で崩御された。

年が明けた西暦六七二年皇太弟・大海人皇子による壬申の乱で大友皇子についた左大臣・蘇我赤兄臣は流罪となり、右大臣中臣金連は誅殺、蘇我果安臣は自殺、巨勢人臣は流罪となったが、紀大人臣は処罰されなかった。

翌天武天皇二年（西暦六七三年）、大海人皇子は飛鳥浄御原宮に遷都し即位した。

天武天皇は、豪族による合議体制から、天皇や皇族の権威・権力を高める政策を次々と実施。政権中枢を皇子らで占める皇親政治を開始し、大臣を置かず天皇中心の専制的な政治を行っていった。天武天皇は、その強力な政治意思を執行していくために、官僚制度とそれを規定する諸法令を整備していった。このような官僚と法律を重視する支配方針は、支配原則が共通する律令制の導入へと帰着した。

天武一〇年（西暦六八一年）、天武天皇は皇子・諸臣に対して、律令制定を命ずる詔を発令した。しかし、律令が完成する前の西暦六八六年に天武天皇が崩御したため、その皇后の鸕野讃良皇女《うののさららのひめみこ》（持統天皇）と皇太子の草壁皇子が律令事業を継承した。服喪が明けた後に、草壁が次代天皇に即位する予定だった。しかし、草壁皇子は持統三年四月（西暦六八九年）に急死。飛鳥浄御原令が諸官司に頒布されたのは、その直後の同年六月である。

さらに、天武天皇は天皇の権威・権力を象徴する壮大な都を建設に着手したが、天武天皇崩御後は持統天皇が事業を引き継ぎ、藤原京の建設は、西暦六九四年に四年間の工期を経て完成。持統天皇は藤原京に遷都。

壬申の乱後、天武天皇に従って真人も飛鳥に戻り、飛鳥浄御原宮で官吏として働き、飛鳥浄御原令撰定の中心人物となり、藤原京建設にも関わった。

天武天皇の天皇中心の官僚と法律を重視する支配方針の中で、真人や安達の唐から帰国した留学僧、留学生達は中核として重用されていく。

藤原京遷都後は、藤原京で諸制度の整備の実務に当たり、大宝律令撰定にも中核として関わった。

真人と安達は、天武天皇一〇年（西暦六八一年）に三九歳で小錦下（後の従五位下相当）に叙任され、真人は天武天皇一三年朝臣の姓《かばね》を賜い、天武天皇一四年（西暦六八五年、真人四三歳）には冠位四八階で小錦の上・中・下の三段階から、直大参・直広参・直大肆・直広肆の四段階に改められ、直大肆に叙任され（後の従五位下相当だが位階が一段上がっている）、持統三年（西暦六八九年）には筑紫大宰として隼人一七四人、布五十常、牛皮六枚、鹿皮五十枚を朝廷に献じ、新羅との外交にも当たり、文武天皇三年（西暦六九九年）には直大貳（従四位上相当）として山科山陵（天智天皇陵）造営に当たり、文武天皇・大宝元年（西暦七〇一年）遣唐執節使、文武天皇・大宝二年（西暦七〇二年）五月正四位下参議朝政、文武天皇・慶雲二年（西暦七〇五年）夏四月中納言、文武天皇・慶雲二年八月従三位、元明天皇・和銅八年（西暦七一五年）四月二五日に皇族や藤原家出身でないにも関わらず正三位に叙任されている。

律令制度の下、正三位を授号されたのは粟田真人の前後では、藤原不比等が大宝元年（西暦七〇一年）五月三日に、天武天皇の皇孫長屋親王が霊亀二年（西暦七一六年）正月五日に正三位を授号されている。正三位は当時としては最高位に当たる。

真人は第二次遣唐使の学問僧として唐に派遣され、帰国後は官吏として順調に昇進するだけでなく、大宝律令撰定に刑部親王、藤原不比等に次ぐ立場で参画している。

官吏として唐の律令、文化、唐語に優れた最高の学者として遇された。

また、政治との関わりについても、藤原不比等との関係の深さも見逃せにできない。中臣鎌足の長男・定恵は西暦六六五年帰国直後に死去しているが、定恵の親友であり起居をともにした真人は次男の不比等にとって一六歳年上の兄のような存在であり、学問の師でもあった。真人も不比等を本当の弟のように慈しみ、唐の文化、制度、唐語を指導したのではなかったか。

文武天皇四年（西暦七〇〇年）に、大宝律令撰定に当たったのは、続日本紀によれば浄大參（諸王一二階中第九位）刑部親王、直廣壹（諸臣四十八階中第十位　正四位下相当）藤原不比等、直大貳（諸臣四八階中第一一位　従四位上相当）粟田真人、直廣肆（諸臣四八階中第一六位　従五位下相当）伊岐博徳らである。この頃藤原不比等と粟田真人の朝廷での地位が逆転している。

また、日本書紀は、元正天皇の養老四年（西暦七二〇年）に完成。完成した時の責任者は舎人親王であるが、天武天皇は天武一〇年（西暦六八一年）三月庚午（干支の七番目）を朔（一日）とする丙戌（干支の二三番目）の日である一七日（三月一七日）、川嶋皇子、忍壁皇子、廣瀬王、竹田王、桑田王、三野王、大錦下・上毛野君三千、小錦中・忌部連首、小錦下・阿曇連稲敷、難波連大形、大山上・中臣連大嶋（第二次遣唐使の学問僧・安達）、大山下・平群臣子首らに、帝紀及上古諸事編纂を命じたので編纂の開始はこのときである。

日本書紀の完成は、真人が薨去した翌年、藤原不比等が薨去した年であり、日本書紀は国際語である唐語を用いた漢文体で、しかも編年体によって編まれたので、唐語に通じた最高の知識人である真人や完成時の最高権力者である藤原不比等がその中枢として関わっていたと考えるのが相当である。

隋の時代までは中国の史書と日本の記録が食い違っていたが、武則天の唐（周）の時代になって、唐（周）朝は倭国の国号の日本への変更を承認し、中国の史書と日本の記録が一致してくる。

この劇的な転換に第八次遣唐使（西暦七〇二年～七〇四年）の遣唐執節使・粟田真人が果たした役割は大きい。

第四章

真人以前の中国の史書と日本書紀の記録は一致しない

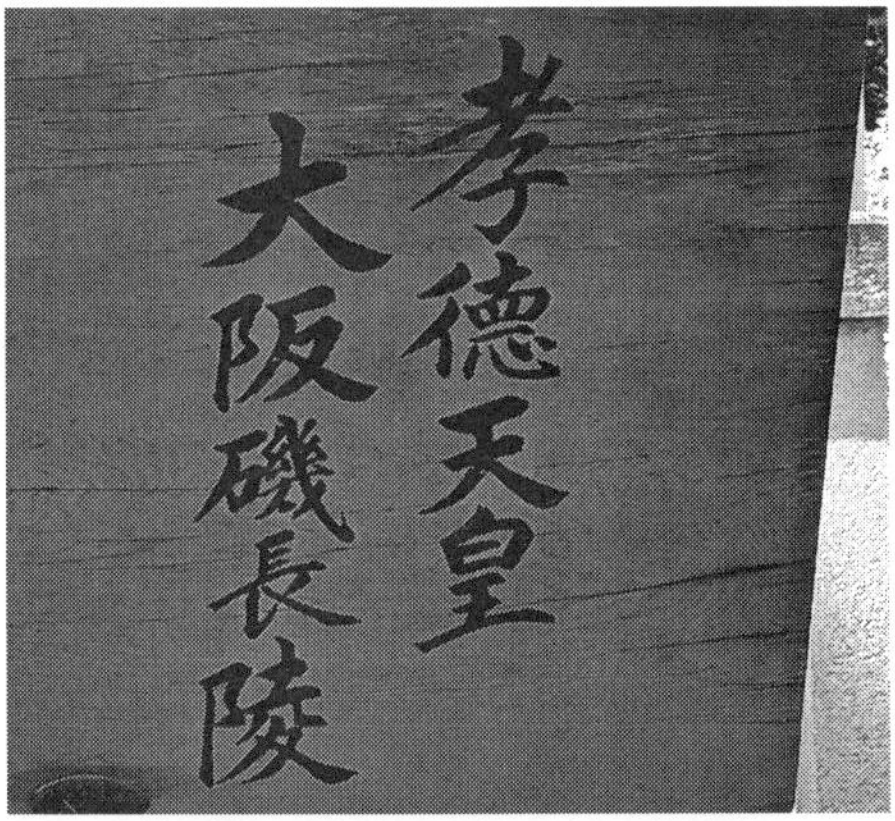

孝徳天皇陵

この劇的な転換に粟田真人が果たした役割を詳述する前に、真人以前の中国の史書が日本書紀の記録と全く異なること、そしてその原因について触れておく必要がある。

中国の史書と日本の史書は隋の時代までは一致しない。

その最大の原因は、中国の朝廷で倭国をどのようにとらえているか、中国の史書に倭国や日本がどのように記録されているか、大和朝廷の日本は平安末期になるまで知るすべがなかったことによる。三国時代の魏の曹丕は、父の曹操の勢力を受け継ぎ、後漢の献帝から禅譲を受けて魏王朝を開いた。西暦二三八年邪馬台国の卑弥呼が第二代皇帝・曹叡（明帝）に初めて難升米らを中国の魏に派遣。明帝から親魏倭王の仮の金印と銅鏡一〇〇枚を下賜されている。

建武中元二年　倭奴國奉貢朝賀　使人自稱大夫　倭國之極南界也　光武賜以印綬

後漢の初代皇帝・光武帝の建武中元二年（西暦五七年）倭奴国、貢を奉じて朝賀す、使人自ら大夫（周の時代の官制度である卿・大夫・士を認識した上で）と称す、倭国の極南界（最南端）なり、後漢の初代皇帝・光武帝から、印綬（志賀島から出土した漢委奴国王印の金印）を以て賜わったこと、正始八年（西暦二四七年）女王・壹与が魏の第三代皇帝・曹芳に遣使したこと、五世紀の南北朝時代に倭の五王（讃、珍、済、興、武）が南朝の東晋、宋に使節を送り、倭の五王（讃、珍、済、興、武）が、宋、斉、梁から将軍号を授号されていたという最重要事項を日本書紀では認識すらしていない。

中国の朝廷にとって、史書の記録、特に周辺国の情報は、国防上国家の最高機密であり、図書を管理する秘書省に出入りできないと触れることすらかなわなかった。

唐朝になって日本人として史上初めて唐の科挙に及第し、秘書監に任じられた第九次遣唐使の留学生・阿倍仲麻呂《あべのなかまろ》（中国名・朝衡《ちょうこう》／晁衡《ちょうこう》）、次いで秘書監に任じられた第一二次遣唐大使・藤原清河《ふじわらのきよかわ》（中国名・河清《かせい》）は、秘書省の史庫で倭国及び日本の記録を目にすることができたと思われるが、日本側にその情報を伝えることはできなかった。報告したことが唐の朝廷に知られたときは反逆罪として問答無用に必ず誅戮される。

遣唐使を通じて、唐の多数の文物、書物を手に入れることはできたが、史書は唐の市場では入手できなかった。

唐は、玄宗皇帝の西暦七五五年から七六三年にかけて起こった安禄山と史思明による大規模な反乱（安史の乱）で国力が大きく低下した。

西暦八七四年の塩の密売人の黄巣、王仙芝の乱で大混乱し、黄巣の乱に加わっていた朱全忠が唐の官軍側に寝返って黄巣軍を長安から追い落とした。この戦功で朱全忠は、唐朝から左金吾衛大将軍・河中行営副招討使の地位を与えられ、宣武軍節度使に昇進した。また皇帝に忠誠を誓う意味である「全忠」の名を賜わったが、唐は朱全忠に西暦九〇七年に滅ぼされた。

絶対的な唐朝が倒れた後は、中国は大混乱に陥いった。

朱全忠は西暦九〇七年に（後）梁を建国したが、西暦九二三年に李存勗が唐・皇帝（荘宗）を名乗り（後）唐を建国、（後）梁を滅ぼした。（後）唐は、第二代皇帝・明宗の女婿・石敬瑭により西暦九三六年に滅ぼされた。石敬瑭は（後）晋を建てた。西暦九四六年、契丹（翌年に国号を遼とした）の太宗が（後）晋を滅ぼした。遼は中国を支配下に置こうとしたが、契丹の太宗は撤退。西暦九四七年に石敬瑭の元側近の劉知遠が皇帝に即位して（後）漢を建てた。劉知遠は翌年に死去し、次男の劉承祐がその後を継ぐ。幼帝を担いだ側近達は有力者の排除を図り、次々と軍人達を誅殺していった。

反乱の鎮圧に出ていてこれを免れた（後）漢の枢密使の郭威は（後）漢を滅ぼし、西暦九五一年に自ら即位し（太祖）（後）周を建国。郭威は、家族が皆殺しにされてしまったために、郭威とともに行動していて難を逃れた義理の甥である柴栄（妻の柴氏の兄の柴守礼の子）が後継者（世宗）となった。西暦九五四年に即位した柴栄（世宗）である。世宗は五代の中で随一の名君とされる。世宗の死後、遺児である七歳の柴宗訓が後を継いだが、間もなく幼帝に不安を抱いた軍人達は、遠征に派遣された軍中でその司令官であった殿前都点検（近衛軍長官）の趙匡胤を擁立した。ほとんど抵抗を受けずに開封に入った趙匡胤は、恭帝から禅譲を受けて宋を立てた（陳橋の変）。西暦九六〇年趙匡胤（太祖）が宋（北宋）を建国し、西暦九七六年弟の趙光義（太宗）が第二代皇帝に即位。太宗は太祖の方針を受け継いで統一を進め西暦九七九年に十国の北漢を滅ぼして統一。

西暦九〇七年に唐が滅びて、西暦九六〇年趙匡胤（太祖）が（北）宋を建国するまでの五三年間の間に王朝は五度代わっている。一王朝平均一〇年余であり、中国が大混乱したのである。

この間、華中、華南と華北の一部で興亡した地方政権が十国（前蜀・後蜀・呉・南唐・荊南・呉越・閩・楚・南漢・北漢）あった。この混乱の時代を五代十国時代という。

日本が、唐書及び唐書以前の中国の史書を目にすることができたのは唐朝が滅びたのち中国五代十国の（後）晋の第二代皇帝・石重貴（少帝）時代の西暦九四五年に完成・奏上された旧・唐書、趙匡胤が建国した宋の第四代皇帝・仁宗の西暦一〇六〇年に完成した新・唐書以降である。

宇多天皇の寛平六年（西暦八九四年）に、遣唐使派遣の危険性、派遣の意義の低下を受けて、菅原道真が派遣の廃止を提言し、遣唐使は廃止され、中国の朝廷との正式の国交は途絶える。正式国交は途絶えるが、日本は（北）宋との貿易を通じて、中国と交流した。

平安末期の白河天皇（在位西暦一〇七二年～一〇八六年）の頃、日宋貿易で著名な平清盛（永久六年西暦一一一八年～治承五年西暦一一八一年）の頃には日本も唐書を入手できるようになり、平安末期の貴族等知識人は、白村江の戦いの悲惨な敗戦の記録を目にして涙したと伝えられている。

第五章

隋の使節・裴世清の記録について

推古天皇陵

隋の使節・裴世清については、日本書紀、隋書俀国伝に記録があるが、記載内容は全く異なっている。両書の記録を比較考証してみる。

中国の南北朝時代、倭国・日本は、南朝の宋、斉、梁と交流した。西暦五八一年に鮮卑の楊堅（隋の高祖）が北周から禅譲を受けて帝位に就き、隋を建国。西暦五八九年、隋は漢族の南朝の陳を滅ぼし、中国を再統一した。

南朝・梁書は唐の第二代皇帝・太宗（李世民）の時代の貞観三年に、晋書及び隋書は唐の第二代皇帝・太宗（李世民）の勅を奉じて貞観一〇年（西暦六三六年）に勅撰されており、遣唐使は舒明天皇二年（西暦六三〇年）の第一次遣唐使・犬上御田鍬の派遣によって始まったので、舒明天皇の先代である推古天皇とほぼ同時代であるにも関わらず、梁書及び隋書に記録された内容と日本書紀の内容は全く異なっている。

倭国は歴代の中国の王朝の冊封を受けているが、大和朝廷の日本は冊封を受けていない。隋書では俀国伝として記録されており、日本という国号は使用されていない。

（隋朝は西暦五八一年創朝、西暦六一八年滅亡）（日本の人名の読みは、岩波書店新装版による）

日本書紀での記録

推古十五年秋七月戊申朔庚戌　大禮小野臣妹子遣於大唐　以鞍作福利爲通事

推古天皇一五年（西暦六〇七年）秋七月戊申（干支の四五番目の日）を朔（一日）とする庚戌（干支の四七番目）の日である三日（七月三日）、大禮・小野臣妹子《おののおみいもこ》を大唐《おおもろこし》（隋ではなく唐と記録されている。）に遣わされた。鞍作福利《くらつくりのふくり》を通訳とした。

推古十六年夏四月　小野臣妹子至自大唐

推古天皇一六年（西暦六〇八年）夏四月、小野妹子は大唐から帰朝した。

唐國號妹子臣曰蘇因高

唐国では妹子臣《いもこのおみ》を名づけて、蘇因高《そいんこう》と呼んだ。

卽大唐使人裴世清　下客十二人　従妹子臣至於筑紫

大唐の使者である裴世清《はいせいせい》と下客（部下）の一二人が、妹子に従って筑紫に至った。

遣難波吉士雄成　召大唐客裴世清等

難波吉士雄成《なにわのきしのおなり》を遣わして、大唐の客である裴世清らを召された。

爲唐客更造新館於難波高麗館之上

大唐の客のために、新しい館を難波の高麗館の近くに造った。

六月壬寅朔丙辰　客等泊于難波津

六月壬寅（干支の三九番目の日）を朔（一日）とする丙辰（干支の五三番目）の日である十五日（六月一五日）、客達は難波津《なにはづ》に泊った。

是日以飾船卅艘迎客等于江口　安置新館

この日、飾船《かざりふね》三十艘で、客人を江口《えぐち》（大阪府中之島）に迎えて新館に入らせた。

於是以中臣宮地連烏磨呂　大河內直糠手　船史王平　爲掌客

ここにおいて、中臣宮地連《なかとみのみやどころのむらじ》烏摩呂《おまろ》、大河内直糠手《おおしこうちのあたいあらて》、船史王平《ふねのふびとのおうへい》を接待係とした。

爰妹子臣奏之曰　臣參還之時　唐帝以書授臣　然經過百濟國之日　百濟人探以掠取　是以不得上

爰《ここ》に（このとき）、妹子臣は、「私が帰還の時、唐の皇帝（隋の煬帝）が書を私に授けました。ところが、百済国を通る時、百済人が探り、これを掠め取りました。このために、これをお届けすることができません。」と奏上した。

於是　群臣議之曰　夫使人　雖死之不失旨　是使矣　何怠之失大國之書哉　則坐流刑

ここにおいて、群臣はこれを議って言った。「使者たるものは命をかけても、任務を果たすべきであるのに、この使者はなんという怠慢で、大国の書を失うようなことをしたものか。流刑に処すべきである。」と。

時天皇勅之曰　妹子　雖有失書之罪　輙不可罪　其大國客等聞之　亦不良　乃赦之不坐也

しかし天皇は、「妹子が書を失った罪はあるが、輙《すなわ》ち（かるがるしい、軽々）に処罰してはならぬ。大唐の客人への聞えもよくない。」と勅《みことのり》して言われた。赦して罪とされなかった。

秋八月辛丑朔癸卯　唐客入京

秋八月辛丑（干支の三八番目）の日を朔（一日）とする癸卯（干支の四〇番目）の日である三日（八月三日）、唐の客は都へ入った。

是日　遣飾騎七十五匹而迎唐客於海石榴市術

この日、飾騎《かざりうま》七五匹を遣わして、海石榴市《つばきち》の術（路上）において迎えた。

額田部連比羅夫　以告禮辭焉

額田部《ぬかたべの》連《むらじ》比羅夫《ひらぶ》がここに禮辭を述べた。

壬子　召唐客於朝庭令奏使旨　時　阿倍鳥臣　物部依網連抱二人　爲客之導者也　於是　大唐之國信物　置於庭中

壬子（干支の四九番目）の日である一二日、唐の客を朝廷に召して遣いの旨を奏（上）させた。阿倍《あべの》鳥臣《とりのおみ》、物部依網連抱《もののべのよさみのむらじいだき》の二人を、客の案内役とした。ここにおいて、大唐の国の進物を庭の中に置いた。

時　使主裴世清　親持書兩度再拜　言上使旨而立之　其書曰　皇帝問倭皇　使人長吏大禮蘇因高等至具懷　朕　欽承寶命　臨仰區宇　思弘德化　覃被含靈　愛育之情　無隔遐邇　知皇介居海表　撫寧民庶　境內安樂　風俗融和　深氣至誠　遠脩朝貢　丹款之美　朕有嘉焉　稍暄　比如常也　故　遣鴻臚寺掌客裴世清等　稍宣往意　并送物如別

使者の長である裴世清は、自ら書を持ち、二度再拝して、遣いの旨を言上して立った。その書には、「皇帝から倭皇に挨拶を送る。倭の使者である長吏・大禮・蘇因高等が訪れて、よく倭皇の意を具《つぶさ》に伝えてくれた。私は天命を受けて天下に臨んでいる。徳化を弘めて万物に及ぼそうと思っている。含靈（人々）に覃《およ》び被《こうぶ》らしむ（受けさせようとする）、恵み育もうとする気持ちには、遐《とお》く邇《ちか》く隔《へだ》て無《な》し（土地の遠近は関わりない）。倭皇は海の彼方にあって国民を慈しみ、国内は平和で人々も融和し、深い至誠の心があって、遠く朝貢することを知った。その丹款《まごころ》（誠意）が美（立派）であることを私は喜びとする。時節は稍《ようや》くに暄《あたたか》で、比《このごろ》は、如常《つねのごとし》（いつもの通り変わりはない）である。鴻臚寺《こうろじ》（外交を担当する役所）の掌客（外国使臣の接待役）である裴世清等を遣わして、稍《いささ》か送使の意を述べ、併せて別にあるような送り物を届ける。」とあった。

時　阿倍臣　出進以受其書而進行　大伴囓連　迎出承書　置於大門前机上而奏之　事畢而退焉

　そのときに、阿倍《あべの》（鳥《とりの》）臣《おみ》が進み出て、その書を受けとり進むと、大伴囓連《おおとものくいのむらじ》が迎え受けて、天皇の前の机上に置いてこれを奏《もうし》た。儀事が畢（終）って退出した。

是時　皇子諸王諸臣　悉以金髻花着頭　亦衣服皆用錦紫繡織及五色綾羅　一云　服色皆用冠色　丙辰饗唐客等於朝

九月辛未朔乙亥　饗客等於難波大郡　辛巳　唐客裴世清罷歸　則復以小野妹子臣爲大使　吉士雄成爲小使　福利爲通事　副于唐客而遣之　爰天皇聘唐帝　其辭曰　東天皇敬白西皇帝　使人鴻臚寺掌客裴世清等至　久憶方解　季秋薄冷　尊何如　想清悆　此卽如常　今遣大禮蘇因高　大禮乎那利等往　謹白不具　是時　遣於唐國學生倭漢直福因　奈羅譯語惠明　高向漢人玄理　新漢人大圀　學問僧新漢人日文　南淵漢人請安　志賀漢人慧隱　新漢人廣濟等幷八人也

　このときには、皇子、諸王、諸臣は悉《ことごと》く皆、金の飾りをつけた冠を頭に着けた。また、衣服には皆、錦、紫、繡、織及び五色の綾羅《あやうすはた》（織りの薄物）を用いた。一（ある）書に云く、服の色は皆、冠位の色を用いたとある。

一六日、唐客達を朝廷で饗応された。

九月五日、客達を難波の大郡《おおごおり》（外国使臣接待帯用施設）でもてなされた。

一一日、唐客である裴世清達は罷《まか》り帰ることになった。また、送使として小野妹子臣を大使《おおつかい》とし、吉士雄成《きしのおなり》を小使《そいつかい》とした。（鞍作《くらつくりの》）福利《ふくり》を通訳とした。

爰《ここ》に天皇は、唐の皇帝に聘《とう》（たずねる）して言われた。

「東の天皇が、謹《つつ》しんで西の皇帝に敬《つつしみ》て申し上げます。使者である鴻臚寺の掌客の裴世清らが、我が国に来り、久しく国交を求めていた我が方の思いが解けました。この頃、薄《ようや》く涼しい気候となりましたが、貴国はいかがでしょうか。悆《よ》（喜ぶ。楽しむ。のびのびとする。）お変わりはないでしょうか。当方は比《このごろ》は如常《つねのごとし》（いつもの通り変わりはない）です。今、大禮・蘇因高（小野妹子）と大禮・乎那《おな》利《り》（難波吉士雄成）らを使者として遣わします。具《つぶさ》に意を尽くしませんが謹しんで申し上げます。」

と。

このとき、唐に遣わされたのは、学生である倭漢直福因《やまとのあやのあたいふくいん》、奈羅訳語恵明《ならのおさえみょう》、高向漢人玄理《たかむくのあやひとのげんり》、新《いまきの》漢人大圀《あやひとのおおくに》、学問僧である新漢人日文《いまきのあやひとのにちもん》、南淵漢人請安《みなみぶちのあやひとのしょうあん》、志賀漢人慧隠《しかのあやひとのえおん》、新漢人広済《いまきのあやひとのこうさい》ら合わせて八人である。

隋書俀国伝での記録

隋書俀国伝には、次のように記録されている。

俀国在百済新羅東南水陸三千里於大海之中　依山島而居～

有阿蘇山其石無故火起接天者　俗以為異因行禱祭～
大業三年　其王多利思北孤遣使朝貢　使者曰聞海西菩薩天子重興佛法　故遣朝拜兼沙門數十人來學佛法　其國書曰　日出處天子致書日没處天子無恙云云　帝覧之不悦謂鴻臚卿曰蠻夷書有無禮者勿復以聞
明年　上遣文林郎裴清使於俀国～
俀王遣小徳阿輩臺　従數百人設儀仗鳴皷角來迎　後十日又遣大禮哥多毗従二百餘騎郊勞　既至彼都其王與清相見大悦曰我聞海西有大隋禮義之國故遣朝貢　我夷人僻在海隅不聞禮義　是以稽留境内不卽相見　今故清道飾館以待大使　冀聞大國維新之化　清答曰皇帝徳並二儀澤流四海　以王慕化故遣行人來此宣諭　既而引清就館～
其後清遣人謂其王曰　朝命既達請卽戒塗　於是設宴享以遣清　復令使者随清來貢方物　此後遂絶
俀国は百済、新羅の東南、水陸三千里の大海の中に在る。～
阿蘇山がある。その石は理由もなく火がおこり天にとどく。人々はわけのわからないことだとして、祈って祭る。～
　大業三年（西暦六〇七年）、その王の多利思北孤《たりしほこ》は使者を派遣し朝貢した。使者は「海の西の菩薩のような天子が手厚く仏法を興隆させていると聞きましたので、朝拝に（私を）派遣するとともに、沙門（僧）数十人が仏法を学ぶために来ました。」と言った。その国書で、「日が出るところの天子、書を日の沈むところの天子に届けます。お変わりありませんか云云。」と曰（言）った。皇帝（煬帝）はこれを見て喜ばず、鴻臚卿（外務大臣）に「蛮夷の書で無礼のあるものは二度と聞かせるな」と曰

（言）った。

翌年、皇帝（煬帝）は文林郎の裴清を俀国へ使わした。～倭王は小徳の阿輩臺《あはたい》を派遣し、数百人を従え儀仗を設けて、太鼓や角笛を鳴らしやって来て迎えた。一〇日後、また大礼の哥多毗《かたび》を派遣し、二百余騎を従え、郊外で旅の疲れをねぎらった。既にこの国の都に到達した。

その王は裴世清と会見して大いに喜んで、「私は海の西に大隋という礼儀の国があると聞いて、使者を派遣し朝貢した。私は未開人で、遠く外れた海の片隅にいて礼儀を知らない。そのため内側に留まって、すぐに会うことはしなかったが、今、殊更に道を清め、館を飾り、大使を待っていた。どうか大国のすべてを改革する方法を教えていただきたい。」と。

裴世清は答えて言った「（隋の）皇帝の徳は天地に並び、沢《うるおい》は四海に流れています。王であるあなたが、隋の先進文化を慕うので、使者である私を派遣し、ここに来てお教えするのです。」と。対面が終わって引き下がり、裴世清は客館に入った。

その後、裴世清は人を遣って、その王に伝えた。「隋帝に命じられたことは既に果たしました。すぐに戒塗《かいと》（出発）することを願う。」と。そこで宴を設けてもてなし、裴世清を行かせた。また使者を裴世清に随伴させ、（隋へ）来て方物を貢いだ。このあと遂に交流は絶えてしまった。

隋の皇帝（煬帝）を激怒させた無礼で礼儀をわきまえない国書を送った俀国に使節として文林郎・裴世清を送ったのは、俀国の国情、国力調査のためではなかったか。

隋書に文林郎・裴世清が大和朝廷に至ったという記録はない。

三国史記の百済第三〇代武王九年に、「武王九年（西暦六〇八年）春三月〜隋の文林郎の裴清が、倭國に使者として行く時、我國の南路を通った。」との記録が残っている。

隋は、初代皇帝文帝・楊堅の西暦五九八年に高句麗に出兵した以降高句麗と緊張状態にあった。俀国が隋に使者を送った西暦六〇七年、隋が答礼使・文林郎・裴世清を送った西暦六〇八年春三月は休戦期であったが、高句麗の背後にある俀国、俀国の東に大和朝廷という別の和種の大勢力があることは隋朝廷も知っていたので、この大勢力が俀国の勢力下にあり、万一隋と俀国の間に紛争が発生した場合、俀国と合同して隋に対抗するか、隋の友好国となって俀国の背後を脅かす可能性があるか調査することではなかったか。

隋の高句麗に対する第一次遠征

西暦五九八年、高句麗の嬰陽王が遼西を攻撃した。隋の文帝楊堅は、三〇万の大軍で陸海両面で高句麗に侵攻したが、海軍は暴風に遭い撤退した。陸軍も十分な戦果を挙げられないまま、伝染病や補給不足のため撤退。

隋の高句麗に対する第二次遠征

西暦六一二年、隋の煬帝は、一一三万の大軍で高句麗に侵攻した。高句麗の将軍の乙支文徳の計略により薩水（清川江）で大敗。

隋の高句麗に対する第三次遠征

西暦六一三年、隋の煬帝は再び高句麗に侵攻したが、隋の国内で楊玄感が反乱を起こしたため撤退した。

隋の高句麗に対する第四次遠征

西暦六一四年、隋の煬帝は三たび高句麗に侵攻した。高句麗は度重なる戦争で疲弊していたため、楊玄感に内通し高句麗に亡命していた斛斯政《こくしせい》を隋の将軍の来護児《らいごじ》に引き渡した。隋も国内が乱れていたため和議を結んだ。高句麗は和議の一つであった隋への朝貢を実行せず、これに隋は激怒し再度の遠征を計画したが国内の反乱のため実行することはできなかった。

三国史記・百濟本紀の記録では、第三〇代武王九年（西暦六〇八年）春三月の条に、「武王が使者を隋に派遣し、朝貢した。隋の文林郎の裴清が、倭國に使者として行く時、我國の南路を通った。」との記録があり、さらに隋と唐を正確に分けて記録している。武王一三年（西暦六一二年）の条では隋と記録し、隋が西暦六一八年滅亡した以後の記録である武王二二年（西暦六二一年）の条では、冬一〇月に、使者を唐に遣わせて、果下馬《かかば》（中国原産の小型の馬。ポニー）を献上したと記録している。

第三〇代　武王（在位：西暦六〇〇年～六四一年）

武王は、諱《いみな》は璋という。法王の子である。容姿が立派で、志や気力も豪傑であった。法王は、即位の翌年に薨じたので、子の武王が位を継いだ。

武王八年（西暦六〇七年）春三月に、五品である扞率《はんそつ》・燕文進を隋に派遣し、朝貢した。また、一品である佐平《ちゃぴょん》・王孝隣も隋に派遣し、朝貢させると共に、高句麗討伐を願い出た。隋の煬帝は、この願いを許し、高句麗の動静を監視するよう命じた。夏五月に、高句麗は、松山城に来攻したが落城させることができずに、石頭城を襲撃し、男女三千人を捕虜にして戻った。

武王九年（西暦六〇八年）春三月に、使者を隋に派遣し、朝貢した。隋の文林郎の裴清が、倭國に使者として行く時、我國の南路を通った。

武王一二年（西暦六一一年）春二月に、使者を隋に派遣し朝貢した。隋の煬帝はちょうど高句麗を征伐するところだったので、百濟王は、國智牟を派遣して、軍機情報の入手を願い出た。隋の帝は、悦《よろ》こんで、沢山の品物を与えた。隋帝は、尙書・起部郎・席律を派遣してきて、百濟王と相談させた。八月に、赤嵒城を築いた。一〇月に、新羅の椵岑城を取り囲み、城主の讃德を殺害し、椵岑城を滅ぼした。

武王一三年（西暦六一二年）、隋の六軍《りくぐん》（中国、周代の軍制で、天子の統率した六個の軍。一軍は一万二千五百人。六師。）が、遼河を渡ったので、王は兵を国境に集めた。百濟は、口では隋を助けると言っていたが、実際は両方（隋と高句麗）を天秤に懸けていた。夏四月に、宮の南門に落雷があった。五月に、大水があり、人家を壊し、押し流した。

武王二二年（西暦六二一年）冬一〇月に、使者を唐に遣わせて、果下馬《かかば》（中国原産の小型の馬。ポニー）を献上した。
武王二五年（西暦六二四年）春正月に、大臣を唐に派遣して朝貢した。高祖はその誠実さを褒めて、使者を派遣してきて、帯方郡王・百濟王に冊封した。秋七月に、使者を唐に遣わして朝貢した。

日本書紀の記録の疑義

日本書紀の該当記録は前記の通りであるが、次の五点で疑義がある。
一　推古朝が交流したとするのは大唐国であり、推古一五年（西暦六〇七年）には唐は成立していない。（唐朝は、西暦六一八年創朝、九〇七年滅亡。）
一　推古天皇が「東天皇敬白西皇帝」という国書を送ったとすれば、天子は天下に一人しかいないと考える中国の皇帝（煬帝）の怒りにさらに火に油を注ぐことになる。
一　隋書俀国伝には、俀国には「阿蘇山がある。その石は理由もなく火がおこり天にとどく。人々はわけのわからないことだとして、祈って祭る。」と記録されているが、九州から大和朝廷までの紀行の記録がない。
一　妹子は、推古天皇一六年（西暦六〇八年）六月に小野妹子は唐の皇帝（煬帝）の書を掠め取られたと報告しているにも関わらず、小野妹子に同道した裴世清は同年八月には国書を倭皇に奉呈している。
一　裴世清を隋に送り届ける送使として大使・小野妹子、小使・難波吉士雄成、通訳・（鞍作）福利の他に學生、學問僧ら八人を派遣しているが、その中に新漢人大圀《いまきのあやひとのおおくに》がいる。この圀の字は唐（周）朝の武則天が正式に皇帝に即位し、元号を天授に改元した西暦六九〇年以降に創字された則天文字である。にも関わらず、推古天皇一六年（西暦六〇八年）の記録で使用されている。

「圀」の字は養老元年（西暦七一七年）第九次遣唐使で阿倍仲麻呂らとともに渡唐し、天平七年（西暦七三五年）に帰朝した吉備真備がもたらしたと思われ、吉備真備の父親の名前「下道圀勝」に初めて使用されている。

　隋以前の倭国は唐代の日本とは別の国としか思えない。

　遣唐使は、舒明天皇二年（西暦六三〇年）の第一次遣唐使・犬上御田鍬の派遣によって始まった。

日本書紀の記録

　舒明天皇二年（西暦六三〇年）秋八月五日、大仁・犬上君三田耜《いぬかみのきみみたすき》、大仁・薬師恵日《くすしのえにち》を以て、大唐に遣わした。

　四年（西暦六三二年）秋八月、大唐は高表仁を遣わし、三田耜《みたすき》を送らせ、共に對馬に泊った。是の時、學問僧の靈雲と僧旻、及び勝鳥養《すぐりのとりかい》、新羅の送使等が之に從った。冬一〇月四日、唐國の使人である高表仁等が難波津に泊った。則ち、大伴連馬養《おおとものむらじうまかい》を遣わして、江口に迎えさせた。船三二艘、及び鼓を打ち、笛を吹き、旗幟を皆具《とも》に整え飾り、便《そし》て高表仁等に告して曰く、（唐の）天子の命ずる所の使が天皇の朝（廷）に到ったと聞き、之を迎える時、高表仁は對して曰く、風寒の日に、船艘を飾って整え、以て之を迎て賜わり、歡（喜）び愧（恐縮）也、是に於いて、難波吉士小槻《なにわのきしのおつき》、大河内直矢伏《おおしこうちのあたいやふし》に令（命）じて、導者と爲し、館の前に到る。乃び伊岐史乙《いきのふびとおと》等、難波吉士八牛《なにわのきしのやつのうし》を遣わし、引して客等を館に入れ、卽日神酒を給した。

五年春正月二六日、大唐の客である高表仁等が歸國した。送使の吉士雄摩呂《きしのおまろ》と黒摩呂《くろまろ》等は對馬に到って還った。

晋書、南朝・梁書及び隋書編纂に関わった唐朝廷から、犬上御田鍬らは日本の記録と隋朝以前の倭の記録の違いについてしつこく問い質されたと思われる。隋書俀国伝は、唐の第二代皇帝・太宗の貞観二年（西暦六二八年）勅命で編纂されたばかりである。

（唐の太宗及び第三代皇帝の高宗初期までは倭からの使者には北部九州の倭国と大和朝廷の日本国からの使者の二つの流れがあり、百済滅亡及び白村江の海戦で倭・百済復興軍の連合軍全滅させられるまでは、北部九州の倭国が正当な使節と扱われたのではないか。）

隋書を編纂した唐・第二代皇帝・太宗の朝廷は、倭を隋書俀国伝として整理し、太宗からの唐書では倭国伝と日本伝の二本にまとめたと判断される。旧・唐書ではこの二本の流れが記録され、新・唐書では倭・日本伝の一本にまとめ、日本は古（昔）は倭と記録した。

推古朝の日本書紀の記録は唐・朝廷とのやり取りの中で隋書の記録を知った大和朝廷が後付けで挿入したのではないか。

なお、日本書紀では倭女王卑弥呼を神功皇后に当てて記述している。（歴史的には六〇年で一回りする干支二回り分一二〇年遡及させていると思われる。)

神功皇后三九年、この年、太歳《たいさい》が己未の年(西暦二三九年)である。(太歳とは、木星の軌道を使って年を記述する紀年法。木星は天球上を西から東に約一二年で一周する。そのため木星は、天球を赤道沿いに一二等分した十二次を約一年に一次進むことになり、木星の十二次の位置で年を記述することが可能になる。しかし、十二次は西から東に天球を分割したもので、地上の方位(十二支)とは逆方向になる。このため、木星に鏡を当て、東から西へ移動する仮想の星を設定した。これが太歳である。こうすると干支と同じように、太歳の位置で年を記述する太歳紀年法。)

魏志倭人伝によると、明帝の景初三年六月に、倭の女王は大夫・難斗米《なしめ》らを遣わして帯方郡に至り、洛陽の天子にお目にかかりたいといって貢《こう》を持ってきた。太守の鄧夏《とうか》(魏志倭人伝では、太守・劉夏と記録されている)は役人をつき添わせて、洛陽に行かせた。

神功皇后四〇年、魏志にいう、正始元年。建忠校尉梯携らを遣わして、詔書や印綬を持たせ、倭国に行かせた。

神功皇后四三年、魏志にいう、正始四年。倭王はまた、使者の大夫・伊声者《いせき》・掖耶約《えきやく》ら八人を遣わして、献上品を届けた。

神功皇后六六年、この年は晋の武帝の泰初二年(西暦二六七年)である。晋の(天子の言行などを記した)起居注に、武帝の泰初二年一〇月、倭の女王が何度も通訳(外交)を重ねて、貢を献じたと記している。

魏志倭人伝中、下記の一部が日本に伝わり神功皇后の条に加筆されたものではないか。晋書は唐の貞観二〇年（六四六年）唐の二代皇帝・太宗の命により編纂され、貞観二二年（西暦六四八年）完成しているが、晋の（天子の言行などを記した）起居注がこの時に伝わったのではないか。なお、晋書には「泰始初遣使重譯入貢。（晋の）泰始元年（司馬炎）に遣使し、通訳を重ねて貢を納めた。」との記録がある。

景初二年六月　倭女王遣大夫難升米等　詣郡求詣天子朝獻　太守劉夏遣吏將送詣京都

景初二年（西暦二三八年）六月、倭の女王が大夫難升米等を遣わし、（帯方）郡に詣（参）り、天子に詣《もうで》り朝献したいと求めた。（帯方）郡の太守劉夏は役人を遣わし、京都（洛陽）まで送らせた。

其年十二月詔書報倭女王制詔　親魏倭王卑弥呼　帯方太守劉夏遣使　送汝大夫難升米　次使都市牛利奉汝所獻　男生口四人　女生口六人　班布二匹二丈以到　汝所在踰遠　乃遣使貢獻是汝之忠孝　我甚哀汝　今以汝為親魏倭王　假金印紫綬　装封付帯方太守假綬　汝其綏撫種人　勉為孝順　汝來使難升米　牛利　渉遠道路勤勞　今以難升米為率善中郎將　牛利為率善校尉　假銀印靑綬　引見勞賜遣還今以絳地交龍錦五匹　絳地縐粟罽十張　蒨絳五十匹　紺青五十匹　答汝所獻貢直　又特賜汝紺地句文錦三匹　細班華罽五張　白絹五十匹　金八兩　五尺刀二口　銅鏡百枚　真珠鉛丹各五十斤　皆装封付難升米牛利　還到録受　悉可以示汝國中人使知國家哀汝　故鄭重賜汝好物也

其の年の一二月、詔書が倭の女王に報いて、親魏倭王卑弥呼と制詔する。帯方郡太守、劉夏が使を遣わし、汝の大夫、難升米、次使、都市牛利を送り、汝が献ずる所の男生口四人、女生口六人、班布二匹二丈を奉り、以て到る。汝の在る所は遠きを踰《こ》える。すなわち、使を遣わし貢献するは、これ汝の忠孝。我は甚だ汝を哀れむ。今、汝を以て親魏倭王と為し、金印紫綬を仮し、装封して帯方太守に付し、仮授する。汝は其れ種人を綏撫し、勉めて孝順を為せ。汝の来使、難升米、牛利は遠きを渉り、道路勤労す。

今、難升米を以って率善中郎將と為し、牛利は率善校尉と為す。銀印青綬を仮し、引見して、労い、賜いて、還し遣わす。今、絳地交龍錦五匹、絳地縐粟罽十張、蒨絳五十匹、紺青五十匹を以って、汝の献ずる所の貢の直に答う。又、特に汝に紺地句文錦三匹、白絹五十匹、金八兩、五尺刀二口、銅鏡百枚、真珠鉛丹各五十斤を賜い、皆、装封して難升米、牛利に付す。還り到らば、録して受け、悉く、以って汝の国中の人に示し、国家が汝を哀れむを知らしむべし。故に、鄭重に汝の好物を賜うなり。

正始元年　太守弓遵遣建中校尉梯儁等　奉詔書印綬詣倭國　拜假倭王　并齎詔賜金帛　錦　罽　刀鏡　采物　倭王因使上表答謝詔恩

正始元年、太守、弓遵は建中校尉、梯儁等を遣わし、詔書、印綬を奉じて倭国に詣（参）り、倭王に拝仮す。並びに詔を齎《もたら》し、金帛、錦、罽《けい》（毛織物の敷物）、刀、鏡、采物を賜う。倭王は使に因りて上表し、詔恩に答謝す。

其四年　倭王復遣使大夫伊聲耆　掖邪狗等八人　上獻生口　倭錦　絳青縑　緜衣　帛布　丹木拊　短弓矢　掖邪狗等壹拜率善中郎將印綬

其の四年。倭王はまた使の大夫伊聲耆、掖邪拘等八人を遣わし、生口、倭錦、絳青縑、緜衣、帛布、丹、木拊短弓、矢を上献す。掖邪狗等は率善中郎将と印綬を壱拝す。

其六年　詔賜倭難升米黄幢　付郡假授

其の六年、詔して倭、難升米に黄幢を賜い、郡に付して仮授す。

第六章

粟田真人ら第八次遣唐使が入唐した時の日本の情勢

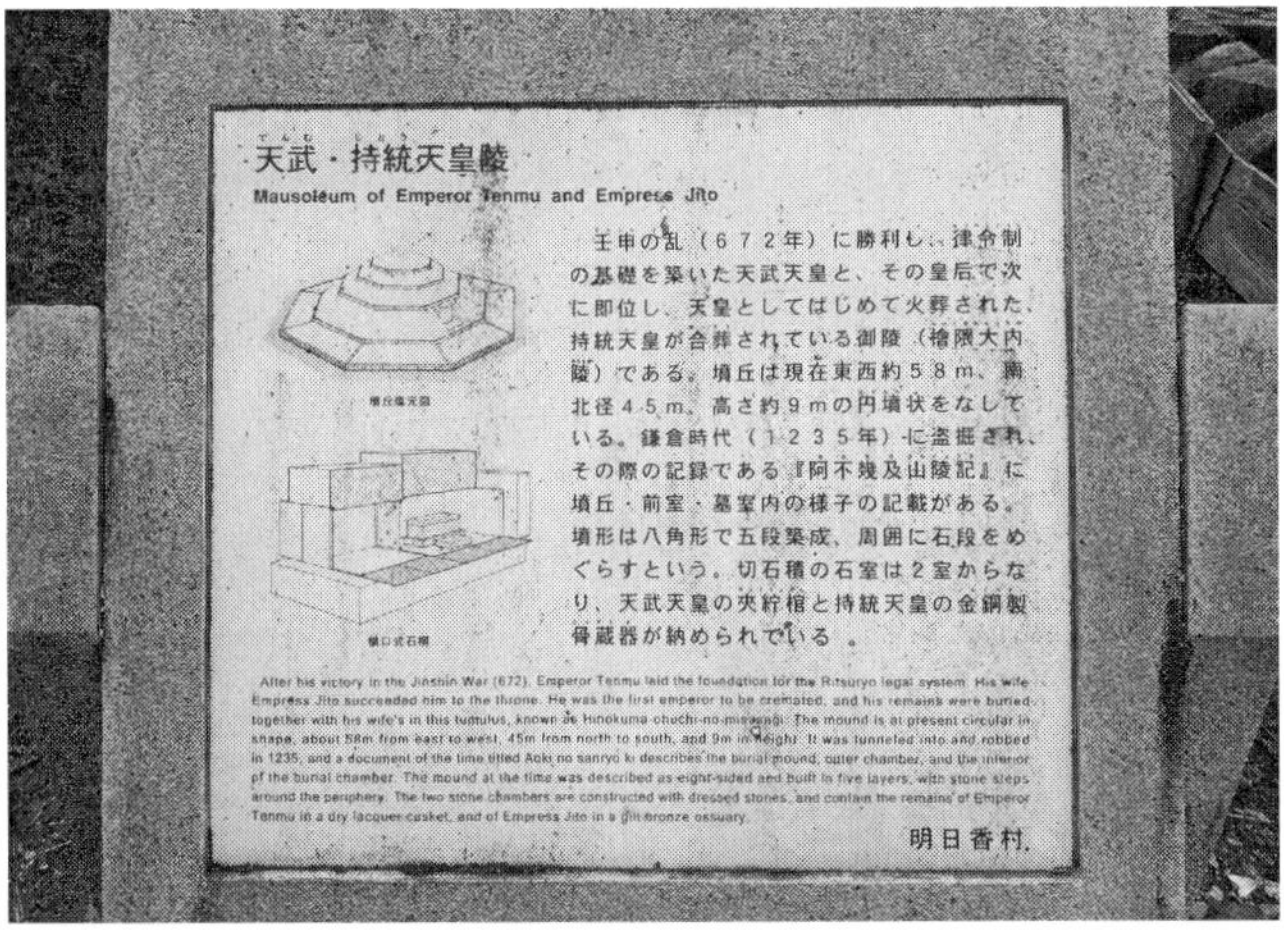

天武天皇・持統天皇陵石碑／天武天皇・持統天皇陵

粟田真人ら第八次遣唐使が入唐した理由を検証するには、斉明天皇六年（西暦六六〇年）に百済が唐により滅亡し、その後百済復興運動支援のために派兵した倭国の軍が、天智天皇のときに倭国史上初めて中国の王朝と戦い、白村江の役で全滅に近い形で敗戦。その後の天智天皇崩御後に起こった壬申の乱に言及せざるを得ない。

斉明天皇六年（西暦六六〇年、唐の高宗・顕慶五年）百済が唐により滅亡し、斉明天皇七年（西暦六六一年）百済復興運動支援のため筑紫の朝倉の宮に遷幸していた斉明天皇が崩御。

天智天皇の称制二年（西暦六六三年、唐の高宗・龍朔三年）百済の白村江の戦いで百済復興軍を支援した倭国軍は、唐と直接交戦し、全滅したが、この前後の日本書紀の記録を見ると、天智天皇は百済復興軍の支援にほとんど関わっていないように見える。あろうことか白村江の戦いの直前に難波経由飛鳥に還っている。

斉明天皇七年（西暦六六一年）七月二四日、斉明天皇が朝倉宮に崩御され、恵蘇八幡宮で偲び（服喪）し、八月一日、皇太子（中大兄皇子《なかのおおえのみこ》）は天皇の喪をつとめ、磐瀬宮《いわせのみや》に還られた。この夕に、朝倉山の上に鬼が現れ、大笠を着て喪の儀式を臨み覗ていた。人々は皆怪しんだ。冬一〇月七日、天皇の喪（遺骸）を帰そうと海に就航しました。二三日、天皇の遺骸は、還って難波に泊った。一一月七日、天皇の遺骸を飛鳥川原《あすかのかわら》に殯《もがり》した。この日から九日まで悲しみの発哀《みね》を捧げた。

（朝倉山の上に現れた大笠を着て喪の儀式を臨み覗ていた鬼とは、百済復興を支援し、唐・新羅連合軍との戦争が始まろうとする直前に敵前逃亡ともみなされかねない撤退する大和朝廷の支配者らを監視する倭国王（筑紫の君・薩夜麻）の監視兵ではなかったか。）

斉明天皇七年春正月丁酉朔壬寅　御船西征始就于海路～三月丙申朔庚申　御船還至于娜大津　居于磐瀬行宮　天皇　改此名曰長津～釋道顯日本世記曰　百濟福信獻書　祈其君糺解於東朝　或本云　四月天皇遷居于朝倉宮　五月乙未朔癸卯　天皇遷居于朝倉橘廣庭宮　是時　斮除朝倉社木而作此宮之故神忿壊殿　亦見宮中鬼火　由是　大舎人及諸近侍病死者衆～秋七月甲午朔丁巳　天皇崩于朝倉宮　八月甲子朔　皇太子奉徙天皇喪　還至磐瀬宮　是夕於朝倉山上有鬼　着大笠臨視喪儀　衆皆嗟怪　冬十月癸亥朔己巳　天皇之喪歸就于海～乙酉　天皇之喪還泊于難波　十一月壬辰朔戊戌　以天皇喪殯于飛鳥川原　自此發哀至于九日～

斉明天皇七年（西暦六六一年）春一月六日、御船（天皇の船）は西征に向けて始めて海路についた。～三月二五日、御船は本来の航路に戻って、娜大津《なのおおつ》（博多港）についた。磐瀬行宮《いわせのかりみや》（福岡市付近）にお入りになった。天皇は名を改めてここを長津《ながつ》（那河津）とされた。～釈《ほうし》・道顕《どうけん》の日本世記には、百済の福信は書を奉って、その君である糺解《くげ》（余《よ》豊章《ほうしょう》王子）のことを東朝《みかど》に願ったとされる。（東朝という用語を使用しているのはなぜか？大和朝廷自身が倭国の東にあり、倭とは別の権力機構と認識していたのではないか。）

またある本に、四月、天皇は朝倉宮《あさくらのみや》（福岡県朝倉町）に遷り住まれたとある。五月九日、天皇は朝倉橘広庭宮《あさくらのたちばなのひろにわのみや》にお遷りになった。このとき朝倉社《あさくらのやしろ》の木を斮（切）り払って、この宮を造られたので、雷神が怒って御殿を壊した。また宮殿内に鬼火《おにび》が現れた。このため大舎人《おおとねり》や近侍の人々に、病んで死ぬ者が多かった。～秋七月二四日、天皇は朝倉宮に崩御された。八月一日、皇太子（中大兄《なかのおおえ》）は天皇の喪をつとめ、帰って磐瀬宮《いわせのみや》に着かれた。この夕に、朝倉山の上に鬼が現れ、大笠を着て喪の儀式を臨み覗ていた。人々は皆怪しんだ。冬一〇月七日、天皇の喪（遺骸）を帰そうと海に就航しました。～二三日、天皇の遺骸は、還って難波に泊った。一一月七日、天皇の遺骸を飛鳥川原《あすかのかわら》に殯《もがり》した。この日から九日まで悲しみの発哀《みね》を捧げた。

百済復興軍の陣容と白村江の戦い（日本書紀の記録）

天命開別天皇　息長足日廣額天皇太子也　母曰天豐財重日足姫天皇　天豐財重日足姫天皇四年　讓位於天萬豐日天皇　立天皇爲皇太子　天萬豐日天皇　後五年十月崩　明年皇祖母尊卽天皇位　七年七月丁巳崩　皇太子素服稱制

天命開別天皇《あめみことひらかすわけのすめらみこと》（天智天皇）は、息長足日広額天皇《おきながたりしひひろぬかのすめらみこと》（舒明天皇）の太子である。母を天豊《あめとよ》財重日足姫天皇《たからいかしひたらしひめのすめらみこと》（皇極天皇、斉明天皇）という。天豊財重日足姫天皇《あめとよたからいかしひたらしひめのすめらみこと》（皇極天皇）四年に、天皇は、位を天万豊日天皇《あめよろずとよひのすめらみこと》（孝徳天皇）に譲られた。天皇（天智天皇）を立てて皇太子とされた。天万豊日天皇《あめよろずとよひのすめらみこと》（孝徳天皇）は白雉五年一〇月に崩御された。明くる年に皇祖母尊《すめみおやのみこと》（皇極天皇）が重祚して斉明天皇となられた。（斉明天皇）七年（西暦六六一年）七月二四日、斉明天皇が崩御され、皇太子（天智天皇）は素服（白の麻衣）をお召しになって、称制（即位式は挙げないで、政務を取る）された。

是月　蘇將軍與突厥王子契苾加力等　水陸二路至于高麗城下　皇太子　遷居于長津宮　稍聽水表之軍政

八月　遣前將軍大花下阿曇比邏夫連　小花下河邊百枝臣等　後將軍大花下阿倍引田比邏夫臣　大山上物部連熊　大山上守君大石等　救於百濟　仍送兵杖五穀

或本續此末云　別使大山下狹井連檳榔　小山下秦造田來津　守護百濟

九月　皇太子　御長津宮　以織冠授於百濟王子豐璋　復以多臣蔣敷之妹妻之焉　乃遣大山下狹井連檳榔　小山下秦造田來津　率軍五千餘衞送於本鄉　於是　豐璋入國之時　福信迎來稽首　奉國朝政　皆悉委焉

この月に、蘇将軍（唐将・蘇定方《そていほう》）と突厥《とっけつ》の王子である契苾加力《けいひつかりき》らとが水陸両道から進撃して、高麗の城下に迫った。皇太子（天智天皇）は長津宮《ながつのみや》（博多大津）に遷って居ました。そこでとりあえず海外の軍事事情を聞きました。

八月に、前軍の将軍として（位階八位の）前軍の将軍・大花下《だいかげ》・阿曇比邏夫連《あずみのひらぶのむらじ》、（位階一〇位の）小花下《しょうかげ》・河辺百枝臣《かわべのももえのおみ》ら、後軍の将軍として（位階八位の）大花下《だいかげ》・阿倍引田比邏夫臣《あべのひけたのひらぶのおみ》、（位階一一位の）大山上《だいせんじょう》・物部連熊《もののべのむらじくま》、（位階一一位の）大山上《だいせんじょう》・守君大石《もりのきみおおいわ》を遣わして、百済を救援させ、それで兵杖（武器）と五穀を送りました。

ある本には、このあとに続けて、別に（位階一二位の）大山下《だいせんげ》・狭井連檳榔《さいのむらじあじまさ》、（位階一四位の）小山下《しょうせんげ》・秦造田来津《はたのみやつこたくつ》を遣わして、百済を守護させたとある。

九月、皇太子は長津宮《ながつのみや》にあって、織冠《おりもののこうぶり》を百済の王子の豊璋にお授けになった。また、多臣蔣敷《おおのおみこもしき》の妹をその妻とされた。そして、（位階一二位の）大山下《だいせんげ》・狭井連檳榔《さいのむらじあじまさ》、（位階一四位の）小山下《しょうせんげ》・秦造《はたのみやつこ》田来津《たくつ》を派遣して、軍兵五千余を率いて、豊璋を本国に護り送らせた。この豊璋が国に入ると、（鬼室）福信が迎えにきて、稽首《けいしゅ》（頭を地に着くまで下げてする礼）して国の政をすべてお任せ申し上げた。

元年春正月辛卯朔丁巳　賜百濟佐平鬼室福信矢十萬隻　絲五百斤　綿一千斤　布一千端　韋一千張稲種三千斛

（天智天皇）元年（西暦六六二年）春一月二七日、百済の佐平《ちゃぴょん》・鬼室福信に、矢一〇万隻、糸五〇〇斤、綿一〇〇〇斤、布一〇〇〇端、韋《おしかわ》（なめし皮）一〇〇〇張、稲種《たなしね》三〇〇〇斛（石）を賜わった。

三月庚寅朔癸巳　賜百濟王布三百端　是月　唐人新羅人伐高麗　高麗乞救國家　仍遣軍將據疏留城由是　唐人不得略其南堺　新羅不獲輸其西壘

三月四日、百済王（余豊璋《よほうしょう》）に布三百端を賜わった。この月、唐人と新羅人が高麗を討った。高麗は救いを国家（大和朝廷）に乞い願った。それで日本は将兵を送って疏留城《そるさし》に構えた。このため唐人はその南の境を犯すことができず、新羅はその西の塁をおとすことができなくなった。

夏四月鼠産於馬尾　釋道顯占曰　北國之人將附南國　蓋高麗破而屬日本乎

夏四月に、鼠《ねずみ》が馬の尻尾に子を産んだ。釋《ほうし》（僧）道顕《どうけん》が占って、「北の国の人が、南の国に付こうとしている。恐らく高麗が破れて日本に服属するだろう。」と言った。

五月　大將軍大錦中阿曇比邏夫連等率船師一百七十艘　送豐璋等於百濟國　宣勅　以豐璋等使繼其位又予金策於福信而撫其背　褒賜爵祿　于時　豐璋等與福信稽首受勅　衆爲流涕

五月に、大将軍である大錦中《だいきんちゅう》（西暦六六四年天智天皇三年に制定された冠位二十六階制の位階第八位が使用されている。）・阿曇比邏夫連《あずみのひらぶのむらじ》（阿曇比邏夫連は、西暦六六三年天智天皇二年八月二七日、二八日の白村江の役で戦死していると思われるのに、西暦六六四年天智天皇三年に制定された冠位二十六階制の位階第八位が使用されている。）らが、軍船一七〇艘を率いて、豊璋らを百済に送り、宣勅《みことのり》して豊璋に百済王位を継がせた。また金策《こがねのふだ》を福信に与えて、その背をなでてねぎらい、爵位や禄物を賜わった。そのとき、豊璋、福信らは稽首《けいしゅ》（頭を地に着くまで下げてする礼）して勅《みことのり》を承った。周囲の諸々の人達はそのために涙を流しました。

六月己未朔丙戌　百濟遣達率萬智等進調獻物

六月二八日、百済は達率《だるそつ》・万智《まち》らを遣わして、調《みつき》を奉り、物を献上した。

冬十二月丙戌朔　百濟王豐璋其臣佐平福信等　與狹井連闕名朴市田來津議曰　此州柔者　遠隔田畝土地磽确　非農桑之地　是拒戰之場　此焉久處　民可飢饉　今可遷於避城　避城者西北帶以古連旦涇之水　東南據深泥巨堰之防　繚以周田　決渠降雨　華實之毛則　三韓之上腴焉　衣食之源則二儀之隩區矣　雖曰地卑　豈不遷歟　於是　朴市田來津獨進而諫曰　避城與敵所在之間一夜可行　相近茲甚若有不虞　其悔難及者矣　夫飢者後也　亡者先也　今敵所以不妄來者　州柔設置山險盡爲防禦　山峻高而谿隘　守易而攻難之故也　若處卑地　何以固居而不搖動及今日乎　遂不聽諫而都避城

冬一二月一日、百済王豊璋と、その臣である佐平《ちゃぴょん》・福信は、狭井連《さいのむらじ》（名は欠けていて不明）、朴《えち》市田来津《のたくつ》と相談し、「この都の州柔《つぬ》は田畝《たはた》（田畑）から遠く隔たっていて、土地がやせている。農業や養蚕に適した土地ではない。戦いの場であって、ここに長らくいると民が飢えるだろう。今、避城《へきし》に移ろう。避城《へきし》は、西北に古連旦涇《これんたんけい》の川が流れ、東南は深泥巨堰《しんでいこえん》（深い泥の大きな堤防）を防衛に頼れる。周囲に田を繚（巡ら）し、溝を作り、雨が降る。そうすれば華が咲き、実が成り、毛《くにつもの》（特産物）ができる。三韓の腴《ゆ》（豊かな土地）である。衣食の源があれば、人の住むべきところである。土地が低く、卑しいと言っても、どうして移らないでいられようか。」、と言った。

このとき、朴市田来津《えちのたくつ》がひとり身を進め諫めて、「避城《へきし》と敵のいるところとは、一夜で行ける道のりです。たいへん近い。もし不意の攻撃を受けたら悔いても遅い。飢えは第二です。存亡は第一です。今、州柔《つぬ》に敵がたやすく攻めてこないのは、ここが山険を控え、防御に適し、山が高く谷が狭く、守り易く攻めにくいためです。もし低いところにいれば、どうして堅く守り動かないで、今日に至ることができたでしょうか」と言った。しかし遂に聞かないで避城《へきし》に都した。

是歳　爲救百濟　修繕兵甲　備具船舶　儲設軍粮　是年也　太歳壬戌

この年、百済を救うために、兵甲（武器）を修繕し、船を準備し、兵糧を蓄えた。この年、太歳が壬戌の年。

白村江の戦い

二年春二月乙酉朔丙戌　百濟　遣達率金受等進調　新羅人　燒燔百濟南畔四州　幷取安德等要地　於是　避城去賊近　故勢不能居　乃還居於州柔　如田來津之所計　是月　佐平福信　上送唐俘續守言等

（天智天皇）二年（西暦六六三年）春二月二日、百済は達率《だるそつ》・金受《きんじゅ》らを遣わして調《みつき》を奉った。新羅人が百済の南部の四州を焼き討ちし、安徳《あんとく》などの要地を奪った。このとき、避城《へきし》は敵と近すぎたので、そこに居ることができず、州柔《つぬ》に戻った。田来津《たくつ》が言ったようになった。この月、佐平《ちゃぴょん》・福信が、唐の捕虜・続守言《しょくしゅげん》らを届けてきた。

三月　遣前將軍上毛野君稚子　間人連大蓋　中將軍巨勢神前臣譯語　三輪君根麻呂　後將軍阿倍引田臣比邏夫　大宅臣鎌柄　率二萬七千人打新羅

三月に前軍の将軍上毛野君稚子《かみつけののきみわかこ》、間人連大蓋《はしひとのむらじおおふた》、中軍の将軍である巨勢神前臣訳語《こせのかんざきのおみおさ》、三輪君根麻呂《みわのきみねまろ》、後軍の将軍である阿倍引田臣比邏夫《あべのひけたのおみひらぶ》、大宅臣鎌柄《おおやけのおみかまつか》を遣わし、二万七〇〇〇人を率いて新羅を伐たせた。

夏五月癸丑朔　犬上君闕名　馳告兵事於高麗而還　見糺解於石城　糺解　仍語福信之罪

夏五月一日、犬上君《いぬかみのきみ》（名は欠けていて不明）が高麗に急行し、出兵のことを告げて還ってきた。そのとき、糺解《くげ》（豊璋）と石城《しゃくきし》で出会った。糺解《くげ》は（犬上君に）（鬼室《きしつ》）福信《ふくしん》の罪あることを語った。

六月　前將軍上毛野君稚子等　取新羅沙鼻岐奴江二城　百濟王豐璋　嫌福信有謀反心　以革穿掌而縛時　難自決不知所爲　乃問諸臣曰　福信之罪既如此焉　可斬以不　於是　達率德執得曰　此惡逆人不合放捨　福信　卽唾於執得曰　腐狗癡奴　王勒健兒斬而醢首

六月、前軍の将軍である上毛野君稚子《かみつけののきみわかこ》らが、新羅の沙鼻《さび》、岐奴江《きぬえ》二つの城を取った。百済王の豊璋は、福信に謀反の心があるのを疑って、掌を穿《うが》ち革を通して縛った。しかし、自分で決めかねて困り、諸臣に問うて曰く、「福信の罪はすでに明かだが、斬るべきかどうか。」と。そのとき、達率《だるそつ》・徳執得《とくしゅうとく》が、「この悪逆な人物を許し放つべきではありません。捨てるべきです。」と言うと、福信は執得《しゅうとく》に唾を吐きかけて言った。「腐狗痴奴《くちいぬかたくなやつこ》（腐り犬の馬鹿者）」と。王は健児《ちからひと》（兵士）に命じて福信を斬り、首を塩酢漬けにした。

秋八月壬午朔甲午　新羅　以百濟王斬己良將　謀直入國先取州柔　於是　百濟知賊所計　謂諸將曰
今聞　大日本國之救將盧原君臣　率健兒萬餘　正當越海而至　願　諸將軍等應預圖之　我欲自往待饗
白村　戊戌　賊將至於州柔　繞其王城　大唐軍將率戰船一百七十艘　陣烈於白村江　戊申　日本船師
初至者與大唐船師合戰　日本不利而退　大唐堅陣而守　己酉　日本諸將與百濟王不觀氣象而相謂之曰
我等爭先彼應自退　更率日本亂伍中軍之卒　進打大唐堅陣之軍　大唐便自左右夾船繞戰　須臾之際官
軍敗績　赴水溺死者衆　艫舳不得廻旋　朴市田來津　仰天而誓切齒而嗔　殺數十人　於焉戰死
是時　百濟王豐璋　與數人乘船逃去高麗

秋八月一三日、新羅は、百済王が自分の良将を斬ったので、直ちに攻め入って、まず州柔《つぬ》を取ろうとした。ここで百済王は敵の計画を知って、諸将に告げて、「大日本国の救援将軍の廬原君臣《いおはらのきみおみ》が、健児《ちからひと》（兵士）一万余を率いて、今に海を越えてやってくる。どうか諸将軍達は、予め図（戦略）を考えておいて欲しい。私は自分で出かけて、白村《はくすき》（錦江の川口付近）でお迎えしよう。」と言った。一七日に敵将が州柔《つぬ》に来てその王城を囲んだ。大唐の将軍は軍船一七〇艘を率いて、白村江《はくすきのえ》に陣列を敷いた。二七日に日本の先着の軍船と、大唐の軍船が合戦した。日本は不利となり退いた。大唐軍は陣を堅めて守った。二八日、日本の諸将と百済の王とは、そのときの気象《あるかたち》（状況）を観ずに、共に語って、「我らが先を争って攻めれば、敵は自ずから退くだろう。」と言った。さらに日本軍で隊伍の乱れた中軍の兵を率い、進んで大唐軍の堅陣の軍を攻めた。すると、大唐軍は左右から船を挟んで囲んで攻撃した。たちまちに日本軍は破れた。水中に落ちて溺死する者が多かった。船の舳先と船尾を回旋させることができなかった。朴市田来津《えちのたくつ》は天を仰いで決死を誓い、歯を食い縛って怒り、敵数十人を殺したが、ついに戦死した。このとき、百済王豊璋は、数人と船に乗り高麗へ逃げた。

九月辛亥朔丁巳　百濟州柔城　始降於唐　是時　國人相謂之曰　州柔降矣　事无奈何　百濟之名絶于今日　丘墓之所　豈能復往　但可往於弖禮城　會日本軍將等　相謀事機所要　遂教本在枕服岐城之妻子等　令知去國之心　辛酉　發途於牟弖　癸亥至弖禮　甲戌　日本船師及佐平余自信　達率木素貴子谷那晉首　憶禮福留　并國民等至於弖禮城　明日　發船始向日本

　九月七日、百済の州柔城《つぬさし》は唐に降服した。このとき、国人《くにひと》は語り合って、「州柔《つぬ》が落ちた。如何とも致しがたい。百済の名前は今日で終わりだ。先祖の墓にも二度と行くことができぬ。ただ弖礼城《てれさし》に行って、日本の将軍達に会い、事機《ことはかり》の要《ぬみ》（大事な事）を話し合わなくてはいけない。」と言った。遂に枕服岐城《しんぷくぎさし》に在った妻子どもに教えて、いよいよ国を去ることを知らせた。一一日、牟弖《むて》を出発、一三日、弖礼《てれ》に着いた。二四日、日本の軍船と佐平《ちゃぴょん》・余自信《よじしん》、達率《だるそつ》・木素貴子《もくそきし》、谷那晋首《こくなしんす》、憶礼福留《おくらいふくる》と、一般国民は弓礼城《てれさし》に着いた。翌日、船を出して始めて日本に向かった。

　百済に出陣し、白村江の戦いに参戦した将軍として日本書紀に記録されているのは、阿曇比邏夫《あずみのひらぶの》連《むらじ》（戦死）、河辺百枝臣《かわべのももえのおみ》（天武天皇六年（西暦六七七年）一〇月、内小錦上《うちしょうきんじょう》の河辺百枝臣《かわべのももえのおみ》は、民部《かきべの》卿《かみ》に任命されている。生還できたと思われる。）、物部連熊《もののべのむらじくま》（その後の記録不明）、（位階十一位の）大山上《だいせんじょう》・守君大石《もりのきみおおいわ》（斉明天皇四年（西暦六五八年）有間皇子の変で連座して上野国への流罪となったが復権できたと思われる。天智天皇四年一二月唐から派遣された使節・劉徳高の送使・遣唐使として唐に渡る。）、狭井連檳榔《さいのむらじあじまさ》（その後不明）、秦造田来津《はたのみやつこたくつ》（戦死）、犬上君《いぬかみのきみ》（名は欠けていて不明）、上毛野君稚子《かみつけののきみわかこ》（その後記録なし。）、間人連大蓋《はしひとのむらじおおふた》（天武天皇四年（西暦六七五年）四月、天武天皇は風神《かぜのかみ》と大忌神《おおいみのかみ》をそれぞれ竜田の立野と広瀬の河曲《かわわ》とに祭らせている（それぞれ現在の奈良県生駒郡三郷町立野の龍田大社と、北葛城郡河合町川合の廣瀬大社にあたり、間人連大蓋《はしひとのむらじおおふた》が大忌神の祭祀を担当しているので。白村江から生還できたと思われる。）。）、巨勢神前臣訳語《こせのかんざきのおみおさ》（その後不明）、三輪《みわの》君根麻呂《きみねまろ》（その後不明）、阿倍引田臣比邏夫《あべのひけたのおみひらぶ》（天智天皇三年（西暦六六四年）新冠位制度（冠位二十六階）の制定に伴って大錦上に叙せられる。またこの頃、筑紫大宰帥に任ぜられている（『続日本紀』）。白村江の戦いののち、唐や新羅の来襲に備え、軍事経験豊かな比羅夫を九州地方の防衛責任者に任じたものと想定される。）、大宅臣鎌柄《おおやけのおみかまつか》（その後不明）、廬原君臣《いおはらのきみおみ》（廬原君臣が参戦したかどうか日本書紀には記載がない）。

　斉明天皇は（位階一一位の）大山上《だいせんじょう》・物部連熊《もののべのむらじくま》、（位階一四位の）小山下《しょうせんげ》・秦造《はたのみやつこ》田来津《たくつ》を遣わし、軍船一七〇艘、軍兵五〇〇〇余を率いて、豊璋を本国に護り送らせた。軍船一艘に軍兵三〇人となる。

天智天皇は、天智天皇二年三月に前軍の将軍上毛野君稚子《かみつけののきみわかこ》、間人連大蓋《はしひとのむらじおおふた》、中軍の将軍である巨《こ》勢神前臣訳語《せぃのかんざきのおみおさ》、三輪君根麻呂《みわのきみねまろ》、後軍の将軍である阿倍引田臣比邏夫《あべのひけたのおみひらぶ》、大宅臣鎌柄《おおやけのおみかまつか》を遣わし、二万七千人を率いて新羅を伐たせた。軍兵二万七千人を派遣するには、軍船一〇〇〇艘が必要になる。唐書にはこのうち四〇〇艘が焼かれたと記録されている。倭国軍はほぼ全滅、多数の軍兵が捕虜になったと思われる。

日本書紀の記録には、軍船一〇〇〇艘を調達し、軍兵二万七千人を徴兵するという緊迫感は感じられない。「斉明天皇六年～一二月二四日、天皇は難波宮《なにわのみや》にお出でになった。天皇は福信の願いに応じて、筑紫に行幸し、救いの軍隊を送ろうと思われ、まずここに種々の武器を準備された。この年、百済のために新羅を討とうと思われ、駿河国に勅《みことのり》して船を造らせられた。造り終わって続麻郊《おみの》（伊勢国多気郡麻績）にひいてきたとき、その船は夜中に故もなく、艫《とも》と舳《へ》とが入れ替っていた。」程度の記載である。

せいぜい軍船数十艘を調達し、斉明天皇、皇太子（天智天皇）、家族、大舎人や近侍の人々、軍兵含め数千人程度ではなかったか。

出兵に当たっての準備に緊迫感は感じられず、白村江の戦いでほぼ全滅した悲壮感はない。

敗戦後に初めて国政上天智天皇が行ったことは、国防を固めることではなく、天智天皇三年（西暦六六四年）春二月九日に冠位二十六階制制定という冠位の階名を増加し変更するという祝事を実施している。

戦後処理に関わるもの

戦後処理に関わるものは、三月、百済王の善光《ぜんこう》らを難波《なにわ》に住まわしめたこと、夏五月一七日、百済にあった唐の鎮将《ちんしょう》（占領軍司令官）の劉仁願《りゅうじんがん》が派遣した朝散大夫《ちょうさんだいふ》・郭務悰《かくむそう》らを饗応したこと、西海防備として、対馬、壱岐、筑紫国《つくしのくに》などに防人《さきもり》と烽《すすみ》（のろし台）をおき、筑紫に大堤《おおつつみ》を築いて水を貯えた。これを水城《みずき》と名づけたこと、天智天皇四年（西暦六六五年）に、百済滅亡後、多数渡来した百済人に冠位を授ける官位の階級を検討し、近江国神崎郡に居住地を与え、百済の遺臣である達率《だるそつ》・答《とう》㶱春初《ほんしゅんそ》に長門国に城を築かせ、達率《だるそつ》・憶礼福留《おくらいふくる》と達率《だるそつ》・四比福夫《しひふくぶ》を、筑紫国に遣わして、大野《おおの》と椽《き》（大宰府の西南）に二つの城を築かせ、唐が派遣してきた朝散大夫《ちょうさんだいぶ》・沂州《きしゅう》の司馬上柱国《しばじょうちゅうこく》・劉徳高《りゅうとくこう》、右戎衛郎将《ゆうじゅえいろうしょう》・上柱国《しょうちゅうこく》・百済禰軍《くだらのねぐん》・朝散大夫《ちょうさんだいぶ》・柱国《ちゅうこく》である郭務悰《かくむそう》らを接遇した。

四年春二月～勘校百濟國官位階級　仍以佐平福信之功　授鬼室集斯小錦下　其本位達率　復　以百濟百姓男女四百餘人　居于近江國神前郡

三月～　給神前郡百濟人田

秋八月　遣達率答㶱春初　築城於長門國　遣達率憶禮福留　達率四比福夫　於筑紫國築大野及椽二城

～

九月庚午朔壬辰　唐國遣朝散大夫沂州司馬上柱國劉德高等　等謂　右戎衛郎將上柱國百濟禰軍朝散大夫柱國郭務悰　凡二百五十四人　七月廿八日至于對馬　九月廿日至于筑紫　廿二日進表函焉
冬十月己亥朔己酉　大閲于菟道
十一月己巳朔辛巳　饗賜劉德高等
十二月戊戌朔辛亥　賜物於劉德高等　是月　劉德高等罷歸　是歳　遣小錦守君大石等於大唐　云々
等謂　小山坂合部連石積大乙吉士岐彌吉士針間　蓋送唐使人乎

四年（西暦六六五年）春二月に、～百済国の官位の階級を検討した（百済滅亡後、多数渡来した百済人に冠位を授けるため）。佐平《ちゃぴょん》・福信の功績によって、鬼室集斯《きしつしゅうし》に、小錦下《しょうきんげ》の位を授けた。また百済の民、男女四百人余りを、近江国《おうみのくに》の神崎郡《かんさきのこおり》に住ませた。

三月に、神崎郡の百済人に田を給せられた。

秋八月、達率《だるそつ》・答炑春初《とうほんしゅんそ》を遣わして、長門国に城を築かせた。達率《だるそつ》・憶礼福留《おくらいふくる》と達率《だるそつ》・四比福夫《しひふくぶ》を、筑紫国に遣わして、大野《おおの》と椽《き》（大宰府の西南）に二つの城を築かせた。

九月二三日、唐が朝散大夫《ちょうさんだいぶ》・沂州《きしゅう》の司馬上柱国《しばじょうちゅうこく》・劉徳高《りゅうとくこう》らを遣わしてきた。（等というのは、右《ゆう》戎衛郎将《じゅえいろうしょう》・上柱国《しょうちゅうこく》・百済禰軍《くだらのねぐん》・朝散大夫《ちょうさんだいぶ》・柱国《ちゅうこく》である郭務悰《かくむそう》のことをいう。）全部で二五四人。七月二八日に対馬に着く。九月二〇日、筑紫につき、二二日に表函《ふみびつ》を奉った。

冬一〇月一一日、菟道《うじ》で盛大に閲兵をした。

一一月一三日、劉徳高《りゅうとくこう》らに饗応をされた。

一二月一四日、劉徳高らに物を賜わった。この月、劉徳高らは帰途についた。この年、小錦の守君《もりのきみのおおいわ》大石等を大唐に遣わした、云々と。（等というのは、小山の坂合部連石積《さかごいべのむらじいわつみ》、大乙の吉士岐弥《きしのきみ》、吉士針間《きしのはりま》を言う。）推測するに、唐の使者を送ったものか。

日本書紀に記録された白村江の役で唐の捕虜となり、その後帰国できた一二名の将兵の出身地を見ると、救援軍は、北部九州の軍団・一〇〇〇艘の軍船を主体とし、四国、大和朝廷軍、関東（上毛野君稚子）、陸奥等からの出兵（斉明天皇五年の第四次遣唐使に蝦夷人男女、蝦夷の兵士も同行していたので大和朝廷に蝦夷人軍兵も駐留していたと思われる。）もあったとみるのが相当ではないか。

倭国軍の主力であるはずの筑紫君・薩野馬（薩夜麻）、大宰府から軍団印が出土した御笠団、遠賀団及び筑紫国造磐井の岩戸山古墳のある八女の軍団等の参戦については日本書紀に記録はないが、捕虜になって帰国できた者の記録には出てくる。

白村江で唐の捕虜となり、後に帰国できた兵達の記録

なお、天智天皇一〇年（西暦六七一年）二日に帰国した①沙門《さもん》・道久《どうく》、②筑紫君《つくしのきみ》・薩野馬《さちやま》、③韓島勝娑婆《からしまのすぐりさば》（豊前国宇佐郡辛島郷を本拠地とした氏族）、④布師首磐《ぬのしのおびといわ》（持統天皇四年九月乙亥朔～丁酉～軍丁筑紫國上陽咩郡大伴部博麻～泊天命開別天皇三年　土師連富杼・氷連老・筑紫君薩夜麻・弓削連元寶兒と同一人物と思われる。）の四人、天武天皇一三年一二月六日に、新羅を経由して帰国した百済の戦役の時に唐に捕らえられていた⑤猪使連子首《いつかいのむらじこくび》と⑥筑紫三宅連得許《つくしのみやけのむらじとくこ》、持統天皇四年（西暦六九

四年）九月二三日新羅の送使である大奈末《だいなま》・金高訓《きんこうくん》らに従って、筑紫に帰国した筑紫國上陽咩郡《かみつやめのこおり》（福岡県八女市）の⑦大伴部博麻《おおともべのはかま》、持統天皇一〇年（西暦七〇〇年年）夏四月二七日に追大貳《ついだいに》の位と褒賞を授けられた伊予国風速郡《いよのくにかぜはやのこおり》（愛媛県松山市北条）の⑧物部薬《もののべのくすり》と肥後国皮石郡《ひごのくにかわいしのこおり》（熊本県合志市）の人である⑨壬生諸石《みぶのもろいし》と、文武天皇慶雲元年（西暦七〇四年）遣唐使・粟田真人が帰国の際に連れ帰った讃岐国の⑩錦部刀良《にしこりのとら》、陸奥国の⑪生王五百足《みぶのいおたり》、筑後国の⑫許勢部形見《こせべのかたみ》、合わせて捕虜一二人が帰国できたことになる。帰国できた捕虜の記録から見ると、百済救援軍に、筑紫、肥後、豊前、伊予、讃岐、陸奥の軍団があったことが視える。

日本書紀　天智天皇十年　一一月一〇日の条

十一月甲午朔癸卯　對馬國司　遣使於筑紫大宰府　言　月生二日　沙門道久　筑紫君薩野馬　韓嶋勝裟婆　布師首磐四人　従唐來曰　唐國使人郭務悰等六百人　送使沙宅孫登等一千四百人　總合二千人乘船卌七隻　倶泊於比智嶋　相謂之曰　今吾輩人船數衆　忽然到彼　恐彼防人驚駭射戰　乃遣道久等預稍披陳來朝之意

天智天皇一〇年（西暦六七一年）一一月一〇日に、対馬の国司が大宰府に使いを遣わして報告した。さる二日に、沙門《さもん》・道久《どうく》、筑紫君薩野馬《つくしのきみさちやま》、韓嶋勝裟婆《からしまのすぐりさば》、布師首磐《ぬのしのおびといわ》の四人が唐より来て、「唐国の使節の郭務悰六〇〇人、護衛の沙宅孫登等一四〇〇人、合わせて二〇〇〇人が、四七隻の船に乗って、共に比知島に停泊していて、両人共に言うには、現在、我々の人船は多数であり、突然やって来ると、恐らく対馬の防人は、驚いて戦いになるだろう。そこで道久等を遣して、予め少しだけ来朝する意向を示し申します」と言った。

日本書紀　持統天皇四年一〇月一五日の条

持統天皇四年冬十月甲辰朔～癸丑　大唐學問僧智宗等　至于京師
戊午　遣使者詔筑紫大宰河内王等曰　饗新羅送使大奈末金高訓等　准上送學生土師宿禰甥等送使之例
其慰勞賜物　一依詔書
乙丑　詔軍丁筑紫國上陽咩郡人大伴部博麻曰　於天豐財重日足姫天皇七年　救百濟之役　汝　爲唐軍見虜　洎天命開別天皇三年　土師連富杼・氷連老・筑紫君薩夜麻・弓削連元寶兒　四人　思欲奏聞唐人所計　緣無衣粮　憂不能達　於是　博麻謂土師富杼等曰　我欲共汝還向本朝　緣無衣粮　倶不能去　願賣我身以充衣食　富杼等　依博麻計　得通天朝　汝獨淹滯他界　於今卅年矣　朕　嘉厥尊朝愛國賣己顯忠　故　賜務大肆　幷絁五匹　綿一十屯　布卅端　稻一千束　水田四町　其水田　及至曾孫也　免三族課役　以顯其功
～十一月甲戌朔庚辰　賞賜送使金高訓等　各有差

持統天皇四年（西暦六九四年）冬一〇月一〇日に、大唐学問僧・智宗らが京師《みやこ》についた。

一五日に、使者を遣わして、筑紫大宰・河内王らに詔《みことのり》して曰く、「新羅の送使である大奈末・金高訓らの饗応に、学生の土師宿禰甥らを送り、送使の饗えに準ぜよ。その慰労と賜物は、詔書に示されたことに従え」と。

二二日に、軍丁（兵士である）筑後国上陽咩郡《かみつやめのこおり》の人である大伴部博麻《おおともべのはかま》に詔《みことのり》して、「斉明天皇の七年、百済救援の役で、汝は唐の捕虜とされた。天智天皇の三年になって、土師連富杼、氷連老、筑紫君薩夜麻、弓削連元宝児の四人が、唐人の計画を朝廷に奏上しようと思ったが、衣食も無いために京師《みやこ》まで行けないことを憂えた。是に於て、博麻は土師富杼らに語って、『私は皆と一緒に朝廷に行きたいが、衣食もない身で叶わないので、どうか私を奴隷に売り、その金を衣食にあててくれ』と言った。富杼らは博麻の計に従って、日本へ帰ることができた。汝は一人他国に三十年も留まった。朕は、おまえが朝廷を尊び国を思い、己を売ってまで、忠誠を示したことを喜ぶ。それゆえ、務大肆《むだいし》の位に合わせて、絁《ふとぎぬ》五匹、綿十屯、布三十端、稲千束、水田四町を与える。その水田は曽孫まで引き継げ。課役は三代まで免じて、その功を顕彰する。」

～一一月七日、送使・金高訓らにそれぞれ物を賜わった。

日本書紀　持統天皇十年夏四月戊戌（二七日）**の条**

持統天皇十年～夏四月壬申朔～戊戌　以追大貳授伊豫國風速郡物部薬與肥後國皮石郡壬生諸石　幷賜人絁四匹　絲十絇　布廿端　鍬廿口　稲一千束　水田四町　復戸調役　以慰久苦唐地

持統天皇一〇年（西暦七〇〇年）夏四月二七日、追大貳《ついだいに》の位を、伊予国風速郡《いよのくにかぜはやのこおり》の人である物部《もののべ》薬《くすり》と肥後国皮石郡《ひごのくにかわしのこおり》の人である壬生諸石《みぶのもろし》に授けられた。合わせてそれぞれに絁《ふとぎぬ》四匹、糸一〇絇、布二〇端、鍬《くわ》二〇口、稲一〇〇〇束、水田四町を賜わり、戸の調役を免じられた。長らく唐の土で苦労したことを労われてのことである。

続日本紀　文武天皇慶雲四年五月癸亥の条

文武天皇慶雲四年五月～癸亥　讃岐國那賀郡錦部刀良　陸奥國信太郡生王五百足　筑後國山門郡許勢部形見等　各賜衣襲及監穀　初救百濟也　官軍不利　刀良等被唐兵虜　沒作官戸歴卅餘年乃免　刀良至是遇我使粟田朝臣眞人等　隨而歸朝　憐其勤苦　有此賜也

文武天皇慶雲四年（西暦七〇七年）五月二六日、讃岐國那賀郡の錦部刀良《にしこりのとら》、陸奥國信太郡の生王《みぶの》五百足《いおたり》、筑後國山門郡の許勢部形見《こせべのかたみ》等に各《おのおの》に衣一襲《ひとかさね》（一式揃った衣服）及び監穀（朝廷が管理している穀物）を賜う。初《はじ》め百濟を救う也。官軍に利《り》不《あら》ず、刀良等は唐兵の虜と被《な》り、官戸（唐の官に所属する賤民）の沒（落）と作《さ》れ、卅餘年（三〇有余年）を歴《へ》て免（許）された、是に至って刀良は我使・粟田朝臣眞人等の我使（遣唐使）に遇《あ》って、隨って歸朝した。其の勤苦を憐んで、此に賜有る也。

筑紫君薩野馬（薩夜麻）は、白村江の役（西暦六六三年）で唐の捕虜になった後、唐の高宗・麟徳三年正月（乾封元年）（西暦六六六年）封禅の儀に参列し、天智天皇一〇年（西暦六七一年）一一月二日唐国の使節の郭務悰、護衛の沙宅孫登等とともに帰国のために比知島に停泊している。

天智天皇二年八月二七日、二八日、白村江の戦いで倭国軍が全滅に近い形で敗戦し、多くの将兵が戦死、捕虜になったため、北部九州に権力の空白が生じた。天智天皇ら大和朝廷軍にも損害はあったが、親衛軍はほぼ無傷で飛鳥にあった。

天智天皇は北部九州の権力を掌握し、筑紫の国等に百済式山城を築き、防御線を固めたのではないか。

天智天皇は称制六年目の西暦六六七年に飛鳥岡本宮から近江大津宮に遷都し、天智七年（西暦六六八年）即位した。

新羅本記第三〇代文武王一〇年一二月の条に、倭國更號日本　自言近日所出以爲名「文武王一〇年（西暦六七〇年）一二月~倭國は国号を日本に更え、自ら日の出づる所に近いので以て国名と為したと言う。」との記録はあるが、日本書紀・天智天皇九年（西暦六七〇年）の条には、「国号を倭国から日本に変更し、新羅の文武大王に使節を送った。」との記録はない。この記録は、大和朝廷とは関係ない事項だったのではないか。

壬申の乱

天智天皇一〇年（西暦六七一年）一二月三日天智天皇が崩御すると、翌西暦六七二年皇太弟・大海人皇子が兵を挙げて大友皇子（弘文天皇）の近江朝に対して反乱した壬申の乱が勃発。

大友皇子（弘文天皇）は薨御し、天智天皇の近江朝の左右大臣他高官はすべて失脚。

翌天武天皇二年（西暦六七三年）、大海人皇子は飛鳥浄御原宮に遷都し即位し、豪族による合議体制から、天皇や皇族の権威・権力を高める政策を実施。政権中枢を皇子らで占める皇親政治を開始し、大臣を置かず天皇中心の専制的な政治を行っていった。天武天皇は、その強力な政治意思を執行していくために、官僚制度とそれを規定する諸法令を整備していった。天武一〇年（西暦六八一年）、天武天皇は皇子・諸臣に対して、律令制定を命ずる詔を発令したが、律令が完成する前の西暦六八六年に天武天皇が崩御した。

さらに、天武天皇は天皇の権威・権力を象徴する壮大な都を建設に着手した。天武天皇崩御後は持統天皇が事業を引き継ぎ、藤原京の建設は、西暦六九四年に四年間の工期を経て完成。持統天皇は藤原京に遷都。天武天皇、持統天皇のときに、日本の形が大きく変わり、国家としての体制が整備された。

天武天皇の律令と官僚制度の整備には、唐との国交回復が必須であり、天武朝、持統朝、文武朝では唐との国交回復と交流が悲願となっていた。

文武天皇・大宝元年（西暦七〇一年）粟田真人を第八次遣唐使の最高責任者である遣唐執節使に任命。遣唐執節使は遣唐大使よりも上位、文武天皇から節刀を授けられたが、これが天皇が節と刀（遣唐使や征夷将軍などに大権の象徴として授けられた）を授けた初めての事例であった。

第八次遣唐使は、文武天皇の大宝二年（西暦七〇二年・周朝の長安二年）六月乙丑（二九日）唐に向けて出発した。使節団には最高責任者である遣唐執節使・粟田真人、大使・坂合部宿禰大分、大位・許勢朝臣祖父、中位・鴨朝臣吉備麻呂、小位・掃守宿禰阿賀流、大録・錦部連麻呂、白猪史阿麻留、少録・山於億良（山上億良）、大通事（通訳）・大津造（垂水君）廣人らがいた。

粟田真人の最大の目的は、天皇からの国書を奉呈し、正式に唐（周）（西暦六九〇年に武則天は帝位につき、国号を「周」に変更している（本書では支障のない範囲で、以下「唐」と記述。）の皇帝が正式に受理し、国交を回復することであった。

第二の目的は、第四次遣唐使で発生した使節団内の争いに決着をつけ、日本列島の唯一の正統政権が大和王朝であること、国号の倭から日本への変更を承認させることであった。

唐第三代皇帝・高宗の皇后として垂簾聴政（女性である皇后が、男性である朝臣との直接対面を避け、皇帝の玉座の後ろに御簾を垂らし、その中に座って朝臣から政務の上奏を受け、判断を下す。）を執っていた則天武后の顕慶四年（西暦六五九年）第四次遣唐使の使節団内で争いがあり、全員が幽閉、流罪とされ、その後唐と百済との戦いがあり、その間使節団は厳重に抑留された。

顕慶五年（西暦六六〇年）唐は百済を滅亡させ、龍朔三年（西暦六六三年）白村江の戦いで倭国は百済復興軍を支援し、唐と直接交戦したが全滅した。

そのため、倭国・日本と唐の国交は断絶していたが、高宗・則天武后及び朝廷の高官達は倭国使節団内での唐朝廷をたぶらかすような許しがたい醜い争いを犯し、白村江の戦いで倭国が唐に戦いを挑んだ経緯を知悉していた。漢朝から隋朝まで倭国は中国の王朝とは友好関係を保ち、戦いを挑んだことはなかった。

天武朝、持統朝、文武朝では唐との国交回復が悲願となっており、唐朝の情報収集と国交回復のた

めの方策を徹底的に検討し、入念に想定問答を作成した
この検討に参画した中心人物は、真人、真人とともに大宝律令の制定に参画していた藤原不比等（第二次遣唐使の學問僧・定恵の弟）、伊吉博徳（伊吉博徳は、斉明五年（西暦六五九年）の第四次遣唐使の一員であり、使節団内での争いで流罪・抑留された経験を有していた。）と考えられる。

藤原不比等は渡唐経験がなく、真人が藤原不比等の唐語、唐の文化、制度の師であり、また伊吉博徳は真人より位階が下位であり在唐経験も短かく、唐語、唐の文化、制度、唐朝廷の内情も真人ほど通じていなかったので、真人がこの検討を実質的に仕切ったと判断される。

藤原不比等は検討結果を、文武帝及び文武朝高官に承認してもらうための根回し役に徹したのではないか。唐皇帝宛の国書の内容、唐朝廷との対応、日本は唐朝から冊封を受けていないし、受けるつもりもない。天皇を絶対視し、唐と対等関係にあるという認識下にある。

なお、後漢、魏、倭の五王時代の晋、南朝の宋、斉、梁との交流では倭国は中国の王朝の冊封を受けている。冊封とは、中国の皇帝が朝貢をしてきた周辺諸国の君主に官号・爵位などを与えて君臣関係を結びその統治を認める宗主国対藩属国という従属関係のことを言うが、日本としては冊封体制に組み込まれることを良しとしていない。

真人は、前述のように孝徳天皇の白雉四年（西暦六五三年）五月第二次遣唐使の学問僧・道灌として、内大臣中臣鎌足の長男・定恵や中臣一族の中臣渠毎連《こめのむらじ》の子・安達等とともに唐に派遣され、一二年間学問僧として、唐朝最高の教育を受けている。唐語は唐人、それも科挙に及第した高級官吏並み

に操れたし、唐の文化、制度、唐朝廷の内情に通じていた。

百済滅亡（西暦六六〇年）、倭国から百済復興のための援軍が白村江の戦いで全滅（西暦六六三年）したのち、乙丑年（西暦六六五年、唐の麟徳二年、天智天皇四年）九月二三日に唐の使者・劉徳高の船に乗船して帰国しているので、第四次遣唐使で発生した使節団内の争い、使節団の処罰、百済滅亡、顕慶五年（西暦六六〇年）一一月一日に、百済を滅した将軍である蘇定方《そていほう》が百濟王扶餘義慈、太子隆等五八人の俘を高宗に獻じ、高宗が則天門の楼上で、百濟王扶餘義慈、太子隆等の俘虜を閲し唐に敵対した罪を責めた後宥（許）したこと、龍朔三年（西暦六六三年）の白村江の戦いで倭国軍の全滅したこと、則天武后の垂簾聴政は真人が在唐時に実際に見聞した出来事だった。

第七章

国交回復のために検討した内容四点

遣隋使・小野妹子の墓

一　国号と天皇の称号
二　なぜ百済復興のために軍を出したか。国交断絶の原因となった白村江の戦いをどのように総括するか。
三　第四次遣唐使で、和種の韓智興（日本書紀には派遣の記録はないが、帰国の記録はある。）の従者による讒言で、使者どうしがトラブルを起こし、韓智興は三千里の外に流罪、その他の使者も厳重に幽閉・抑留された。この事情をどう釈明するか。
四　唐の皇帝に献上する朝貢品の選定と収集。

一　国号と天皇の称号について

唐朝には、「日本」と言う国号が伝わっていなかった。

三國史記　巻六　新羅本紀　第六には、次のように記されている。

新羅の第三〇代の国王である文武王（姓は金、諱は法敏）（在位：西暦六六一年〜六八一年）。

父は第二九代の国王太宗・武烈王・金春秋。金春秋は武烈王七年（西暦六六〇年）唐軍との同盟軍で百済を滅ぼした。

百済討滅戦では、文武王は王太子として新羅軍の最高司令官。

文武王八年（西暦六六八年）に唐軍と連合して高句麗を討滅した。

文武王一〇年（西暦六七〇年）には同盟国唐が朝鮮全土を支配しようとしたので、唐と戦い、大同江以南を確保して朝鮮最初の統一王朝を樹立した。

文武王十年十二月~倭國更號日本　自言近日所出以爲名

文武王十年（西暦六七〇年）一二月~倭國は国号を日本に更え、自ら日の出づる所に近いので以て国名と為したと言う。

（東北大学名誉教授　井上秀雄氏訳注の金富軾『三国史記』平凡社東洋文庫で、井上氏は「この日本改称の年次は新旧『唐書』の東夷日本伝を誤り伝えた記事である。この記事は咸亭（ママ。正しくは亨）元年（西暦六七〇年）の倭国使節来朝（訪唐）記事と長安三年（西暦七〇三年）の記事とを混同してこの年のこととしたのである。」と脚注しているが、根拠は示されていない。粟田真人を遣唐執節使（大使）とする第八次遣唐使は唐書東夷日本伝では長安三年（西暦七〇三年）となっているが本記では長安二年（西暦七〇二年）となっている。また、持参した国書でどのような国号を名乗ったか記録されていない。）

新羅の第二九代の国王太宗・武烈王・金春秋は武烈王七年（西暦六六〇年）七月　唐軍との同盟軍で百済を滅ぼし、武烈王八年（西暦六六一年）六月薨去し、第三〇代の国王である文武王が即位している。

文武王は文武王三年（西暦六六三年）白村江の戦いで百済復興軍と倭国の支援軍を唐と連合して全滅させている。

文武王八年（西暦六六八年）には唐と連合し、高句麗を滅している。さらに、唐は百済の故地に熊津都督府を、高句麗の故地には安東都護府を設置し、唐の管理下に置こうとした。文武王はこれに対抗し、文武王十六年（西暦六七六年）一一月には白江河口部の伎伐浦で唐軍に大打撃を与え、ついに唐の新羅征討と半島支配とをあきらめさせた。唐は熊津都督府・安東都護府を遼東地方に引き上げ、朝鮮半島から唐の勢力は排除されることとなり、新羅による統一がなった。

第二九代の国王太宗・武烈王・金春秋は斉明天皇と同時代人。武烈王八年（西暦六六一年）六月薨去。斉明天皇は、七年（西暦六六一年）秋七月朝倉宮で崩御。

第三〇代の国王・文武王は三国を統一し、唐の勢力を大同江以北に押し返した新羅の大王中の大王であり、その事績の記録は正確かつ豊富に残っていたのではないか。これらの記録を基に記述された記録を「誤り伝えた記事」と断定するのは穏当ではない。

文武王と同時代人である天智天皇と天武天皇も日本の歴史に大きな影響を与えた天皇である。百済滅亡、白村江の戦いと新羅と倭は交戦しているが、その後も新羅と日本の交流は途絶えていない。

文武王十年（西暦六七〇年）一二月に、「倭國が国号を日本に更え、自ら日の出づる所に近いので以て国名と為したと言う。」ことが伝わったと記録されたと考えるのが相当ではないか。

なお、国号・日本を大和朝廷は、訓読みで「ひのもと」、大和言葉で「やまと」と読み、音読みでは南朝系の呉音で「にちほん→にほん、にっぽん」と読んだのではないか。その後遣唐使を通じた唐との交流で、唐朝は北朝系の漢音で「じつほん→じっぽん」と読んだ。国号を変更した当時の日本では、中国南朝で使用された呉音が主流で、北朝系の漢音は使用されていなかったのではないか。

唐の時代になって中国では北朝系の漢音が主流となり「じつほん↓じっぽん↓じぱん」と発音した。これがヨーロッパに「ジパング」「じゃぱん」と伝わったのではないか。現代の中国語の普通語（標準語）では「りーべん」「るーべん」と発音している。

新羅から唐朝に、倭が「国号」を「倭」から「日本」変更していることが伝わっていた可能性はあるが、日本から直接唐朝に伝えたことはない。

古事記と日本書紀で「倭」「日本」の文字がどのように使われているか調べてみた。

○古事記には「倭」という文字が六九箇所に出てくる。内訳としては、

一．国号としての「倭」　大倭豊秋津嶋、倭國造等　三箇所、

二．大和地方の地名に関するもの　倭の倭之市師池・輕池等　一一箇所

三．皇族和風諡号の一部　神倭天皇（かむやまとすめらみこと）・神倭伊波禮毘古天皇（かむやまといわれびこのすめらみこと）（神武天皇）、倭建命（やまとたけるのみこと）等　五二箇所

四．姓（かばね）の一部　倭田中直（やまとの　たなかの　あたい）、倭淹知造（やまとの　あむちの　みやつこ）、倭漢直之祖（やまとの　あやの　あたい）の祖・阿知直（あちの　あたい）　三箇所

○古事記には「日本」という文字は使用されていない。

◎日本書紀には「倭」という文字が一八八箇所に出てくる。内訳としては、

一．国号としての「倭」　二七箇所、

二．大和地方の地名に関するもの　倭の香具山等　六二箇所、
三．天皇、皇族等の和風諡号の一部に使用　倭迹迹日百襲姫命（やまと　ととびももそ　ひめのみこと）等　三二箇所、
四．地方豪族に与えられた姓（かばね）に関するもの　倭直（やまとのあたい）、倭国造（やまとのくにのみやつこ）等　四一箇所、
五．意味がなく音読み例　怡奘過　怡奘過　過音倭（怡奘過（イザワ）、怡奘過（イザワ）。過の音読みは倭（ワ）。）　一二六箇所ある。
◎日本書紀には「日本」という文字が二二五箇所ある。内訳としては、
一．国号としての日本　大日本日本（此云耶麻騰　ここに云うやまと）、任那の日本府三五箇所等九八箇所、
二．天皇等の和風諡号の一部として　天皇等の和風諡号として各天皇に多くて二、三箇所に使用されているが、神武天皇（神日本磐余彦火火出見天皇（三箇所）、神日本磐余彦尊（九箇所）含め）一二箇所、圧倒的に多いのが日本武尊（日本武皇子一箇所含む。）三六箇所等一二七箇所に使用されている。日本書紀上日本武尊の圧倒的な英雄性が顕著に記録されている。

日本書紀には、国号を「倭」から「日本」に変更したことは記録されていない。

旧唐書　日本伝には次のような記録がある。

日本国は、倭国の別種なり。その国は日邊（日出の処）在るを以て、故に日本と名を為す。

或いは云う、倭国は自ら其の名の雅ならざるを悪み、改めて日本と為す。或いは云う日本は元小国で倭国の地を併す。入朝する者、多く自ら矜（誇り高ぶり）（尊）大、実を以て対《こた》えず（本当のことを答えず）、故に中国これを疑う。

日本書紀は、元正天皇の養老四年（西暦七二〇年）に完成。完成した時の責任者は舎人親王であるが、天武天皇は天武一〇年（西暦六八一年）三月庚午を朔（一日）とする丙戌の日である一七日、川嶋皇子、忍壁皇子、廣瀬王、竹田王、桑田王、三野王、大錦下・上毛野君三千、小錦中・忌部連首、小錦下・阿曇連稲敷、難波連大形、（位階十一位の）大山上・中臣連大嶋（第二次遣唐使の学問僧・安達）、大山下・平群臣子首らに、帝紀及上古諸事編纂を命じたので編纂の開始はこのときである。

天武天皇が、帝紀及上古諸事編纂を命じた天武一〇年（西暦六八一年）ころには日本書紀の概念はできあがっていたのではないか。新羅の文武王十年（西暦六七〇年）一二月に、「倭國が国号を日本に更え、自ら日の出づる所に近いので以て国名と為したと言う。」ことを日本が新羅に伝えたとしても時系列的には矛盾しない。

日本書紀には、国号を「倭」から「日本」に変更したことは記録されていない。

国号としての「倭」が二七箇所、倭の香具山等大和地方の地名を倭とするものが六二箇所あり、国号として大日本日本（此云耶麻騰　ここに云うやまと）と記述するように、大和地方の地名としての倭と国号としての倭、日本が混在するのは、大和王朝が筑紫城から東遷したさいに、筑紫の政権に対応して大和地方の倭を「日本」と呼称し、白村江の戦いで筑紫政権が全滅したのを奇貨として「やまと」に日本を当て、国号を「倭」から「日本」に変更したとして新羅に伝えた可能性はある。西暦六六三年の白村江の戦い以降も新羅の文武王と大和朝の国交は途絶えていない。

文武王と天智天皇の交流の記録は以下の通りである。（日本書紀による）

天智天皇七年（西暦六六八年）秋九月一二日、新羅は沙喙部《さとく》の級飡《きゅうさん》（新羅の官位一七階の第九等級）金東厳らを遣わして調を奉った。二六日、中臣内臣（中臣鎌足）は沙門の法弁と秦筆を遣わして、新羅の上臣である大角干《だいかくかん》（金）庾信《ゆしん》に船一艘を与えられ、（金）東厳に言付けられた。庚戌の日である二九日、布勢臣耳麻呂を遣わして、新羅王に調物を運ぶ船を一艘贈り、東厳らに言付けられた。

冬一〇月　大唐大将軍英公　打滅高麗　高麗仲牟王初建國時　欲治千歳也　母夫人云　若善治國　不可得也　但當有七百年之治也　今此國亡者當在七百年之末也

天智天皇七年（西暦六六八年）冬一〇月、大唐の大将軍である英公（李勣《りせき》）は、高麗を打ち滅ぼした。高麗の仲牟王（高句麗の東明聖王・高朱蒙）は、初めて国を建てたとき、千年に渡って治め続けることを願った。これに対し母夫人が、「もし国をたいへん善く治めたとしても、まず七百年ぐらいのものだろう」といった。今この国の滅亡は、まさに七百年後のことであった。

天智天皇七年（西暦六六八年）一一月一日、新羅王に絹五〇匹、綿五〇〇斤、なめし皮一〇〇枚を贈られ、金東厳らに託した。東厳らにもそれぞれに応じて物を賜わった。五日、小山下の道守臣麻呂、吉士小鮪《きしのおしび》を新羅に遣わした。この日、金東厳らは帰途についた。

天智天皇九年（西暦六七〇年）秋九月一日、阿曇連頰垂《あずみのむらじつらたり》を新羅に遣わした。

天智天皇十年（西暦六七一年）六月四日、百済の三部の使者が要請した軍事について仰せ事があった。庚辰の一五日、百済が羿真子《げいしんし》らを遣わして調を奉った。この月、栗隈王を筑紫率とした。新羅が使者を遣わして調を奉った。別に水牛一頭、山鶏《やまどり》一羽を奉った。～冬一〇月七日、新羅が沙飡《ささん》（新羅の官位一七階の第八等級）・金万物らを遣わして調を奉った。～一一月～一九日～この日、新羅王に、絹五〇匹、絁《ふとぎぬ》五〇匹、綿一〇〇〇斤、韋（なめし皮）一〇〇枚を賜わった。一二月一七日、新羅の調を奉る使者の沙飡・金万物らが帰途についた。

西暦六七〇年前後に日本で何が起こったか？

天智天皇十年十二月癸亥朔乙丑　天皇崩于近江宮

天智天皇十年一二月三日（西暦六七二年一月七日）、天智天皇は近江宮《おうみのみや》で崩御された。

天智天皇崩御後壬申の乱が発生する。

天武天皇元年（西暦六七二年）秋七月二三日、男依《およ り》らは近江軍の将、犬養連《いぬかいのむらじ》五十君《いきみ》と、谷直塩手《たにのあたいしおて》を粟津市《あわづのいち》で斬った。是に於いて大友皇子《おおとものみこ》は逃げ入る所もなくなり、引き返して山前《やまさき》に身を隠し、自ら首を縊って死んだ。

天武天皇二年（西暦六七三年）二月二七日、天皇は有司に命じて壇場を設け、飛鳥浄御原宮《あすかきよみはらのみや》で帝位に即位された。

時系列的に考えると、天智天皇一〇年一二月三日に天智天皇が崩御され、天武元年壬申の乱で勝利した天武天皇は翌天武天皇二年二月二七日即位の儀を行ったが、新羅には西暦六七一年一二月に天武天皇の御代になり、国号を「倭」から「日本」に変更したと伝わった可能性はある。

新・唐書では白村江の戦いの後、咸亨元年（西暦六七〇年）に天智天皇が、唐が高句麗を平定（西暦六六八年）したことを祝賀する使者を唐に送っているが、唐との国交が回復した訳ではない。

天智が死んで、その子（？）天武が立ち、天武が死んで、その子總持が立ち、咸亨元年（西暦六七〇年）使者を遣《おく》り高麗を平定したことを賀した。

日本書紀には対応する記録として、下記記述があるが、遣使の目的は記載されていない。

天智天皇八年（西暦六六九年）～是の歳に、小錦中・河内直鯨等を、大唐に使者としてた。

天皇の称号について

隋書で俀国の王・多利思北孤《たりしほこ》は「日出處天子」と称し、「日沒處天子に書を致《いた》す」との国書を送り、煬帝を激怒させている。

唐の高宗は上元四年（西暦六七四年）自らの称号を皇帝から天皇に変更したので、日本からの国書に「天皇」と号した場合、唐が許すとは思えない。国書の受理を拒否し、国書を突き返されるのではないか。

日本からの国書を唐朝に受領してもらうために日本の国王である「天皇」をどのように号するか。

また、持参した国書でどのような国号を名乗ったか記録されていない。ただ、武則天の孫である玄宗皇帝に重用されて宰相・中書令に任じられた張九齢（阿倍仲麻呂との関わりも深い）の「唐丞相曲

江張先生文集　第十二」に、天平五年（西暦七三三年）の第一〇次遣唐使大使・多治比広成、副使・中臣名代で「日本国王は王明樂美御徳（すめらみこと）」と号していると記録されている。本著では粟田真人の第八次遣唐使も「日本国王・王明樂美御徳（すめらみこと）」と号する国書を持参したと推認する。

二　なぜ百済復興のために軍を出したか。国交断絶の原因となった白村江の戦いをどのように総括するか。

三　第四次遣唐使で、和種の韓智興（日本書紀には派遣の記録はないが、帰国の記録はある。）の従者による讒言で、使者どうしがトラブルを起こし、韓智興は三千里の外に流罪、その他の使者も厳重に幽閉・抑留された。この事情をどう釈明するか。

四　唐の皇帝に献上する朝貢品の選定と収集。真人が初めて訪唐した白雉四年（西暦六五三年）～白雉五年（西暦六五四年）の第二次遣唐使では、唐の高宗の永徽《えいき》五年に、日本は宝石（一斗升のような大きさの琥珀、五升升のような瑪瑙）を献上していることから、少なくとも同程度の宝玉の献上が必要。その他、歴代の中国の朝廷に代々献上していた薬草の鬯草（暢草）等の朝貢品の選定と収集。

新・唐書の日本伝に記載された記録。

永徽初（唐の高宗の永徽五年、西暦六五四年、孝徳天皇の白雉五年）、その王の孝徳が即位（西暦六四五年）（皇極天皇四年皇極天皇の譲位を受け弟の軽皇子が即位。史上初めて元号を立てて大化元年とし、大化六年（西暦六五〇年）に白雉と改元。）。白雉四年の第二次遣唐使で、一斗升のような大きさの琥珀《こはく》、五升升のような瑪瑙《めのう》を献上した。

続日本紀には、文武天皇の慶雲元年（西暦七〇四年）秋七月甲申朔（一日）正四位下・粟田朝臣真人が唐から大宰府に帰国。以下の通り報告したとの記録がある。（続日本紀　平凡社・東洋文庫初版による）

初め唐に着いた時、ある人がやってきて「何処からの使者か」と尋ねられた。真人は「日本国の使者である」と応答し、逆に「ここは何州の管内か」と問うと、役人は「大周の楚州塩城県である」と答えた。真人が更に尋ねて「以前は大唐であったのに、いま大周という国号にどうして変わったのか」と尋ねると、「永淳二年（西暦六八三年）に天皇太帝（唐第三代皇帝・高宗）が崩御し、太后（武則天）が登極（即位）し、称号を聖神皇帝といい、国号を大周に改めた。」と答えた。

問答が終わって、当該役人が「しばしば聞いたことがあるが、海の東に大倭国があり、君子国ともいい、人民は豊かで楽しんでおり、礼儀もよく行われているという。今、真人ら使者をみると、身じまいも大へん浄（きよ）らかである。本当に聞いていた通りである。」と述べた。

続日本紀では、楚州到着時ある人がやってきてやり取りをしたと記録されているが、ある人とは楚州の高官と判断される。

「海の東に大倭国があり、君子国ともいい」という言は、孔子の論語、班固の（前）漢書に次の事が記録されていることを知っている人物の言に他ならない。行きずりや通りがかりの人物、無名の人物ではなく、役人、それも儒教（論語）を学び、（前）漢書に通じた、科挙に及第した唐の高官ではないか。

孔子の論語の記録

子（孔子）、九夷に居らんと欲す。或ひと曰く、陋《ろう》なり。之を如何《いかん》と。子曰く、君子之に居す。何の陋か之有らんと。

孔子が（道義の廃れた国を厭うて）九夷に住みたいと言った。ある人が、九夷は陋《ろう》（場所が狭い）だが如何でしょうかと言うと、孔子は、君子が居るところなのだから、陋《ろう》（場所が狭い）と問題にすることはないと曰った。

子曰く、道行なわれず、桴《いかだ》に乗りて海に浮かばん。我に従う者は其れ（子路）由《ゆう》かと。子路之を聞きて喜ぶ。

孔子が、「道義が行われない。いかだに乗って、海外に行ってしまいたいが、〈その時に〉私について来る者は由（子路）だ」と言った。子路がこれを聞いて喜んだ。

班固の（前）漢書に記された倭

然るに東夷の天性は柔順、三方之外に於いて異なり、故・孔子は道義が行われないことを悼《とう》（悲しむ）し、いかだを設けて海に浮かび、九夷に居たいと欲する。これを以ってついてくる夫（者）有り。樂浪海中に倭人有り、分れて百餘國を為す。歳時ごとに來たりて獻見するという。

さらにこの人物は、唐第三代皇帝・高宗が天皇太帝を号したこと、二〇年前の永淳二年（西暦六八三年）に崩御したことを正確に答えている。

続日本紀では、真人は、到着して初めて唐朝が周朝に代わったことを知ったとされているが、真人の経歴からしてありえない。

真人にとって、第四次遣唐使で発生した使節団内の争い、使節団の処罰、百済滅亡、白村江の戦いでの倭国軍の全滅、則天武后の垂簾聴政は真人が在唐時に実際に見聞した出来事だった。

真人は、文武天皇大宝元年（西暦七〇一年）遣唐執節使に任じられる前に、持統三年（西暦六八九年）に筑紫大宰に任じられ、新羅との外交を所掌していた。

この時期の筑紫大宰には特別の非常に難しい任務が課されていた。

朱鳥元年天武天皇が崩御し、持統天皇が皇后臨朝稱制。さらに持統三年四月皇太子草壁皇子が薨御。新羅は大和朝廷からの天武天皇の崩御を知らせる詔勅を受ける勅使の奉勅人の位階を落としたことから、日本からの詔勅の使者・勅使は詔勅を持ち帰るという深刻なトラブルが発生している。新羅は弔問使の位階も落とした。真人は新羅からの天武天皇の弔問使の接遇を担当した。

持統三年（西暦六八九年）五月二二日、土師宿禰根麻呂に命じて、新羅の弔使である級湌（新羅の官位十七階の第九）・金道那らに詔して曰く、「先に太政官の卿らが勅をうけて告げたが、二年に田中朝臣法麻呂らを遣わし、大行天皇（天武天皇）の喪を告げさせたとき、新羅が申したのは、『新羅が勅を承る人は、元来、蘇判（新羅の官位十七階の第三）の位のものとしており、今もそのようにしたいと思います』と言った。それで法麻呂らは、知らせる詔を渡せなかった。

もし前例のことを言うなら、昔、難波宮治天下天皇（孝徳天皇）崩御の際、巨勢稲持らを遣わして喪を告げたとき、翳湌・金春秋（新羅の官位十七階の第二の人。後の武烈王）が勅を承った。それを蘇判の者が勅を承るというと、前のことと違っている。

また近江宮治天下天皇（天智天皇）崩御のとき、一吉湌・金薩儒（十七階の第七の人）らを遣わして、弔い祀らせた。今、級湌を弔使としたのは、以前のことに違っている。

また新羅は元から言っていたのは、『我が国は日本の遠い皇祖の代から、何艘もの舟を連ねて、柁を干すことなくお仕えする国です』と言った。しかし、今回は一艘だけで、また古い法と違っている。また、『日本の遠い先祖の時代から、清く明らかな心でお仕えしました』と申したが、忠誠心を尽くして、職務を立派に果たすことを考えようとしない。しかも清く明らかな心を傷つけ、偽りの心で諂《へつら》っている。それゆえ、このたびの調と献上物は、共に封印をして返還する。

しかし、我が国が遠い先祖の御代から、広くお前達を慈しまれた徳も絶やしてはならぬ。いよいよ慎み畏んで、その職務に励み、古来の定めを守る者には、朝《みかど》は広く慈しみを賜わるであろう。道那達はこの勅をよく承って、お前達の王に伝えるがよい」と言われた。

持統三年（西暦六八九年）六月一日に、衣裳を筑紫大宰等に賜《たま》わった。二〇日に、筑紫大宰栗田眞人朝臣等にして、學問僧明聰、觀智等が新羅の師友に送（贈）るための綿を各《おのおの》に一四〇斤を賜《たま》わった。二四日に筑紫小郡（迎賓館）にて新羅弔使・金道那等を設（接待）し、各《おのおの》の位階に応じて物を賜わった。

二九日、中央の諸官司に令（飛鳥浄御原令）一部二二巻を、分け下し賜わった。

孝徳天皇崩御の際、巨勢稲持らを遣わして喪を告げたとき、翳飡《えいさん》・金春秋（新羅の官位十七階の第二の人。後の武烈王）が勅を承った。翳飡・金春秋は、新羅の官位十七階の第二位であるが、後に第二九代・武烈王に即位している。

天智天皇崩御の際、一吉飡・金薩儒（新羅の官位十七階の第七位の人）らを遣わして、弔い祀らせた。

天武天皇崩御の際は、新羅が勅を承る人を、蘇判（新羅の官位十七階の第三位の人）に落とし、新羅からの弔使も級飡（新羅の官位十七階の第九位の人）に落としている。

持統天皇としては、夫の天武天皇崩御の勅を承る人、及び新羅からの弔使の位階を落とした事に非常な不快を覚え、新羅からの調と献上物をそのまま突き返している。新羅としては、天武天皇が壬申の乱を起こしたのは反乱であり、正当な大友皇子を殺害したと認識していたのではないか。

この問題に対応し、新羅の弔問史の接遇に功績があったとして賜物を賜わっている。この接遇、交渉の間で新羅の弔問使との間で唐朝廷の情報収集していたと思われる。

新羅使節団を通じて西暦六九〇年に則天武后が皇帝に即位し、周朝を開いたこと、儒教国家の唐朝で女帝でありながら皇帝に即位したという並外れた手腕、統治能力、皇帝として絶対的な権威を有していることについては情報として入手していた。

三国史記　新羅本紀

第三一代神文王（第三〇代の国王・文武王の長子　在位西暦六八一年〜六九二年）

神文王が即位した。諱は政明〈明之ともいい、字は日怊〉文武大王の長子である。母は慈儀〈義とも書く〉王后である。妃は金氏、蘇判欽突の娘である。神文王が太子の時、金氏を妃に納れた。久しく子が無く、後に父が亂をしたので（連）坐して宮（中）を出た。神文王は文武王五年に太子となり、是に至って（王）位を繼ぐことになった。唐の第三代皇帝である高宗は使（者）を派遣し冊立して新羅王となし、仍《よ》って先王の官爵を襲名させた。

六年〜使者を派遣し唐に入り、礼記《らいき》并《なら》（並）びに文章を奏上し請い求めた。則天（武太后）は所司（役人）に（命）令して、吉凶要礼を寫（写）させ、并（並）びに文館詞林に於て（から）其の詞（文）から渉規誡者を採り、五十巻に勒成（版木に彫りつけ）、之を賜わった。

第三二代孝照王（在位西暦六九二年〜七〇二年）

孝照王が即位した。諱は理洪〈恭とも書く〉神文王の太子～唐の則天（武則天）が使者を派遣し吊（弔）し祭った。仍（新）王を冊（立）して新羅王・輔國大將軍・行左豹韜尉大將軍・雞林州都督と爲（為）した。

第三三代聖徳王（在位西暦七〇二年～七三七年）

聖徳王が即位した。諱は興光、本《もともと》の名は隆基、唐の玄宗と諱が同じなので先天年間に、改名した。〈唐書では金志誠という〉神文王の第二子であり、孝照王の同母弟である。孝照王が子無しで薨（去）したので、國人が之を立てた。唐の則天（武則天）が孝照王の薨（去）を聞き、孝照王の爲（為）に擧哀（死者を祀《まつ》るために哭泣する礼）し、朝（政）を二日輟《やめる》し、使者を派遣し吊慰し、（新）王を冊（立）して、新羅王と兄の將軍・都督の號を襲（襲爵）させた。

武則天が大周国を開き、皇帝に即位したのが西暦六九〇年であるが、即位前後の神文王、孝照王、聖徳王は武則天と交流している。

この間、日本と新羅は盛んに使者を送っている。

粟田真人《まひと》は、文武天皇大宝元年（西暦七〇一年）遣唐執節使に任じられる前に、持統三年（西暦六八九年）に筑紫大宰に任じられ、新羅との外交を所掌していた。武則天が即位する前年のことではあるが、新羅を通じて武則天の即位が伝わったとみるのが相当ではないか。日本も新羅も女帝が即位した経験を有しており、儒教国家の唐に比べ女帝に対する抵抗感は少ない。唐の情報も入手せず、その事情を検討もしないで漠然と訪唐したとすればお粗末すぎる。粟田真人ら第八次遣唐使に課された課題からして漫然と訪唐したはずはない。

続日本紀の記載内容には、唐（周）到着時の周の楚州高官の真人らに対する唐（周）側の対応、取扱いに対する不満、不快感、不安感、焦燥感が感じられる。

大宝二年六月二九日唐に向けて出発したので七月中には唐に到着しているが、首都長安入りできたのは一〇月（旧唐書・本紀・則天皇后の条には長安二年、冬一〇月、日本國遣使貢方物と記されているが、旧唐書・列傳・東夷・日本には、長安三年、其大臣朝臣真人來貢方物と記されており、一年の差異がある。）長安三年であれば、到着後一年足留めされている。

楚州塩城県から長安まではおよそ一〇〇〇キロメートル。楚州塩城県の長官からは、駅伝を通じて遣唐使到着後直ちに（遅くとも一〇日後には）、唐の外交官庁である鴻臚寺を通じて朝廷に報告が上がっている。

外国からの使節団、それも唐と交戦し、四〇年近く国交が絶えていた倭国からの公式使節団の来唐、それも少ないながらも武装した兵士もいる集団の到来を早馬を使った駅伝で直ちに報告しないと職務怠慢で処罰される。

第二次遣唐使の一員として渡唐した経験を有し、一二年間も唐に滞在し、最高の教育を受けた真人にとって、すぐに長安もしくは洛陽に案内されると期待していたにも関わらず、短くて二カ月、長くて一年も楚州に足留めを食らったことに対する不快感から、到着時に対応した周の役人は知識もなく、官位も高くない有人（ある人）と文武朝廷に報告したのではなかったか。

真人らは到着した楚州の客館に案内され、楚州の役所の監視の下に逗留したはずである。真人らが不快感を感じるほど足留されたのは、唐（周）の朝廷で、真人ら日本の使節を受け入れるかどうか議論が紛糾したのではないか。

真人にとって二度目の渡唐であったが、一度目の第二次遣唐使の時に比べると歓待された訳ではなく、唐と戦争し敗戦、国交断絶後の初めての使節団であり、唐から警戒され、決して歓待された訳ではなかった。

覚悟していたとはいえ、真人は不快感、不安感も感じていたのではなかったか。

第八章

入唐時の唐の情勢

唐　地図

唐の前王朝は隋。隋朝を創朝した楊堅（高祖・文帝）。南北朝時代の北朝・北周の常備軍には八柱国（八人の柱国大将軍）、その下の十二大将軍（十二人の大将軍）があり、楊堅（高祖・文帝）は十二大将軍出身で鮮卑の出であった。

隋の第二代皇帝・煬帝（母親は北周の大司馬・独孤信の七女。）が三度の高句麗遠征に失敗し、国力が衰退。内乱が発生し、西暦六一八年唐の李淵（唐・高祖、隋・煬帝の従兄に当たる。母親は北周の大司馬・独孤信の四女。）が隋から禅譲を受けて唐を建国した。唐も北周の八柱国大将軍出身の鮮卑の出であった。

建国の時点では、中国の各地に隋末に挙兵した群雄が割拠していたが、それを李淵（唐・高祖）の次子・李世民が討ち滅ぼしていった。勲功を立てた李世民は、李淵の武徳九年（西暦六二六年）にクーデターを起こし、李淵の長男で皇太子の李建成と四男の斉王・李元吉を、長安の玄武門周辺で暗殺し実権を握った（玄武門の変）。李淵は同年退位して、李世民が第二代皇帝（唐・太宗）となった。太宗の後宮には、才人（正五品）という側室に武照（後の則天武后、武太后、皇帝・武則天）がいた。

太宗の治世を貞観の治と言い、唐の基礎を確立し名君と言われたが、晩年の貞観一八年（西暦六四四年）、高句麗へ出兵。隋の煬帝同様、失敗し撤兵した。五年後の貞観二三年（西暦六四九年）崩御し、高句麗を滅することはできなかった。

太宗・李世民は、崩御後に諡号として文皇帝が贈られたが、上元元年（西暦六七四年）文武聖皇帝に改められた。この「文武」という諡号は、「文」にも「武」にも優れた皇帝中の皇帝に贈られたものであり、国家に絶大の貢献をした名君中の名君を意味することとなり、新羅の第三〇代国王・文武大王、粟田真人を遣唐執節使として唐に派遣し、周（唐）の武則天に「国号・日本」を認めさせ、国交を回復した第四二代天皇の漢風諡号「文武天皇」にも使用されている。

太宗の第九子・高宗（李治）が太宗の後を継いで唐の第三代皇帝に即位。

二年後、高宗は太宗の側室・才人であった武照を昭儀（正二品）として後宮に迎え入れた。武照は永徽六年（西暦六五五年）皇后に立后された（則天武后）。

高宗は、優柔不断な性格であり、病身文弱、激しい頭痛、視力の低下という宿痾・風眩の持病を持ち、政治の主導権を握ることができず、最初は外戚（母親の長孫皇后の兄）で立太子に当たって恩義があった長孫無忌の傀儡となったが、長孫無忌は顕慶四年（西暦六五九年）則天武后の寵臣、許敬宗や李義府の讒言で流罪となり、配所で自殺した。長孫無忌失脚後は、則天武后が垂簾聴政し、高宗はその操り人形と化した。

第三代高宗は、則天武后の垂簾聴政の下、顕慶五年（西暦六六〇年）百済を滅ぼし龍朔に改元。龍朔三年（西暦六六三年）に百済の白村江で百済復興軍と倭の連合軍を全滅させ、麟徳三年（西暦六六六年）には泰山で封禅の儀を執り行った。

総章元年（西暦六六八年）には、隋朝以来の悲願であり、唐第二代皇帝・太宗も手を焼いた高句麗を滅亡させ、唐の国勢は絶頂期を迎えた。

唐第三代皇帝・高宗（李治）が永淳二年（西暦六八三年）崩御し、弘道元年（西暦六八四年）武太

后（則天武后）の三男の中宗（李顕　第四代・第六代皇帝）が即位したが、中宗は韋皇后の外戚・韋后の父である韋玄貞を侍中に登用しようとして失敗し、武太后に五五日で退位させられ、武太后の四男の睿宗（李旦　第五代・第八代皇帝）が即位している。

この時、文明元年（光宅元年　西暦六八四年）唐の創朝期の名将・英国公・李勣（元の姓は徐、元の諱は世勣。唐より国姓の李を授けられ、後に第二代皇帝・太宗（世民）を避諱して李勣と改めた。）の孫の李敬業（唐の国姓の李氏を剥奪され、徐姓に戻された徐敬業）が武太后が朝政を壟断しているとして中宗復位を名目に反乱を起こした。一ヶ月で鎮圧されたが、この反乱を機に武太后（則天武后）は「告密の門」を開いて密告を奨励した。武太后による密告政治の始まり。

儒教の教えでは、書経の牧誓に「牝鶏之晨」「古人有言曰　牝鶏無晨　牝鶏之晨　惟家之索　昔の人の言に曰く、牝鶏《ひんけい》（雌鶏）晨《しん》（時を告げる）する無く、牝鶏の晨するは、惟《これ》家の索《さく》（ばらばらに離れて無くなる）なり。（女が権勢を振るうと国や家が衰える）」とあるように、儒教国家の唐朝では女性である皇太后が皇帝の大権を簒奪し、臨朝称制する（朝廷に臨み政務を執る）ことは認めないとする唐朝の宗室（王族）や官吏が反乱を起こしかねないと考え、唐朝の宗室や官吏が武太后を排除しようとする不穏な動きを起こさないか、その言動を監視する必要性を深く認識し、睿宗の垂拱二年（西暦六八六年）魚保家の進言を採用し、民からさまざまな意見を吸い上げる銅匭《どうき》（目安箱）を宮門に設置して、民に投函させることにした。

銅匭《どうき》には、東西南北に四つの口があり、投函する内容によって分けられていた。

東は「延恩」才能を認めてほしい者、昇進を望む者が投函する口、西は「伸冤」冤罪を訴える口、南は「招諌」政治に対する意見を投函する口、北は「通玄」天変地異や災害、国家機密を投函する口があった。

銅匭の設置を進言した魚保家が、李敬業（徐敬業）の反乱に加担していたことを密告する投書が入り、魚保家は逮捕され、処刑された。歴史の皮肉ともいうべきか。

密告者（情報提供者）は五品官待遇として洛陽までの旅費や宿泊費、食費が支給され、身分の低い者でも武后が直接面接して訴えを聞いた。この制度は政敵を根絶するのが目的だったので、密告がたとえ偽りであることが判明しても、訴えた者は不問とされた。要するにでっち上げも歓迎したのであり、訴えが殺到した。

密告者には駅馬や旅館を与えるなどの至れり尽くせりの待遇を与え、密告の内容が武太后の意に適えば官僚に抜擢され、仮に出鱈目な密告でもお咎めなしとされるから、たちまち密告者が引きも切らぬ有様になった。

唐朝だけでなく、中国で初めて一般庶民が自らの声を上げることができるようになった瞬間であった。

さらに武太后は反乱など起こさせないようにするため恐怖で支配を強めようとした。酷薄な「酷史」の登用である。武太后により索元礼《さくげんれい》（ペルシア人）、来俊臣《らいしゅんしん》（元・死刑囚）（来索の禍ともいわれた）、周興《しゅうこう》などが見い出され、容疑者の取り調べも過酷を極めた。来俊臣に至っては、強盗事件で死刑判決を受けていたが、冤罪を主張し、武太后から直接酷史に抜擢されている。
こうして武太后の徹底した恐怖政治により反対勢力を徹底的に弾圧し、武太后による権力体制が確立された。

唐朝の宗室や官吏の中で、不穏分子（その可能性をある者を含め）を取り除いたところで、武太后は天授元年（西暦六九〇年）九月に遂に睿宗を廃して武氏に改姓させて皇嗣に格下げし、自らが皇帝に即位（武則天）して武氏の周王朝を創始した。

武則天の治世において最も重要な役割を果たしたのが、高宗の時代から則天武后がその実力を見い出し、重用していた稀代の名臣の狄仁傑（久視元年、西暦七〇〇年薨去）である。狄仁傑といえども、長寿元年（西暦六九二年）、酷吏の来俊臣から謀反を企んだと誣告を受け入獄したが、武則天との面談で出獄を許され、彭沢県令への左遷で済んでいる。

萬歳通天二年（西暦六九七年）六月、酷薄な酷史中の酷史である司僕少卿・来俊臣を誅殺し、酷史による禍を収めた。

後に、武則天は狄仁傑を宰相として用い、その的確な諫言を聞き入れ、国内外において発生する難題の処理に当たり、成功を収めた。また、武則天の治世後半期には姚崇・宋璟などの実力を見抜いてこれを要職に抜擢した。後にこの二名は玄宗の時代に開元の治を支える名臣である。武則天の治世の後半は、狄仁傑らの推挙により数多の有能な官吏を登用したこともあり、唐朝宗室の混乱とは裏腹に政権の基盤は盤石なものとなっていった。

ここで、旧・唐書で武則天がどのように記録されているか記述する。

高宗及び則天皇后の条に、次のような記録がある。

則天皇后武氏、諱《いみな》は曌（照）、並州の文水出身。父は（武《ぶ》）士彠《しかく》。隋朝の大業の時代末に（驃騎府・車騎府が統合された）鷹揚府の隊正（五〇人の兵の隊長）と為る。唐の第二代皇帝・太宗の治世である貞観《じょうがん》の中、累遷《とき》（進）して工部尚書（建設大臣）荊州の都督（長官）、應國公に封じられた。

初め、則天は年十四歳の時、第二代皇帝・太宗は則天の美しい容止（美しい顔やからだつき、ふるまい）を聞き、召して後宮に入れ、立てて才人（正五品）と為した。太宗崩御し遂に尼と為り、感業寺に居た。

大帝（高宗）は感業寺で則天を見そめ復《ま》た召して後宮に入れ、昭儀（正二品）に拜し（迎え入れ）た。帝（高宗）は、則天の号を進めて宸妃《しんぴ》とした。永徽六年、王皇后を廃して武・宸妃を立てて皇后と為し、高宗は天皇と称し、武后も亦天後（天后）と称した。天后の素（持って生まれたもの、本質的なもの）は智計（知謀）多く、文史を兼（併せて）渉猟《しょうりょう》（たくさんの書物や文書、史書を読みあさる）した。

帝（高宗）は顕慶時代自《よ》り已後（以後）、風疾の苦多く、百司（百官）表奏するもの、皆な天後（后）の詳決（決定）に委ねた。此の内輔自《よ》り、国政は数十年にわたり、威勢は帝（高宗）與《と》（と）無異（同じ）であり、當時《まさに》二聖と称す。

旧・唐書・高宗の条より。

永淳二年一二月己酉の日、詔して永淳二年を改め弘道元年と為す。是の日の夕方、帝（高宗）真観殿で崩じた。七日殯《もがり》し、弘道元年一二月一一日皇太子が柩前で即位した。旧・唐書・則天皇后の条に戻る。

弘道元年一二月丁巳の日、大帝（高宗）崩御。

皇太子顕が中宗《ちゅうそう》として即位し、天後（后）を尊んで皇太后と為した。既に將《まさ》に（皇帝の大権を）簒奪、是の日自《よ》り臨朝称制（皇太后である武后が政務を執る）した。

嗣聖元年春正月一日に、（元号を弘道から嗣聖に）改元、二月戊午の日に、（中宗を即位後わずか五日で）皇帝としては廃し盧陵王と為《な》し、別所に幽（閉）し、仍《よ》って改めて哲という名を賜り（顕から哲に改名した）、己未の日に、豫王・輪を立てて皇帝（睿宗）と為す。～（元号を嗣聖から）文明に改元、武皇太后が仍《よ》って臨朝称制した。

九月（元号を文明から）改元し光宅と為す。東都（洛陽）を改めて神都と為す。故・司空・李勣《りせき》（唐建国の功労者。高句麗攻略の大将軍であり則天武后の立后を支持した。）の孫である柳州司馬の徐敬業が揚州司馬を偽称し、長史の陳敬之を殺し、揚州を據（拠）点として兵を起こし、上將を自称し、匡復（国運を正して回復させる）を以て辭を為（表）した。左玉鈐衛大將軍・李孝逸に命じて大總管と為し、兵三〇萬を率いて以て之を討たしむ。敬業の父祖の官爵を追削し、其の本姓である徐氏に復さしむ。

垂拱元年春正月、敬業を平（平定）したことを以て～改元、劉仁軌（百済滅亡、白村江の海戦で百済・倭国連合軍を破る功績があり、楽城郡公に封ぜられ、文昌左相同鳳閣鸞台三品として在職中に没した。死後、開府儀同三司・并州大都督を贈られた）が薨じた。

垂拱二年三月、朝堂に初めて匭《き》（小さな箱）を置いた。進書、言事有る者之に投（入れ）聴く、是に由（より）人間の善悪の事多く知悉する所～二年春正月、皇太后は詔を下し、政を皇帝に復（返）すとしたが、皇帝は皇太后の實意（本当の意思）ではないことを以て、乃《そこ》で固譲した。武皇太后が仍《よ》って舊（旧）に依って臨朝称制した。

四年春二月、乾元殿を毀《こぼ》ち、就ては其の地に明堂を造る。五月、皇太后尊号を加え聖母神皇と曰う。（唐の皇族である）博州刺史・瑯邪王沖、博州を據（拠）点として兵を起こし、之を討つ。沖の父・豫州刺史・越王貞（太宗・李世民の八男）が沖と相応して又豫州で挙兵、之を討つ。（唐の皇族）韓王・元嘉、魯王・霊夔《れいき》（高祖・李淵の十九男）、元嘉の子の黄国公譔《せん》、霊夔の子の左散騎常侍・范陽王藹、霍王・元軌及子の江都王・緒、故・虢王・元鳳の子の東莞公・融坐、貞與《と》通謀。元嘉、靈夔は自殺、元軌は黔州に配流、譔等は誅に伏す～是自《よ》り宗室諸王相継で誅死する者、殆んど將に盡（尽）きた。其の子孫年幼者は咸《みな》（ことごと）く嶺外に配流。其の親党で誅されたもの数百餘家。一二月己酉の日に神皇である武皇太后は洛水を拜し、「天授聖図」を受け、是に日に還宮し、明堂が（完）成した。

永昌元年春正月、神皇である武皇太后は明堂を親《したし》く享《きょう》（供物をすすめる）し、改元。夏四月、蔣王・惲、道王・元慶・徐王・元禮、曹王・明等の諸子孫を誅し、其の家族を巂州に徙《うつ》す。秋七月、紀王・慎（太宗・李世民の十男）が謀反の誣告を被《うけ》て、檻車に載せて以て巴州に流される。

載初元年春正月、神皇である武皇太后は明堂を親《したし》く亨《きょう》（供物をすすめる）し、周制に依って（周歴）を建て子《こ》の月を正月と為し、永昌元年一一月を改めて載初元年正月と為し、一二月を臘月（陰暦一二月の異称）と為し、改めて旧・正月を一月と為す。神皇自《みずか》ら「曌」の字を以て名と為し、遂に詔書を改め制書と為した。秋七月、豫章王・亶を殺し、其の父舒王・元名を和州に遷した。～丁亥の日に、隨州刺史・澤王・上金、舒州刺史・許王・素節並びに其の子数十人を殺した。

九月九日壬午の日、唐の命を革《あらため》て、国号を改《あらため》て周と為し、改元して天授と為し、尊号を加えて聖神皇帝と曰い、皇帝（睿宗）を降して皇嗣と為した。

萬歳登封二年夏四月、改元して萬歳通天と為す。二年六月、內史・李昭徳と司僕少卿・來俊臣が罪を以て誅に伏した。（来俊臣の処刑を以て酷薄な酷史による禍が収まる。）

聖歴元年正月、改元。九月、廬陵王・哲を皇太子と為し、令を下し舊名に依《よ》（よ）り顕となす。二年春二月、皇嗣・旦を封じて相王と為す、初めて張易之及び其の弟・昌宗を寵臣と為し控鶴府官員に置く、尋《ひろげ》て改めて奉宸府と為し、御史大夫の下の班（組織）と在《した》。皇太子・顕の男（子）重潤を封じて邵王と為し、狄仁傑を內史と為した。大足元年春正月、制詔して改元した。九月、邵王・重潤が（張）易之を讒構《ざんこう》（讒言を構えて易之を陥れようと企み）を為し、邵王・重潤に令（命）じて自死させた。冬一〇月、改元し長安と為した。

長安二年、冬一〇月、日本国が遣使し方物を貢じた。（粟田真人の第八次遣唐使）、一一月、相王・旦を司徒と為す。

神龍元年春正月、改元。お上（武則天）不豫（体調がすぐれず）、麟臺監・張易之と弟の司僕卿・昌宗が（謀）反を起こし、皇太子・顕が左右羽林軍、桓彦範、敬暉等を率いて、羽林兵を以て禁中に入り之を誅（殺）、甲辰の日に、皇太子・顕が監國となり、総統万機し、是の日にお上（武則天）は皇帝の位を皇太子に伝え、居を上陽宮に徙（移）した。戊申の日に、皇帝（中宗）はお上（武則天）を尊んで号を則天大聖皇帝と曰った。冬一一月壬寅の日に、則天まさに大漸（病気が次第に重くなる）し、祔廟（唐の宗廟）に祀られるよう遺制し、陵に帰り（墓に入り）、令（命）じて帝號（皇帝号）を去り（廃止）、則天大聖皇后と称した。

真人が入唐（周）した、西暦七〇二年は周朝の長安二年、帰国したのは長安四年（西暦七〇四年）、武則天の権力の絶頂期にある。西暦七〇五年（周朝の長安五年）正月二二日皇太子・顕（中宗）によるクーデタが発生し、武則天は権力を失ったが、真人の訪唐時はクーデタの兆候はみじんもなく、権力の基盤に揺るぎはなかった。

ただ、長安二年の前年の大足元年九月、皇太子・顕の長子・李重潤、第七女・永泰郡主仙蕙及びその夫・武延基が武則天の寵臣・愛人である張易之・昌宗兄弟の陰口を叩き、張易之の上奏で武則天を誹謗したとして、父の皇太子・顕から死を賜わった。

武則天は、後ろめたさもあったのか、周創朝以来神都としていた洛陽は縁起が悪いとして唐突に逃げ出すように洛陽を捨て、西都長安に行幸し、実質遷都している。さらに、大足元年冬一〇月に長安元年に改元し、長安の含元宮を大明宮に改称している。

このような時に、真人は入唐（周）したのである。

第九章

武則天との対決

日本国王　王明樂美御徳　印章

唐（周）の朝廷が日本を受け入れるかどうか一にかかって絶対的権力を保持する皇帝・武則天の判断次第であった

皇帝・武則天による、第一回目の召見は外国の賓客の接待を担当する鴻臚寺を通しての謁見であった。

文武天皇からの国書を入れた表函を奉呈。日本は、大唐皇帝宛の国書と大周皇帝宛の国書の二種類の国書を予め用意しており、大周皇帝宛の国書を奉呈した。さらに、大宝律令、日本から持参した朝貢品等を献上し、唐（周）との国交回復を求め奏上した。この時も非常に緊張したが、儀礼的な謁見であり、謁見を拒否されず、唐（周）朝が文武天皇からの国書（正式書簡）を受領したことで、第一回目の謁見の目的は達せられた。

文武天皇からの国書、献上した大宝律令等をおよそ一カ月にわたり検証した唐（周）朝廷での第二回目の召見が正念場であった。

皇帝・武則天の前で、周朝高官らから徹底的な指摘、糾弾を受けた。真人の説明に、皇帝・武則天が納得するかにかかっていた。

当時の周朝の高官は、科挙に及第した周朝最高の知識人・儒学者らで、密告と讒言により唐の高官を誅殺した来俊臣・索元礼・周興といった酷吏の禍を生き抜いた、左粛政御史大夫の硬骨漢・魏元忠（魏元忠は永昌元年・西暦六八九年には死刑を宣告され処刑場で処刑寸前に流罪に減刑された経歴を有していた。）、天官侍郎・同鳳閣鸞台平章事・顧琮、地官尚書・韋巨源、鳳閣鸞台平章事・李嶠、鸞台侍郎・同鳳閣鸞台平章事・韋安石、鸞台侍郎・同鳳閣鸞台平章事・李懐遠、鳳閣侍郎・姚元崇、夏官侍郎・同鳳閣鸞台平章事・李迥秀、正諫大夫・同鳳閣鸞台平章事・硃敬則、内史・楊再思、後に天官侍郎・鳳閣侍郎・同鳳閣鸞台平章事に任官した韋嗣立、夏官侍郎・同鳳閣鸞台平章事に任官した宗楚客ら錚々たる宰相達がいた。

周朝高官らは唐の史書だけでなく中国の歴代朝廷の史書に通じていたので、徹底的に疑義を指摘、糾弾したが、真人は次のように堂々と誠意を以て応答した。

周朝高官らからの指摘された疑義、糾弾内容

一　晋書、南朝・梁書、隋書に記された倭、及び隋書以前に記録された倭と日本の主張が大きく乖離している。

晋（西暦二六五年〜四二〇年）書、南朝・梁書（西暦五〇二年〜五五七年）、隋（西暦五八一年〜六一八年）書も唐の二代皇帝・太宗の時代に、編纂されたので、周朝の高官及び武則天にとっては同時代史。

隋以前の中国の朝廷に残る倭国の記録と真人ら遣唐使の主張する倭国の姿が全く異なっている。

二　西暦六六三年の白村江の戦いの総括。なぜ、百済復興を支援し、唐と開戦したのか。

三　西暦六五九年の遣唐使節団内の争いの総括。

真人の応答

まず、真人は、日本の国号と日本国王が「日本国王・王明樂美御徳《すめらみこと》」と号していることを説明した。
佳字にこだわる武則天は「王明樂美御徳《すめらみこと》」の称号を非常に評価した。

（武則天の孫である玄宗皇帝に重用されて宰相・中書令に任じられた張九齢（阿倍仲麻呂との関わりも深い。）の「唐丞相曲江張先生文集　第十二」に、天平五年（西暦七三三年）の第十次遣唐使大使・多治比広成、副使・中臣名代で「日本国王は王明樂美御徳《すめらみこと》」と号していると記録されている。真人も「日本国王・王明樂美御徳《すめらみこと》」の国書を持参していたのではないか。）

次いで、自らが編纂に関わった大宝律令を示し、先進国である唐に学んで日本の律令を制定したこと。

そして、事前に検討した通り、日本書紀の記録に準拠して（日本書紀の完成は元正天皇養老四年（西暦七二〇年）であるが、真人は編纂の経緯、概要は知悉していた。）、次のように言上した。

一　**西暦六六三年、唐との開戦（白村江の戦い）について**

日本は、もともと筑紫城にいたが神武・王明樂美御徳《すめらみこと》（以下、「帝」と表記。）の時代に東遷し、今上帝は第四二代に当たる。

東遷の際に筑紫城に一族を筑紫の君として残した。

新・唐書「倭、日本伝」に記録された通りに、日本国の生い立ちを説明した。

新・唐書「倭、日本伝」の記録

日本は古の倭奴である。京師（唐の都）から一万四千里、新羅の東南にあたり、海中の島に在って居る。東西は五カ月の行程、南北は三カ月の行程。

国に城郭がなく、連ねた逆木で柵落と為し、草で屋根を茨《ふ》く。左右に小島が五十余り、皆、自ら国と名付けて、これに臣下が付随している。本率を一人置き、諸部を検察させている。

そこの俗は女が多く男が少なく、文字があり、浮屠の法（仏教の教え）を尊ぶ。その官には十有二等がある。

王姓は阿毎氏、自ら言うには、初めの主は天御中主《あめのみなかぬし》と号し、彦瀲《ひこなぎさ》に至り、およそ三二世、皆が「尊《みこと》」を号として、筑紫城に居住する。

彦瀲《ひこなぎさ》の子の神武が立ち、改めて「天皇」を号とし、大和州に移って統治する。

白村江の戦いは、神武東遷の際に筑紫城に筑紫の君として残した後裔である筑紫君《つくしのきみ》・薩野馬《さちやま》（薩夜麻）が倭国王を自称し、旧百済勢力からの要請に応じて軍を出したこと。

日本国は白村江の戦いに軍を送っておらず、参戦していない。西暦六六三年の唐との白村江の戦いの時は、その二年前（西暦六六一年）に斉明帝が崩御し、天智帝は母・斉明帝の服喪中であり白村江の戦いに日本は軍を送っていない。

およそ二〇〇年ほど前、今上帝（文武帝）のおよそ十代前の継体帝の二二年（西暦五二八年）にも、筑紫の君であった磐井は、新羅から賄賂《わいろ》を得て日本に対し反乱したことがあった。

当時の日本国王・継体帝は、大伴大連金村・物部大連麁鹿火・許勢大臣男人らに命じて磐井を討伐した。その子葛子は父である磐井に連坐して誅殺されることを恐れ、継体帝に糟屋《かすや》の屯倉《みやけ》を献じて、死罪を贖《あがな》うことを求めたことがあり、葛子のみを許して筑紫君に任じた。

継体天皇　百済本記の異説

二五年（西暦五三一年）春二月、継体天皇は病気が重くなりました。七日に天皇は磐余玉穂宮《いわれのたまほのみや》で崩御しました。年齢は八二歳です。冬一二月五日。藍野陵《あいののみささぎ》に葬りました。ある本に云く、「天皇は即位二八年に崩御した」と。しかしここに二五年に崩御したというのは百済本記を取って文《ふみ》を作ったからです。その文《ふみ》に云く、「太歳辛亥の歳三月に軍が進んで安羅《あら》に至り、乞乇城《こつとくのさし》を作りました。この月に高麗で、王の安《あん》（安臧王）を弑《しい》（臣下が主君である安臧王を殺す）しました。また聞くところによると、日本の天皇及び、太子、皇子もともに崩御薨去したといいます。これによって言えば、辛亥の年は二五年にあたります。後に勘校《かんこう》（照らし合わせて間違いを訂正）する者は之を知るなり。

現存する百済本記には、「日本の天皇及び、太子、皇子もともに崩御し薨去した。」との記述はない。日本書紀にも継体天皇と皇太子、皇子がともに崩御し薨去した記録はないが、百済本記を採用して文《ふみ》を作ったからです。その文《ふみ》に云く、太歳辛亥の歳三月に軍が進んで安羅《あら》に至り、乞乇城《こつとくのさし》を作りました。この月に高麗の王の安《あん》（安臧王）を殺しました。また聞くところによると、日本の天皇及び、太子、皇子もともに崩御薨去した記録はない。百済本記を採用したので、辛亥の年である継体天皇二五年に崩御したと記録した。

（継体天皇二二年〜二三年ころ筑紫の君磐井が太子、王子ともに死んで、葛子のみが許されて筑紫の君を継いでいる。筑紫の君が倭国王であれば、倭国（日本）の天皇及太子皇子倶に崩御し薨去したという事が百済に伝わった可能性はある。）

これは、継体二一年（西暦五二七年）の筑紫君・磐井の反乱ではなく、倭国王・磐井に対する継体天皇側のクーデタではなかったか。磐井の行方は不明になっているが、王、太子、王子すべて崩薨した事態はこれ以外考えられない。

白村江の戦いも、葛子の後裔である筑紫君・薩野馬《さちやま》（薩夜麻）が倭国王を自称し、天智帝の命に従わず、百済からの要請に応じて勝手に軍を出した。

白村江の戦いで、筑紫君・薩野馬《さちやま》（薩夜麻）は唐の捕虜になったが、日本は勝手に軍を出し、唐と交戦した筑紫君一族を滅し、その地を直轄地とし以後筑紫の君を置いていない。

真人自身も、持統三年（西暦六八九年）に、筑紫大宰に任官し新羅との外交に当たった。武則天の周朝創朝の前年のことである。従って、武則天の周朝創朝、即位の件は日本の朝廷も聞き及んでいた。従って、日本国王・王明樂美御徳《すめらみこと》の公式文書も大周国宛になっている。

一　西暦六五九年の使節団内の争いについて

斉明帝五年（西暦六五九年）第四次遣唐使で、和種の韓智興（日本書紀には派遣の記録はないが、帰国の記録はある。）の従者による讒言で使者どうしのトラブルが発生し、韓智興は三千里の外に流罪、その他の使節団も厳重に幽閉・抑留された。

この事情をどう釈明するか。倭国（日本）からの使者を死刑に匹敵するほどの流罪（それも都である洛陽から三千里（唐里で約一千五百キロメートルも離れた遠隔地））に処するとは尋常ではない。唐朝にとって許しがたい背信行為と処断した讒言とは、第四次遣唐使と和種の韓智興がそれぞれ倭（日本）を代表する使節であると争ったと思われる。

当時の唐朝廷は、どちらが正しい使節団か取り調べるため、両者を幽閉し、流罪とし、その後唐による百済討伐が行われ、日本の使節団も翌年まで抑留された。

真人は、唐（周）朝廷に、次のように言上した。

斉明帝五年（西暦六五九年）の第四次遣唐使では、韓智興等を派遣した記録はない。日本の正式の使節団を誹謗中傷した韓智興等は、斉明帝が派遣した使節ではない。第四次遣唐使に大宰府から筑紫の君の要請で同行した者があったのではないか。この同行者が唐に到着して突然自分達が倭国の使節と主張した。

日本書紀の記録

斉明帝の五年（西暦六五九年）秋七月三日に、小錦下・坂合部石布連、大山下・津守吉祥連等が二船で、唐に奉使《つかわ》された。次いで、道奥の蝦夷男女二人を唐の天子（高宗）に奉示しました。

伊吉連博徳の書に曰く、八月一一日筑紫大津之浦自《よ》り發し、九月一三日百濟の南畔の嶋に行き到る。嶋の名は分明では毋《な》い、以て一四日寅時（朝三時～五時）に二船相從《よ》りて大海に放《はな》れ出た。一五日の日の入の時、石布連（坂合部連石布）の船、逆風を横に遭《うけ》て南海の嶋に漂い到る。嶋の名は爾加委《にかい》（奄美の喜界島）。仍《よ》りて嶋人の爲に滅する所となる。東漢長直阿利麻・坂合部連稻積等五人は、嶋人の船を盜乘に便《よ》りて、括州に逃げ到る。州縣の官人は、洛陽の京に送り到る。一六日夜半の時に、吉祥連（津守連吉祥）の船は、越州・會稽縣・須岸山に行き到る。東北の風、風太く急なり、二二日に餘姚縣に行き到る。乘る所の大船及び諸《もろもろ》の調度の物、彼の處《ところ》に留着。潤一〇月一日越州の底に行き到る。一五日に驛（駅に備えてあった馬）に乘りて京（長安）に入った。二九日馳（馬を走ら）せ東京（洛陽）に到る。

天子（高宗）は東京（洛陽）に在し、潤一〇月卅（三〇）日に、天子が使節に会ってお問いたずねられた。

天子（高宗）と使節の間では以下の問答がございました。

潤一〇月三〇日に天子（高宗）が使節にお問いたずねられた。日本国王は平安ですか。

使人は謹んで答えた。天地徳を合わせて、自《おのず》から平安を得たり。

天子問うておっしゃられた。事を執れる卿等、好《さき》く在《はべ》りしか不（否）か。

使人は謹んで答えた。斉明帝の憐《いとおしむ》は重く亦好《またさき》く在《はべ》ることを得る。

天子はおっしゃられた。國内は平《たいらか》なりや不（否）か。

使人は謹んで答えた。治《まつりごと》は天地に稱《かな》（ぴったり合う）いて萬民に事（重大な出来事）無し。

次いで、道奥の蝦夷男女二人を奉示し、蝦夷が白鹿皮一、弓三、箭八〇を天子に獻じたところ次のようなお言葉を賜りました。

天子はおっしゃられた。此等の蝦夷國は何れの方に有りか。

使人は謹んで答えた。國は東北に有り。

天子はおっしゃられた。蝦夷幾種有るか。

使人は謹んで答えた。（種）類は三種有り。遠きの者は都加留《つがる》と名ずけ、次の者は麁蝦夷《あらえみし》、近き者は熟蝦夷《にきえみし》と名ずけています。今此れは熟蝦夷《にきえみし》で、毎歳（日）本國の朝（廷）に入貢しています。

天子はおっしゃられた。其の國に五穀は有るか。

使人は謹んで答えた。之（五穀は）無し。肉を食いて存活（生き延びる）しています。

天子はおっしゃられた。國に屋舎有るか。

使人は謹んで答えた。之れ無し。深山の中の樹の本《もと》に止《とど》まり住《す》んでいます。

天子重ねておっしゃられた。朕、蝦夷の身面の異なるを見て、極理《きわめ》て喜び怪《あや》しむ。日本からの使人は遠くから來たりて辛苦したであろう。退《まか》りて館裏に在《はべ》れ、後に更《ま》た相見ん。

一一月一日、朝《みかど》に冬至の會が有る。會の日に亦《ま》たまみゆ。朝《もう》ける所の諸蕃の中で倭の客が最とも勝れている。

しかしながらその後に出火の亂があって再覲できませんでした。

伊吉連博徳の書に曰くの続き

一二月三日　韓智興の傔人（従者）西漢大麻呂が、我（日本）の客を枉《まげ》て讒（正しくないことを言う）事実をまげて悪く言う）、客等は唐朝の罪を獲（得）て已決（既決　裁判による判決がすでに確定し）流罪。前（先に）智興が三千里の外に流された。客中の伊吉連博徳の奏が有り、因《よ》って卽《すぐ》に免罪された。事が了（終）わった後に、勅旨があり、國家（唐）は來（来）年必ず海東の政（征百済戦）有り、汝等倭の客を東に歸すことができない。遂に西京（長安）で別處に幽置して匿《かくす》し、戸を閉め防禁（拘禁）し、東西（あちこち動き回ること）を許されず、困苦すること經年（数年）に及んだ。

難波吉士男人の書に曰く　大唐に向う大使、嶋に觸（触れて）覆す。副使が天子に親しく覲（会って蝦夷を奉示。是に於いて、蝦夷を以て白鹿皮一・弓三・箭八〇を天子に獻じた。

さらに、日本の使者は斉明帝の六年（西暦六六〇年）、八月、百濟已《すで》に平（定）の後、九月一二日使節団は帰国を許されました。一九日西京（長安）自《よ》り（出）發し、一〇月一六日東京（洛陽）に還り到りました。

一一月一日には（唐の）将軍蘇定方等に、捉《とらえ》られた百濟王以下・太子隆等・諸王子一三人・大佐平沙宅千福・國辨成以下三七人幷《あわせ》て五〇人許《ほど》が（唐の）朝堂で引見されましたが、天子（高宗）は、見前（現前）で恩勅し、放着（許）されたとの記録が残っております。

（日本の使節は）一九日天子（高宗）から労《ねぎらい》を賜い、二四日に東京（洛陽）自《よ》り（出）發し、帰国の途に就きました。

真人は、これらの記録、在唐時の経験を基に、武則天、唐（周）朝廷に説明し、日本は、白村江の戦いで敗北した倭国を自称する筑紫君一族を滅した。

倭国が東遷し、日本となったが、筑紫城に残した一族の筑紫の君は、そのことを良いことに倭国を自称した。天智帝二年（西暦六六三年）筑紫君を滅した以上倭国を自称する勢力は日本にはない。天智帝の次帝であり皇太弟であった天武帝の時に、国号を倭からそれまでも使用していた日本に変更し、新羅には使者を送り伝えていたが、今回の使節団で初めて大周国にお伝えするものである。日本こそ日本列島の唯一の正統政権であり、国号が日本であること。

唐の史書にどのように記録されているか詳らかに存じ上げませんが、唐の記録をご確認くださいと真人は堂々と誠意を以て説明した。

一応、通訳を帯同していたが、これらの説明を真人は直接自ら唐語で行ったと思われるし、その能力もあった。

真人は、緊張感の極致にあったが、緊張感を見事に押し隠し、よどむことなく対応した。

唐（周）の朝廷は、次のような記録が残っていることを確認した。

孝徳が死に、その子の天豊財（斉明）が立った。天豊財が死に、子の天智が立った。

明くる年、日本からの使者が蝦蛦人與《と》偕が参内した。蝦蛦は亦《ま》た日本の海島に居《い》る。其の使者の鬚《ひげ》の長さは四尺許《ばか》り、箭（矢）を首に珥《はさ》み、人に令（命）じて、瓠《ひょうたん》を戴《いだか》せて立たせ、數十歩の距離から射て無不中（あ）たらないものは無かった。

顯慶五年（西暦六六〇年）一一月一日に、百済を滅した将軍である邢國公・蘇定方が百濟王扶餘義慈、太子隆等五八人の俘を高宗に獻じ、高宗が則天門の楼上で、百濟王扶餘義慈、太子隆等の俘虜を閲し唐に敵対した罪を責めた後宥（許）した。

さらに、魏志倭人伝に以下の条があることを確認した。

女王國の東、海を渡ること千里餘り、復《ま》た、國があり、皆な倭種である。（これが大和王朝）

皇帝・武則天は、「后性明敏、渉猟文史」と言われ非常に資質鋭敏で人材登用に優れ、人材を見抜く能力が飛びぬけて高かったと言われている。とって付けたような上っ面の説明だと即見抜かれてしまう。

真人と唐の高官の激しいやり取り、応答の虚実を受け、唐朝内の記録を確認した後、皇帝・武則天は真人の挙措を絶賛し、「日本国王・王明樂美御徳《すめらみこと》」の国書を嘉納し、真人の言上を受け入れることにした。さらに、唐と交戦した筑紫を中心とする倭国ではなく、大和王朝を日本列島を代表する正当な政権と認定した。

第十章

国号・日本の確定と国交回復

海獣葡萄鏡　裏面

この時こそ、日本という国号が確定し、日本と唐の国交が修復した時代の転換点であった。日本という国号、大和朝廷を日本の正統な政権であるということを正式に承認したのは武則天であり、粟田真人を格別に評価したのであった。

唐書には、真人のことを「粟田真人は、唐の宰相・尚書省の長官の尚書のようであり、進徳冠を冠り、頂に華蘤（花）四本を挿し、紫の袍に帛（絹布）の帯。真人はよく学び、文を屬（書）き、その容止は温雅で偉容があった。」と記録しているが、武則天がそのように評価したので唐書にそのように記録されたのである。

藤氏家伝に記録された定恵の「既通内経　亦解外典　文章則可観　藁隷則可法～誦詩一韻　其辞曰帝郷千里隔　辺城四望秋　此句警絶　当時才人不得続末心」と見事に重なる。

その後、皇帝・武則天は、真人ら遣唐使を大明宮・麟徳殿で労をねぎらい宴席を設け、真人に司膳卿を授けた。皇帝・武則天による労《ねぎら》いの宴は複数回行われたのではないか。使節団には大使・坂合部宿禰大分、大位・許勢朝臣祖父、中位・鴨朝臣吉備麻呂、小位・掃守宿禰阿賀流、大録・錦部連麻呂、白猪史阿麻留、少録・山於億良（山上億良）、大通事（通訳）・大津造（垂水君）廣人らがいたが、武則天や唐側の高官に対応したのはもっぱら真人であったと思われる。

その席で、流暢な唐語を使いこなし、立ち居振る舞いも温雅で偉容がある真人に驚き、どうしてそこまで流暢に唐語を操り、立ち居振る舞いが唐の尚書のようなのか真人に問うたのではないか。

真人は一一歳から二三歳まで学問僧として渡唐し、長安の懐徳坊にある慧日道場で玄奘の弟子の神泰法師に師事して学問をさせて頂いたことに謝意を表した。

武則天は第二代皇帝・太宗が崩御した西暦六四九年に朱雀大路西四街の安業坊の感業尼寺で二二歳の時に仏門に入り、一五歳年下の真人は西暦六五三年の第二次遣唐使の時は一一歳の学問僧・道灌として入唐した。両者ともに大体同時期に仏門に入り、仏教を学んでいる。

真人は、仏門に入り、初めて剃髪したとき、頭がスースーして涼しかった経験や一週間程度たってチクチクし始めたころに定期的に剃刀を当てられ傷だらけになった経験や修業時代の日常生活をユーモアを交え懐かしがって話したが、武則天も同様の経験をしていたので懐かしく感じたのではないか。

武則天は太宗の後宮に入宮する前から、書を学び、後宮での太宗の侍女時代は唐朝の政治を眼前で学んでいる。武則天の書は特に著名で昇仙太子碑拓本は日本にも残っている。武則天は麟徳元年の垂簾聴政開始以来、特に優秀な若手の文学の士（周思茂、範履冰、衛敬業）を登用し、自ら監修して「玄覧」及び「古今内範」各百巻、「青宮紀要」及び「少陽政範」各三十巻、「維城典訓」、「鳳楼新誡」、「孝子列女傳」各二十巻、「内軌要略」、「樂書要録」各十巻、「百僚新誡」、「兆人本業」各五巻、「臣範」両巻、「垂拱格」四巻、並びに文集一百二十巻、などを制作した。則天文字という新たな文字も創字した。

真人は、長安城西四坊六条の懐徳坊慧日寺で玄奘の弟子の神泰法師に師事して内経（仏教の書籍。仏典。内典。）、外典（仏教以外の典籍。主として儒学の教典。）、藁隷《かうれい》（藁（草書体）・隷（隷書体・楷書体））の書法を学んだ。

武則天も、外典（仏教以外の典籍。主として儒学の教典。）、藁隷《かうれい》の書法に優れ、王羲之の書にも通じていたが、感業尼寺で仏典も学んでいる。

さらに、儒教の書経に、「『牝鶏之晨、惟家之索』（牝鶏の晨《あした》するは惟《こ》れ家の索《さく》（ばらばらに離れて無くなる）なり）。」と記載されていることから、女性である武則天が仏教を使い、釈迦が浄光天女に「汝は人界下生し、女王となり、天下はこぞって汝を尊崇する」と宣したとする大雲経にあるように、儒教国家の唐朝では女性である皇太后が皇帝の大権を簒奪し、臨朝称制（朝廷に臨み政務を執る）することは認めないとする唐朝の宗室（王族）や官吏に対し、武則天は、「浄光天女である弥勒菩薩が下生したものである。」として、仏教を利用して自らの朝政を正当化した。武則天は、儒教も知悉し仏教にも通じていた。

武則天と真人は、ともに文学に造詣深く、文章流麗、理路整然としており、非常に相性が良かったと思われる。

真人は在唐中、武則天が皇后に冊后されたとき、粛義門で大礼服姿で楼上から朝衙を賜われたときに文武百官、諸外国の使臣が熱狂的に「万歳」を繰り返し、興奮した様を一三歳ではあったが聞き及んでいたこと、顯慶五年（西暦六六〇年）一一月一日に、百済を滅した将軍である邢國公・蘇定方が百濟王扶餘義慈、太子隆等五八人の俘を高宗に獻じ、高宗が則天門の楼上で、百濟王扶餘義慈、太子隆等の俘虜を閲し唐に敵対した罪を責めた後宥（許）されたときには一八歳であり、倭国の使臣とともに則天門の楼下から拝見した経験を話したのではないか。

長安城の内城の官庁街である皇城には鴻臚《こうろじ》寺に入唐時と出国時の二度入ったことはあったが、修行の合間には、長安城の外城にある寺院、名所、旧跡、東西の市場等を見物したときの経験を話した。

さらに日本には、儒教は伝わっており、王族や役人も儒教を学んでいるが、女性の国王が何人もいたし、女性の国王に抵抗感がない事を話し武則天の興味を引いた。

日本国王・王明樂美御徳《すめらみこと》は神の子孫として日本の国王に即位するが、高天原を統べる主宰神で、皇祖神・天照大御神《あまてらすおおみかみ》という女神の子孫であること、天照大御神は、太陽神であり、巫女の性格を持っていることを説明した。また、第一四代・仲哀帝の皇后であった神功皇后が、仲哀帝崩御後応神帝即位までの間摂政として政務に当たったこと、真人自身も生まれる三世代前には推古女帝、生まれた時、第二次遣唐使として来唐したときも皇極帝（斉明帝）という女帝がいたこと、自身が天武帝の皇后で、天武帝崩御後臨朝稱制後即位した持統帝に仕えたことを話した。

武則天は史書にも通じていたので、魏書等に倭国には卑弥呼、壹与という女性の国王がいたこと「鬼神道に事《つか》（仕）う、能く妖惑を以て衆（衆）を惑わした。」との記録があることを知っていた。日本での王の神秘性による統治も理解できた。

儒教至上主義の王族、高級官僚の抵抗に手を焼いた武則天は日本の国王の承継、為政のやり方、施政の具体的制度について細かく聞いたのではないか。

さらに、武則天は永徽六年（西暦六五五年）数え年の二八歳で皇后に立后し、垂簾朝政を執っていたので、西暦六五九年の第四次遣唐使内でのトラブル、西暦六六〇年の百済の滅亡、西暦六六三年の白村江の戦いを実体験として知悉していた。西暦六六五年の日本からの使節団の帰国の情報も得ていた。

武則天は真人との会話で、西暦六五一年に高宗に二四歳で感業尼寺から昭儀として後宮に迎え入れられ、永徽六年（西暦六五五年）皇后に立后された（則天武后）頃の話を懐かしみ、真人との会話も弾み、武則天も喜び、大いに満足したのではないか。

宴の席を盛り上げ武則天を感動させた粟田真人に司膳卿（膳を司る大臣）を授け、真人の主張する倭国の歴史に疑義を抱きながらも、白村江の戦いで全滅した倭国に替わり、国号・日本と大和朝廷が日本列島を代表する正統な政権であることを承認した。

武則天は有能な人材は自らの手元に留め置く可能性があったが、唐（周）に留め置かず、真人の帰国を許した。武則天からは、日本の朝廷に白銅製の海獣葡萄鏡等が下賜されている。下賜された海獣葡萄鏡が何面あったか定かではないが、正倉院の直径二九・五センチの大型鏡と高松塚古墳出土の直径一六・八センチの中型鏡はこの時下賜され日本に持ち帰ったものと思われる。これらの下賜品を持ち帰ったすべてを真人は文武帝に献上した。大型鏡は聖武天皇に伝わり正倉院に収蔵された。中型鏡は、文武帝から大宝律令編纂の責任者である刑部親王（忍壁親王）に下賜されたが、銅約七〇%、錫約二五%、鉛約五%の鋳造合金であり、柔らかく、手入れも柔らかい布で鏡面を拭うだけで鏡面研磨ができ、表面の画像の映り具合が良いので、刑部親王も愛用し、日常使いしたものと思われる。時代的にも高松塚古墳の被葬者は刑部親王（忍壁親王）と判断される。

第十一章

帰国後の粟田真人

文武天皇陵石碑／文武天皇陵／文武天皇陵全景

文武天皇慶雲元年（西暦七〇四年）冬一〇月九日遣唐使の粟田朝臣真人らが天皇に帰朝の挨拶をした。

周朝・武則天から下賜された品々を朝廷に献上するとともに、周朝高官らからの指摘された疑義、糾弾の内容を報告した。

周朝高官らからの指摘された疑義、糾弾の内容

一　晋書、南朝・梁書、隋書に記された倭、及び隋書以前に記録された倭と日本の主張が大きく乖離している。

隋以前の中国の朝廷に残る倭国の記録と真人ら遣唐使の主張する倭国の姿が全く異なっている。

一　西暦六六三年の白村江の戦いの総括。なぜ、百済復興を支援し、唐と開戦したのか。

一　西暦六五九年の遣唐使節団内の争いの総括。

これらの疑義、糾弾に対し前述の説明をし、周（唐）朝の倭国に対する認識が大和朝廷の認識と大きく異なっていることに対してどのように対処したかを報告し、周朝の倭国に対する認識を大和朝廷の認識と一致させる必要性を説明した。

さらに、晋書、南朝・梁書、隋書は唐の太宗時代に、唐朝廷の高官により撰されたので唐の見解を変更させることはできないので、現在編纂している日本書紀等と矛盾しないようにする必要性も併せて訴えた。

（これが第九次遣唐使以降の最大の課題になり、阿倍仲麻呂、藤原清河らによる大和朝廷の歴史観に

一致させる地道な活動となっていった。)

さらに、真人自身は第二次遣唐使の一員として一二年間在唐していたので、唐の都城制(条坊制、里坊制)、律令制等は知悉していたが、百済・高句麗征討後の唐及び周の隆盛振りには目を見張った。真人と同行した者らにとっては聞きしに勝る殷賑ぶりに驚き、武則天の支援を受けて、周朝の制度、文化を学び、様々な文物を入手し、長安の都城、風俗を見学した。

唐の隆盛振りに大きな衝撃を受けて藤原京に帰国した真人らは、見聞した唐朝の隆盛、長安城の都城制や律令制、その他の制度、風俗を報告し、日本に導入する必要に駆られ、慶雲三年(西暦七〇六年)より始まった律令制等の改革(慶雲の改革)を主導し、平城京遷都に取り入れた。和銅元年(西暦七〇八年)には、唐に倣った初の流通貨幣である和同開珎が発行されるとともに、長安に倣った本格的都城となる平城京への遷都の詔が発せられ、二年後の和銅三年(西暦七一〇年)に遷都が行われている。

なお、粟田朝臣真人を遣唐使として唐(周)に送った第四二代天皇には漢風諡号として文武が贈られている。文武天皇は、在位:文武天皇元年(西暦六九七年)八月一日~慶雲四年(西暦七〇七年)六月一五日に二五歳の若さで崩御している。

文武という諡号を贈られた者に唐第二代皇帝・太宗の李世民がいる。李世民は唐の高祖李淵の次男で、李淵と共に唐を創朝。優れた統治能力を発揮し、広い人材登用で官制を整え、諸制度を整備して唐朝の基盤を確立し、貞観の治と呼ばれる太平の世を築いた。太宗の言行録である貞観政要(政治の要諦）は、帝王学の教科書とされてきた。在位期間は武徳九年（西暦六二六年）八月九日〜貞観二三年（西暦六四九年）五月二六日に五二歳で崩御。諡号として文皇帝が贈られたが、上元元年（西暦六七四年）第三代皇帝・高宗により文武聖皇帝に改められ、さらに天宝八年（西暦七四九年）玄宗により文武大聖皇帝に変更、そして天宝一三年（西暦七五四年）に玄宗により文武大聖大広孝皇帝と改められている。文武という諡号は国家に絶大な貢献をした名君中の名君を意味することとなった。

新羅にも文武という諡号を贈られた者に第三〇代国王・文武大王がいる。王太子時代に百済を滅ぼし、在位中に白村江で百済復興軍、高句麗を滅ぼし、三国を統一。さらに唐の勢力を朝鮮半島から駆逐して、半島の統一を果たした。在位二一年の西暦六八一年に薨去し、文武王と諡《おくりな》された。新羅史上名君中の名君と称えられている。

粟田真人を遣唐執節使として唐に派遣した第四二代天皇の漢風諡号《かんぷうしごう》「文武天皇」にも使用されている。文武天皇に、名君中の名君を意味する「文武」の諡号が贈られたのは、大宝元年（西暦七〇一年）に大宝律令を完成させ、翌年公布したこと、周（唐）の武則天に「国号・日本」と日本列島の正統な代表が大和朝廷であることを認めさせ、国交を回復したことが評価され、文武の諡号が贈られたのではないか。

真人は、和銅元年（西暦七〇八年）大宰帥に任ぜられ、和銅八年（西暦七一五年）正三位に至り、開元の初（開元五年、西暦七一七年）再度訪唐（新・唐書には記録があるが、続日本紀、旧・唐書には記録はない。）し、元正朝の養老三年（西暦七一九年）薨去した。

なお、第九次遣唐使の派遣が養老元年（西暦七一七年）に行われたが、西暦七一七年は開元五年なので開元の初とは開元五年の事であると判断される。

第九次遣唐使は、節刀を授けられた押使・多治比縣守、大使・大伴山守、副使・藤原馬養（藤原宇合、右大臣・藤原不比等の三男、藤原式家の祖。）であったが、留学生として阿倍仲麻呂・吉備真備・玄昉・井真成が使節団にいた。阿倍仲麻呂（中国名「朝衡《ちょうこう》、晁衡《ちょうこう》」）が、唐で科挙に及第し唐朝において諸官を歴任して高官に登ったため、旧・唐書では偏使、新・唐書では副使と記録されたと思われる。

真人が第九次遣唐使に同行した可能性はある。

旧・唐書の記録

玄宗皇帝の開元初に、又使者を遣わし、來朝（来唐）した。そして儒士（儒者）と経を授ける学者をお願いした。四門の助教である趙玄默に詔して、外交部署である鴻臚寺でこれを教えさせた。（趙）玄默に闊幅布を遺り、以て束修（贈り物）とし禮とした。云を題して、白龜元年の調布といった。人亦其の偽を疑い、得る所の錫賚（贈り物）で、盡《ことごと》く（すべて）文籍を市（買）い、海に泛《うか》んで還った。

其の偏使（副使）である、朝臣の仲滿（阿倍仲麻呂）は、中國の風を慕って、因《よ》って留まって去らなかった。姓名を改めて朝衡と爲した。左補闕、儀王の友の職を仕曆（歴任）し京師（長安）に衡留することと五十年、書籍を好み、歸郷を放《はな》ち（あきらめ）、逗留して去らなかった。

天寳十二年（西暦七五三年）、又使者を遣わし（大使・藤原清河、副使・吉備真備、大伴古麻呂）貢した。（粛宗の）上元中、（朝）衡を抜擢して左散騎常侍、鎮南都護と爲した。

天寳十二年の第一二次遣唐大使の藤原清河は、藤原北家の藤原房前の四男で唐名・河清《かせい》、阿倍仲麻呂の死後も自らの意思で唐朝に仕え秘書監にまで至り、大和朝廷から何度も帰国を促されたが唐に残った。残った理由に、唐朝の史書に大和朝廷の歴史観に一致させる地道な活動を使命としたのではないか。

新・唐書の記録

玄宗皇帝の開元初に、粟田が再び来朝。

諸儒に従った經典を拝受したいと請うた。詔を以て四門の助教「趙玄默」を鴻臚寺での師と為した。大きな幅広の布を献じ、謝恩の礼として献じ、賞・物・貿・書を悉《ことごと》く持って帰る。

その副の朝臣仲満は中華を慕い、帰らず、姓名を変えて朝衡という、左補闕、儀王友を歴任して多くの知識を備え、久しくし日本に還った。

唐朝では、著名な真人が再び来朝したので記録に残し、新・唐書にその旨記載したのではないか。

粟田真人は、元正天皇養老三年（西暦七一九年）二月甲子（五日）に数え年の七七歳で薨じたので、第九次遣唐使の派遣が養老元年（西暦七一七年）数え年の七五歳の時、帰国は養老二年（西暦七一八年）なので数え年の七六歳。正式の使節団には入っていないが、高齢で帰国できずに唐で客死するのを覚悟した真人のたっての入唐希望に、元正朝も、これまでの功績と唐語に達者な真人の同行を許したのではないか。

第十二章

日本書紀に記録された粟田真人

橿原市藤原京資料室展示　藤原京1,000分の1復元模型写真パネル

粟田真人一一歳（以下、すべて数え年） 居所：飛鳥板蓋宮

孝徳天皇白雉四年夏五月辛亥朔壬戌 發遣大唐大使小山上吉士長丹 副使小乙上吉士駒駒更名絲 學問僧・道嚴・道通・道光・惠施・覺勝・辨正・惠照・僧忍・知聰・道昭・定惠定惠內大臣之長子也 安達安達中臣渠毎連之子 道觀道觀春日粟田臣百濟之子 學生巨勢臣藥藥豐足臣之子 氷連老人老人眞玉之子 或本 以學問僧・知辨・義德 學生坂合部連磐積 而增焉丼一百廿一人倶乘一船

孝徳天皇白雉四年（西暦六五三年）夏五月辛亥（干支の四八番目）を朔（初日）とする壬戌（干支の五九番目）の日である一二日（五月一二日）、遣大唐大使・小山上・吉士長丹、副使・小乙上・吉士駒（駒 更名絲（またの名を絲という）、學問僧 道嚴 道通 道光 惠施 覺勝 辨正 惠照 僧忍 知聰 道昭 定惠（定惠內大臣之長子也） 安達（安達中臣渠毎連之子） 道觀（道觀春日粟田臣百濟之子） 學生巨勢臣藥（藥は豐足臣の子） 氷連老人（老人は眞玉の子）が（出）發した。或る本には、以學問僧 知辨 義德 學生坂合部連磐積、而《しか》して（そして）增して丼（併）せて一二一人が倶に一船に乘った。（第一船）

又大使大山下高田首根麻呂更名八掬脛 副使小乙上掃守連小麻呂 學問僧道福 義向 丼一百廿人倶乘一船

又、大使・大山下・高田首根麻呂、更名八掬脛（またの名を八掬脛という）、副使小乙上・掃守連小麻呂、學問僧道福・義向、丼《あわ》せて一二〇人倶に一船に乘った。

秋七月 被遣大唐使人高田根麻呂等 於薩麻之曲 竹嶋之間合船沒死 唯有五人 繫胸一板流遇竹嶋

不知所計　五人之中　門部金　採竹爲筏泊于神嶋　凡此五人　經六日六夜而全不食飯　於是　褒美金進位給祿

秋七月、大唐に遣わされた使人の高田根麻呂等は、薩麻《さつま》の曲《まが》ったところと竹嶋の間で船が合（衝突）して沒（沈没）して死んだ。ただ五人だけが、胸を一枚の板に繋《つな》いで、竹嶋に流れ遇《つ》いた。計る所を知らず（何とも致し方なかった）。五人の中の門部金が、竹を採って筏を作り神嶋に泊いた。凡《お》よそ此の五人は六日六夜を経て（の間）、全く飯を食わなかった。そこで褒美として金と位を進め禄を給した。

白雉五年（西暦六五四年）の条に、次の記載がある。

伊吉博得言　學問僧惠妙於唐死　知聰於海死　智國於海死　智宗以庚寅年付新羅船歸　覺勝於唐死　義通於海死　定惠以乙丑年付劉德高等船歸　妙位　法勝　學生氷連老人　高黃金幷十二人　別倭種韓智興　趙元寶　今年共使人歸

伊吉博得言わく、學問僧惠妙於唐死、知聰於海死、智國於海死、智宗以庚寅年に新羅船に付いて歸る。覺勝唐で死に、義通は海で死に、定惠は乙丑年に劉德高等船に付いて歸る。妙位・法勝・學生氷連老人・高黃金ら幷《あわ》（合）せて一二人、別に倭種韓智興・趙元寶が今の年に使人と共に歸った。

粟田真人二三歳　称制天智天皇の飛鳥岡本宮

「定惠以乙丑年付劉德高等船歸　妙位・法勝・學生氷連老人・高黃金幷十二人」との記録から定惠は、百済滅亡（西暦六六〇年）、倭国から百済復興のための援軍が白村江の戦いで全滅（西暦六六三年）したのち、乙丑年（西暦六六五年、唐の麟徳二年、天智天皇四年）九月二三日唐の使者・劉德高の船に乗船して帰国している。唐も倭国・日本の最高の官吏の長男を丁重に扱い、特別待遇で帰国させたと思われる。このとき一二人が一緒に帰国しているので、中臣渠毎連の子である安達や春日の粟田臣百濟の子である道觀（粟田真人）もこの時に帰国したと思われる。

粟田真人三九歳　飛鳥浄御原宮

天武十年十二月乙丑朔~癸巳　田中臣鍛師・柿本臣猨・田部連國忍・高向臣麻呂・粟田臣眞人・物部連麻呂・中臣連大嶋・曾禰連韓犬・書直智德、幷壹拾人授小錦下位

天武十年（西暦六八一年）十二月乙丑（干支の二番目）を朔（一日）とする~癸巳（干支の三〇番目の日）である二九日、田中臣鍛師・柿本臣猨・田部連國忍・高向臣麻呂・粟田臣真人・物部連麻呂・中臣連大嶋（安達のこと）・曾禰連韓犬・書直智德、幷《あわ》（合）せて一〇人に小錦下（従五位下相当）を授けた。

粟田真人四二歳　飛鳥浄御原宮

天武天皇十三年~十一月戊申朔~粟田臣~凡五十二氏賜姓曰朝臣

天武天皇一三年（西暦六八四年）、一一月戊申（干支の四五番目）の朔（一日）に、粟田臣ら凡《すべ》て五二氏に姓（かばね）を賜いて朝臣と曰う。

粟田真人四三歳　飛鳥浄御原宮

天武天皇十四年五月丙午朔~甲子直大肆粟田朝臣眞人　讓位于父　然勅不聽矣

天武天皇一四年（西暦六八五年）五月丙午（干支の四三番目）を朔（一日）とする甲子（干支の一

番目）の日である一九日に、直大肆の粟田朝臣真人が直大肆（従五位下相当）の位を父に譲ろうとした。然《しかれ》ども天武天皇は勅《みことのり》して聴《ゆる》さなかった。

父の粟田百済は叙位されていなかったので父に直大肆の位階を譲りたいと天武天皇にお願いしたが、天武天皇は真人の学者としての見識、功績、実績を評価して天皇が叙位したものであり、百済への譲位は許されるべきではないと判断した。

粟田真人四七歳　飛鳥浄御原宮

朱鳥元年九月戊戌朔丙午　天渟中原瀛眞人天皇崩　皇后臨朝稱制

朱鳥元年（西暦六八六年）九月戊戌（干支の三五番目）を朔（一日）とする丙午（干支の四三番目）の日である九日、天渟中原瀛眞人天皇（天武天皇）崩御。皇后臨朝稱制（皇后が即位せずに政務を執る）。

持統三年春正月甲寅朔～壬戌～筑紫大宰粟田眞人朝臣等　獻隼人一百七十四人　幷布五十常　牛皮六枚　鹿皮五十枚～

持統三年（西暦六八九年）春正月甲寅（干支の五一番目）を朔（一日）とする、壬戌（干支の五九番目）の日である九日に、筑紫大宰粟田真人朝臣等が隼人一七四人、幷《あわ》せて布五〇常、牛皮六枚、鹿皮五〇枚を獻じた。

持統三年夏四月癸未朔～乙未　皇太子草壁皇子尊薨

持統三年夏四月癸未（干支の二〇番目）を朔（一日）とする～乙未（干支の三二番目）の一三日、皇太子・草壁皇子の尊が薨御された。
〜壬寅　新羅　遣級飡金道那等奉弔瀛眞人天皇喪　幷上送學問僧明聰・觀智等　別獻金銅阿彌陀像・金銅觀世音菩薩像・大勢至菩薩像各一軀　綵帛錦綾
壬寅（干支の三九番目）の二〇日、新羅が、級飡・金道那らを遣わして、天武天皇の喪を弔い奉った。同時に学問僧の明聰・觀智らを送り届けてきた。別に金銅阿彌陀像・金銅觀世音菩薩像・大勢至菩薩像各一軀、綵帛、錦、綾を献上した。
持統三年五月癸丑朔甲戌　命土師宿禰根麻呂　詔新羅弔使級飡金道那等　曰　太政官卿等奉勅奉宣　二年　遣田中朝臣法麻呂等　相告大行天皇喪時　新羅言　新羅奉勅人者元來用蘇判位　今將復爾　由是　法麻呂等不得奉宣赴告之詔　若言前事者　在昔難波宮治天下天皇崩時　遣巨勢稻持等　告喪之日　翳飡金春秋奉勅　而言用蘇判奉勅　卽違前事也　又　於近江宮治天下天皇崩時　遣一吉飡金薩儒等奉弔　而今以級飡奉弔　亦遣前事又　新羅元來奏云　我國　自日本遠皇祖代　並舳不干檝　奉仕之國　而今一艘　亦乖故典也　又奏云　自日本遠皇祖代　以清白心仕奉　而不惟竭忠宣揚本職　而傷清白　詐求幸媚　是故　調賦與別獻　並封以還之　然　自我國家遠皇祖代　廣慈汝等之德　不可絶之　故彌勤彌謹戰々兢々　修其職任奉遵法度者　天朝復廣慈耳　汝道那等　奉斯所勅　奉宣汝王
持統三年五月癸丑（干支の五〇番目）の日を朔（一日）とする甲戌（一一番目）の二二日、土師宿禰根麻呂に命じて、新羅の弔使である級飡（新羅の官位十七階の第九）・金道那らに詔して曰く、「先に太政官の卿らが勅をうけて告げたが、二年に田中朝臣法麻呂らを遣わし、大行天皇（天武天皇）

の喪を告げさせたとき、新羅が申したのは、『新羅が勅を承る人は、元来、蘇判（新羅の官位十七階の第三）の位のものとしており、今もそのようにしたいと思います』と言った。それで法麻呂らは、知らせる詔を渡せなかった。もし前例のことを言うなら、昔、難波宮治天下天皇（孝徳天皇）崩御の際、巨勢稲持らを遣わして喪を告げたとき、翳飡・金春秋（新羅の官位十七階の第二の人。後の武烈王）が勅を承った。それを蘇判の者が勅を承るというと、前のことと違っている。

また近江宮治天下天皇（天智天皇）崩御のとき、一吉飡・金薩儒（十七階の第七の人）らを遣わして、弔い祀らせた。今、級飡を弔使としたのは、以前のことに違っている。

また新羅は元から言っていたのは、『我が国は日本の遠い皇祖の代から、何艘もの舟を連ねて、柁を干すことなくお仕えする国です』と言った。しかし、今回は一艘だけで、また古い法と違っている。また、『日本の遠い先祖の時代から、清く明らかな心でお仕えしました』と申したが、忠誠心を尽くして、職務を立派に果たすことを考えようとしない。しかも清く明らかな心を傷つけ、偽りの心で諂へつらっている。それゆえ、このたびの調と献上物は、共に封印をして返還する。しかし、我が国が遠い先祖の御代から、広くお前達を慈しまれた徳も絶やしてはならぬ。いよいよ慎み畏んで、その職務に励み、古来の定めを守る者には、朝《みかど》は広く慈しみを賜わるであろう。道那たちはこの勅をよく承って、お前達の王に伝えるがよい」と言われた。

持統三年六月壬午朔賜衣裳筑紫大宰等～辛丑詔筑紫大宰粟田眞人朝臣等　賜學問僧明聰　觀智等　爲送新羅師友　綿各一百四十斤　乙巳　於筑紫小郡　設新羅弔使金道那等　賜物各有差　庚戌　班賜諸

司　令　一部廿二巻

持統三年（西暦六八九年）六月壬午（干支の一九番目）の朔（一日）に、衣裳を筑紫大宰等に賜《たま》わった。~辛丑（干支の三八番目）の日である二〇日に、筑紫大宰粟田眞人朝臣等に詔《みことのり》して、學問僧明聰、觀智等が新羅の師友に送（贈）るための綿を各《おのおの》に一四〇斤を賜《たま》わった。乙巳（干支の四二番目）の日である二四日に筑紫小郡（迎賓館）に於《お》いて新羅弔使・金道那等を設（接待）し、各《おのおの》の位階に応じて物を賜わった。庚戌（干支の四七番目）の二九日、中央の諸官司に令（飛鳥浄御原令）一部二二巻を、分け下し賜わった。

第十三章

続日本紀に記録された粟田真人

平城京正面写真／平城京斜め写真

粟田真人五七歳　藤原京

越智（斉明天皇陵）山科（天智天皇陵）二山陵營造について

文武天皇三年冬十月甲午～為欲營造越智山科二山陵也　十月辛丑遣～遣～浄廣肆大石王　直大貳粟田朝臣眞人　直廣參土師宿祢馬手　直廣肆小治田朝臣當麻　判官四人　主典二人　大工二人於山科山陵並分功修造焉

文武天皇三年（西暦六九九年）冬十月甲午（一三日）～越智と山科の二山陵を營造することを欲して、十月辛丑（二〇日）遣～浄廣肆・大石王、直大貳（従四位上相当）・粟田朝臣真人、直廣參（正五位下相当）・土師宿祢馬手、直廣肆（従五位下相当）・小治田朝臣當麻、判官四人、主典二人、大工二人を山科山陵（天智天皇陵）に遣《つかわ》し越智山陵（斉明天皇陵）と功を並分して修造させた。

粟田真人五八歳　藤原京

大宝律令撰定について

文武天皇四年六月甲午勅浄大參刑部親王　直廣壹藤原朝臣不比等　直大貳粟田朝臣眞人　直廣參下毛野朝臣古麻呂　直廣肆伊岐連博徳　直廣肆伊余部連馬養　勤大壹薩弘恪　勤廣參土部宿禰甥　勤大肆坂合部宿禰唐　務大壹白猪史骨　追大壹黃文連備　田邊史百枝　道君首名　狭井宿禰尺麻呂　鍛造大角　進大壹額田部連林　進大貳田邊史首名　山口伊美伎大麻呂　直廣肆調伊美伎老人等　撰定律令賜祿各有差

文武天皇四年（西暦七〇〇年）六月甲午（一七日）、浄大參（正五位上相当）・刑部親王、直廣壹（正四位下相当）・藤原朝臣不比等、直大貳（従四位上相当）・粟田朝臣真人、直廣參（正五位下相当）・下毛野朝臣古麻呂、直廣肆（従五位下相当）・伊岐連博徳、同・伊余部連馬養、勤大壹（正六位上相当）・薩弘恪、勤廣參（従六位上相当）・土部宿禰甥、勤大肆（従六位下相当）・坂合部宿禰唐、務大壹（正七位上相当）・白猪史骨、追大壹（正八位上相当）・黄文連備、同・田邊史百枝、同・道君首名、同・狭井宿禰尺麻呂、同・鍜造大角、進大壹（大初位上相当）・額田部連林、進大貳（大初位下相当）・田邊史首名、同・山口伊美伎大麻呂、直広肆（従五位下相当）・調伊美伎老人らに勅を下して律令を撰定させた。各《おのおの》の位階に応じて祿を賜《たま》わった。

粟田真人五九歳

遣唐執節使について　藤原京

文武天皇大宝元年正月丁酉　以民部尚書直大貳粟田朝臣眞人　為左大辨直廣參高橋朝臣笠間為大使右兵衛率直廣肆坂合部宿禰大分為副使　參河守務大肆許勢朝臣祖父為大位　刑部判事進大壹鴨朝臣吉備麻呂為中位　山代國相樂郡令追廣肆掃守宿禰阿賀流為小位　進大參錦部連麻呂為大録　進大肆白猪史阿麻留　无位山於億良為少録～

文武天皇大宝元年（西暦七〇一年）正月丁酉（二三日）、民部尚書・直大貳（従四位上相当）・粟田朝臣真人を遣唐執節使に任命し、左大辨直廣參（正五位下相当）・高橋朝臣笠間を遣唐大使、右兵衛率・直廣肆（従五位下相当）・坂合部宿禰大分を副使に、參河守・務大肆（従七位上相当）・許勢朝臣祖父を大位、刑部判事・進大壹（大初位上相当）・鴨朝臣吉備麻呂を中位に、山代國相樂郡令・追廣肆

（従八位下相当）・掃守宿禰阿賀流を小位に、進大參（少初位上相当）・錦部連道麻呂を大録、進大肆（少初位下相当）の白猪史阿麻留、無位の山於億良を少録とした。

同大宝元年夏四月癸丑（一〇日）遣唐大通事大津の造廣人に垂水の君の姓を賜う。乙卯（一二日）遣唐使等が拝朝した。

夏四月癸丑　遣唐大通事大津造廣人　垂水君姓賜　乙卯遣唐使等拝朝

同大宝元年五月己卯（七日）に、入唐使・粟田朝臣真人に節刀を授けた。

五月　己卯　入唐使粟田朝臣眞人授節刀

（位階は株式会社平凡社初版による）

浄大參（正五位上相当）、直廣壹（正四位下相当）、直大貳（従四位上相当）、直廣參（正五位下相当）、直廣肆（従五位下相当）、勤大壹（正六位上相当）、勤廣參（従六位上相当）、勤大肆（従六位下相当）、務大壹（正七位上相当）、追大壹（正八位上相当）、進大壹（大初位上相当）、進大貳（大初位下相当）。

大宝律令の完成について

文武天皇大宝元年八月癸卯　遣三品刑部親王　正三位藤原朝臣不比等　従四位下下毛野朝臣古麻呂

従五位下伊岐連博徳　伊余部連馬養等　撰定律令於是始成　略以浄御原朝廷　為准正　賜祿有差

文武天皇大宝元年（西暦七〇一）八月癸卯（三日）、三品・刑部親王、正三位・藤原朝臣不比等、従四位下・下毛野朝臣古麻呂、従五位下・伊岐連博徳、同・伊余部連馬養等らに大宝律令を撰定させていたが、この日に完成した。略（概略）浄御原朝廷の制度を以って准正と為した（準拠した）。各《おのおの》の位階に応じて祿を賜《たま》わった。
（粟田真人は入唐使として大宝律令編纂の任から離れていたので記載されていない。）

粟田真人六〇歳　藤原京

文武天皇大宝二年二月戊戌朔　始頒新律於天下

文武天皇大宝二年（西暦七〇二年）二月戊戌朔（一日）、大宝律を初めて天下に頒布した。

文武天皇大宝二年五月　丁亥勅従三位大伴宿禰安麻呂　正四位下粟田朝臣眞人　従四位上高向朝臣麻呂　従四位下下毛野朝臣古麻呂　小野朝臣毛野　令參議朝政

同大宝二年（西暦七〇二年）五月丁亥（二一日）、従三位大伴宿禰安麻呂、正四位下粟田朝臣真人、従四位上高向朝臣麻呂、従四位下下毛野朝臣古麻呂　小野朝臣毛野に勅して朝廷の政治に参議させた。

遣唐使について　藤原京

文武天皇大宝二年六月乙丑　遣唐使等去年従筑紫而入海　風浪暴険不得渡海　至是乃發

文武天皇大宝二年（西暦七〇二年）六月乙丑（二九日）、遣唐使ら再出発。去年筑紫から海に入ったが風浪が激しく渡海できず、ここに至って出発した。

文武天皇慶雲元年秋七月甲申朔　正四位下粟田朝臣眞人自唐國至　初至唐時　有人來問曰　何處使人
問曰　日本國使　我使反問曰　此是何州界　曰　是大周楚州塩城懸界也　更問　先是大唐　今稱大周
國号縁何改稱　曰　永淳二年　天皇太帝崩　皇太后登位　稱号聖神皇帝　國号大周

文武天皇慶雲元年（西暦七〇四年）秋七月甲申朔（一日）に、正四位下・粟田朝臣真人が唐から帰国。初め唐に着いた時、ある人（役人）がやってきて「何処からの使者か」と尋かれた。真人は「日本国の使者である」と応答し、逆に「ここは何州の管内か」と問うと、役人は「大周の楚州塩城県である」と答えた。真人が更に尋ねて「以前は大唐であったのに、いま大周という国号にどうして変わったのか」と尋ねると、「永淳二年（西暦六八三年）に天皇太帝（唐第三代皇帝高宗）が崩御し、皇太后（武則天）が登極（即位）し、称号を聖神皇帝といい、国号を大周に改めた。」と答えた。

問略了　唐人謂我使曰　亟聞　海東有大倭國　謂之君子國　人民豊樂　禮義敦行　今看使人　儀容大浄　豈不信乎語畢而去

問答が終わって、唐の役人が「しばしば聞いたことがあるが、海の東に大倭国があり、君子国といい、人民は豊かで楽しんでおり、礼儀もよく行われているという。今、真人ら使者をみると、身じまいも大へん浄《きよ》らかである。本当に聞いていた通りである。」と述べた。

粟田真人六二歳　藤原京

文武天皇慶雲元年冬十月辛酉　粟田朝臣眞人等拝朝

文武天皇慶雲元年（西暦七〇四年）冬一〇月辛酉（九日）遣唐使の粟田朝臣真人らが天皇に帰朝の挨拶をした。

文武天皇慶雲元年十一月丙申～賜正四位下粟田朝臣眞人　大倭國田廿町穀一千斛　以奉使絶域也

文武天皇慶雲元年（西暦七〇四年）一一月丙申（一四日）正四位下・粟田朝臣真人に遣唐使の褒美として大和国の田地二〇町と米一〇〇〇石を与えた。

文武天皇慶雲四年五月～癸亥　讃岐國那賀郡錦部刀良　陸奥國信太郡生王五百足　筑後國山門郡許勢部形見等　各賜衣襲及監穀　初救百濟也　官軍不利　刀良等被唐兵虜　沒作官戸歴卅餘年乃免　刀良至是遇我使粟田朝臣眞人等　隨而歸朝　憐其勤苦　有此賜也

文武天皇慶雲四年（西暦七〇七年）五月～癸亥（二六日）讃岐國那賀郡の錦部刀良、陸奥國信太郡の生王五百足、筑後國山門郡の許勢部形見等に各《おのおの》に衣一襲《ひとかさね》（一式揃った衣服）及び監穀（朝廷が管理している穀物）を賜う。初《はじ》め百濟を救う也。官軍に利《り》不《あら》ず、刀良等は唐兵の虜と被《な》り、官戸（唐の官に所属する賤民）の沒（落）と作《さ》れ、卅餘年（三〇有余年）て免（許）された、是に至って刀良は我使・粟田朝臣眞人等の我使（遣唐使）に遇《あ》って、隨って歸朝した。其の勤苦を憐んで、此に賜有る也。

帰国後の事績

粟田真人六三歳　藤原京

文武天皇慶雲二年夏四月～辛未　天皇御大極殿　以正四位下粟田朝臣眞人　高向朝臣麻呂　從四位上阿倍朝臣宿祢奈麻呂三人　為中納言

文武天皇慶雲二年（西暦七〇五年）夏四月辛未（二二日）、天皇は大極殿に出御して、正四位下の粟田朝臣真人ら三人（正四位下・高向朝臣麻呂、従四位上・阿倍朝臣宿奈麻呂）を中納言に任じた。

文武天皇慶雲二年八月戊午　唐使粟田朝臣眞人從三位　其使下人等　進位賜物各有差

文武天皇慶雲二年（西暦七〇五年）八月戊午（一一日）、遣唐使の粟田朝臣真人に従三位を、その他遣唐使者の地位を上げ、物品を与えた。
粟田真人六四歳　藤原京
文武天皇慶雲三年二月丙申　授船号佐伯従五位　入唐執節使従三位粟田朝臣眞人之所乗者也
文武天皇慶雲三年（西暦七〇六年）二月丙申（二二日）入唐執節使従三位粟田真人が乗船した佐伯という名の船に従五位下を授けた。
粟田真人六五歳　藤原京
文武天皇慶雲四年六月辛巳　天皇崩
文武天皇慶雲四年（西暦七〇七年）六月辛巳（一五日）文武天皇が崩御された。
慶雲四年秋七月壬子　天皇即位於大極殿
慶雲四年（西暦七〇七年）秋七月壬子（一七日）、（元明）天皇が大極殿に於いて即位された。
和銅元年春正月乙巳　武藏國秩父郡獻和銅～故改慶雲五年而和銅元年
慶雲五年正月乙巳（一一日）武蔵国秩父郡が和銅（自然銅）を献じた瑞宝によって改号し和銅元年とした。
元明天皇和銅元年三月丙午　従三位粟田朝臣眞人為大宰帥
元明天皇和銅元年（西暦七〇八年）三月丙午（一三日）従三位の粟田朝臣真人を大宰帥《だざいのそち》に任じた。
粟田真人六八歳　平城京
元明天皇和銅三年辛酉　始遷都于平城

元明天皇和銅三年（西暦七一〇年）三月辛酉（一〇日）始めて平城に都を遷した。
粟田真人七三歳　平城京
和銅八年夏四月丙子　詔叙成選人等位　授従三位粟田麻臣眞人正三位
元明天皇和銅八年（西暦七一五年）四月丙子（二五日）従三位の粟田朝臣真人に正三位を授けた。
粟田真人七七歳　平城京
元正天皇養老三年二月甲子　正三位粟田朝臣眞人薨
元正天皇養老三年（西暦七一九年）二月甲子（五日）正三位粟田朝臣真人が薨じた。

参考資料

一　海東諸国紀《かいとうしょこくき》に記録された改元の記録

李氏朝鮮・領議政（宰相）申叔舟《しんしゅくしゅう》が、李氏朝鮮第四代国王・世宗二五年（西暦一四四三年）に朝鮮通信使書状官として日本（後花園天皇、室町幕府第七代将軍・足利義勝の時）に派遣された後、その国力を調査し記録したもので、李氏朝鮮第九代国王・成宗二五年（西暦一四七一年）に成宗の命を受けて刊行された李氏朝鮮の公的史書。

（序文抜粋）

窃観国於東海之中者非一　而日本最久且大　其地始於黒龍江之北　至于我済州之南　与琉球相接其勢甚長厥　初処処保聚各自為国　周平王四十八年其始祖狭野起兵誅討始置州郡

窃《ひそか》に（日本）国を観るに東海の中にあり一つではない（いくつかの島もしくはいくつかの州にわかれている）。日本は最も久しく、其つ大なり。其の地は黒龍江の北に始まり、我が済州の南に至り、琉球と相接し、其の勢甚だ長く厥《まが》る（日本列島は長く曲がっている）。その初は、処処に衆を保ち、おのおの自ら国をつくる。周の平王四八年、其の始祖の狭野《さの》（神武天皇）は兵を起こして誅討し、初めて州郡を置く。

大臣各占分治　猶中国之封建不甚統属　習性強　精於剣槊慣　於舟楫与我隔海相望　撫之得其道則

朝聘以礼　失其道則輒肆剽窃

大臣おのおの占めて分治（分割統治）するも、中国の封建のごとくは統属（統制の下に属すること）は甚しくない。習性は強悍にして剣槊《けんさく》（剣とほこ。武術）に精（すぐれている）なり。舟と楫《かじ》に慣れ、我れと海を隔てて相望む。之を撫《ぶ》する（おさえる）に其の道を得ば、則ち朝鮮は礼を似てし、其の道を失えば、則ち輒《たちま》ち肆《し》（ほしいまま）に剽窃《ひょうせつ》（かすめとり盗む）せん。

天皇の記録は日本国紀に記載され、次に鎌倉幕府、室町幕府の将軍が国王として記録されている。

（日本国紀）

人皇始祖神武天皇名狭野　地神末主　彦瀲尊第四予　母玉依姫［俗称海神女］　以庚午歳生［周幽王十一年也］四十九年戊午入大倭州尽除中洲賊衆　五十二年辛酉正月庚申　始号天皇　百十年巳未定国都　在位七十六年寿百二十七

人皇の始祖である神武天皇、名は狭野《さの》。地神（地神五代《じしんごだい》日本の神話で、天上の神の世である天神七代に続き、地上の神の世である五代のこと。天照大神、天忍穂耳尊《あめのおしほみみのみこと》、瓊瓊杵尊《ににぎのみこと》、彦火火出見尊《ひこほほでみのみこと》、鸕鶿草葺不合尊《うがやふきあえずのみこと》の五代の称。）の末主である彦瀲尊《ひこなぎさのみこと》の第四予（子）で母は玉依姫《たまよりひめ》、俗称海神女、庚午（干支の七番目）の歳に生まれた。周の幽王の一一年也り。四九年戊午（干支の五五番目）の年に、大倭州に入り中洲の賊衆を尽《ことごと》く除いた。五十二年辛酉（干支の五八番目）の年（皇紀元年、紀元前六六〇年）の一月庚申（干支の五七番目）の日に始めて天皇と号した。一一〇年巳未（干支の五六番目）の年に国の都を定めた。在位七六年。寿一二七。

（中略）

孝霊天皇孝安太子　元年辛未　七十二年壬午　泰始皇遣徐福入海　求仙福　遂至紀伊州居焉　在位七十六年寿百十五

第七代孝霊天皇は孝安天皇の太子なり。元年は辛未（干支の八番目）の年。七十二年壬午（干支の一九番目）の年に、秦の始皇帝が徐福を遣わし、海に入り仙福（不老不死の薬）を求めしむ。遂に紀伊州に至りて居す。在位七六年。寿一一五。

（中略）

崇神天皇開化第二子　元年甲申　始鋳璽剣　開近江州大湖　六年己丑始祭天照大神［天照大神　地神始主　俗称日神　至今四方共祭之］七年庚寅始定天社国社神戸　十四年丁酉伊豆国献船　十七年庚子始令諸国造船　在位六十八年寿百二十　是時熊野権現神始現　徐福死而為神　国人至今祭之

第一〇代崇神天皇は開化天皇の第二子なり。元年は甲申（干支の二一番目）。始めて璽剣を鋳す。近江州に大湖を開く。

六年己丑（干支の二六番目）の年に、始めて天照大神を祭る。［天照大神は地神の始主なり。俗に日神と称す。今に至るまで四方共に之を祭る。］

七年庚寅（干支の二七番目）の年に、始めて天社《あまつやしろ》・国社《くにつやしろ》・（神地《かむどころ》）神戸《かんべ》を定む。

（日本書紀より～即位五年、国内には疫病が多く、民の死亡者は、半数以上に及ぶほどであった。六年、百姓の流離する者、或いは反逆する者あり、その勢いは徳を以て治めようとしても難しかった。七年春二月一五日、詔して「昔、我が皇祖が大業を開き、その後歴代の御徳は高く王風は盛んであった。ところが思いがけず、今我が世になってしばしば災害にあった。朝廷に善政なく、神が咎《とが》を与えておられるのではないかと恐れる。占によって災いの起こるわけを究めよう」と言われた。「よく大物主《おおものぬし》神《かみ》を敬い祀れば、きっと自然に安定するだろう。」との神のお告げを得て、教えのままにお祀りしたけれども、なお、験しるしが現れなかった。天皇はそこで斎戒沐浴《さいかいもくよく》して、殿内を浄めてお祈りし、さらに確かめたところ、「八十万の神々を祭るとよい」とのことだった。天皇は天皇家の神々の社である天社、地方の神々の社を国社として社格をきめたうえでまつり、神の領地と神に奉仕する神戸（神社の祭祀を維持するために神社に付属した民戸）を定めた。神社の経済的な安定を確保することによって神をなぐさめようとした。疫病は静まり、五穀もみのって百姓も安堵して暮らすようになった。）

十四年丁酉（干支の三四番目）の年に、伊豆国船を献ず。十七年庚子（干支の三七番目）の年に、始めて諸国に令して船を造らしむ。在位六十八年。寿一二〇。是の時、熊野権現神始めて現る。徐福死して神と為り、国人今に至るまで之を祭る。

（中略）

継体天皇応神五世孫　名彦主人元年丁亥　十六年壬寅始建年号為善化　五年丙午改元正和　六年辛亥改元発倒　二月歿在位二十五年寿八十二

第二六代継体天皇は、応神天皇の五世孫、名を彦主人《ひこうし》という、元年は丁亥（干支の二四番目）、壬寅（干支の三九番目）の年である一六年に始めて年号を建て「善化」と為す。五年後の丙午（干支の四三番目）の年に「正和」と改元、六年後の辛亥（干支の四八番目）の年に改元「発倒」と改元、この年の二月に没した。在位二五年。寿八二。（元号は、「善化」「正和」「発倒」の三つ。）

安閑天皇継体第二子　自継体歿後二年無主　至是即位元年甲寅［用発倒］在位二年寿七十

第二七代安閑天皇は、継体天皇の第二子である。継体天皇没後自《よ》り後二年間天皇不在であったので、是に至り即位。甲寅（干支の五一番目）の年が元年。元号は、継体天皇の「発倒」を用いる。在位二年。寿七〇。（元号は、継体天皇の最後の元号「発倒」を継続して使用。）

宣化天皇継体第三子　安閑同母弟　元年丙辰改元僧聴　在位四年寿七十三

第二八代宣化天皇は、継体天皇の第三子である。安閑天皇の同母弟である。丙辰（干支の五三番目）の年が元年。「僧聴」と改元。在位四年寿七三。（元号は「僧聴」の一つ。）

欽明天皇継体長子［一云宣化長子］　元年庚申　明年辛酉改元同要　始為文字　十二年壬申改元貴楽仏教始来　三年甲戌改元結清　百済送五経博士医博士　五年戊寅改元兄弟　二年己卯改元蔵和　六年甲申改元師安　二年乙酉改元和僧　六年庚寅改元金光　在位三十二年寿五十

第二九代欽明天皇は、継体天皇の長子である。宣化天皇の長子とも云う。庚申（干支の五七番目）の年が元年。明くる年の辛酉（干支の五八番目）に「同要」と改元。始めて文字を為す。同要一二年の壬申（干支の九番目）の年に「貴楽」と改元、仏教が始めて来たる。貴楽三年の甲戌（干支の一一番目）の年に「結清」と改元、百済が五経博士と医博士送ってくる。結清五年の戊寅（干支の一五番目）の年に「兄弟」と改元。兄弟二年の己卯（干支の一六番目）の年に「蔵和」と改元。蔵和六年の甲申（干支の二一番目）の年に「師安」と改元。師安二年の乙酉（干支の二二番目）の年に「和僧」と改元。和僧六年の庚寅（干支の二七番目）の年に「金光」と改元。在位三二年。寿五〇。（元号は、「同要」「貴楽」「結清」「兄弟」「蔵和」「師安」「和僧」「金光」の八つ。）

敏達天皇欽明第二子元年壬辰［用金光］　五年丙申改元賢接　三年戊戌以六斎日披覧経論殺其太子　六年辛丑改元鏡当　三年癸卯新羅来伐西鄙四年甲辰大臣守屋以仏法不利奏壊仏教僧尼皆復俗　五年乙巳改元勝照　在位十四年寿五十

　第三〇代敏達天皇は、欽明天皇の第二子である。壬辰（干支の二九番目）の年が元年。元号は、欽明天皇「金光」を継続して使用。金光五年の丙申（干支の三三番目）の年に「賢接」と改元。賢接三年の戊戌（干支の三五番目）の年の六斎日に経論（仏教の経蔵と論蔵）を披覧（ひらいて見る）を以て、其の太子を殺した。賢接六年の辛丑（干支の三八番目）の年に「鏡当」と改元。鏡当三年の癸卯（干支の四〇番目）の年に新羅が渡来して西の鄙（地方）を伐った。鏡当四年の甲辰（干支の四一番目）の年に、大臣である（物部）守屋が仏法が利益にならないことを以て奏上して仏教を壊し、僧と尼僧を皆還俗させた。鏡当五年の乙巳（干支の四二番目）の年に「勝照」と改元。在位一四年。寿五〇。（元号は、欽明天皇「金光」を継続使用と「賢接」「鏡当」「勝照」。）

用明天皇欽明第四子［或云第十四子］　元年丙午［用勝照］二年丁未聖徳太子蘇我大臣馬子等領兵討守屋［聖徳敏達孫用明之子］在位二年寿五十

　第三一代用明天皇は、欽明天皇の第四子。或いは、第一四子と云う。元年は丙午（干支の四三番目）

の年。元号は、欽明天皇の「勝照」を継続して使用。勝照二年の丁未（干支の四四番目）の年に、聖徳太子と蘇我大臣馬子等が兵を領（押さえ）して（物部）守屋を討つ。聖徳太子は敏達天皇の孫にして用明の子である。在位二年。寿五〇。（元号は、欽明天皇の「勝照」を継続使用。）

崇峻天皇欽明第五子［或云第十五子］　元年戊申明年己酉改元端政　在位五年寿七十二

第三二代崇峻天皇は、欽明天皇の第五子である。或いは第一五子とも云う。元年は、戊申（干支の四五番目）の年。明くる年の己酉（干支の四六番目）の年に「端政」と改元。在位五年。寿七二。（元号は、「端政」の一つ。）

椎古天皇欽明女幼名額田部　敏達納為后　元年癸丑明年甲寅改元従貴　百済僧観勒来進暦本天文地理等書八年辛酉改元煩転二年壬戌始用暦四年甲子始賜諸臣冠聖徳太子制十七条法五年乙丑改元光元七年辛未改元定居三年癸酉大職冠生于大和州高市郡八年戊寅改元倭京三年庚辰聖徳太子卒六年癸未改元仁王二年甲申陰陽書始来初立僧正僧都是時国中寺四十六僧八百十六尼五百六十九在位三十六年寿七十三

第三三代椎古天皇は、欽明天皇の女（皇女）であり、幼名は額田部。敏達天皇に納《い》れて后と為る。元年は、癸丑（干支の五〇番目）の年。明くる年の甲寅（干支の五一番目）の年に「従貴」と改元。百済の僧・観勒、来たりて暦本・天文・地理等の書を進呈した。従貴八年の辛酉（干支の五八番目）の年に「煩転」と改元。煩転二年の壬戌（干支の五九番目）の年に始めて暦を用いた。煩転四年の甲子（干支の一番目）の年に始めて諸臣に冠を賜い、聖徳太子が十七条の（憲）法を制定した。煩転五年の乙丑（干支の二番目）の年に「光元」と改元。光元七年の辛未（干支の八番目）の年に「定居」と改元。定居三年の癸酉（干支の一〇番目）の年に大和州の高市郡で大職冠を始めて作った。定居八年の戊寅（干支の一五番目）の年に「倭京」と改元。倭京三年の庚辰（干支の一七番目）の年に聖徳太子が卒した。倭京六年の癸未（干支の二〇番目）の年に「仁王」と改元。仁王二年の甲申（干支の二一番目）の年に陰陽の書が始めて来たる。初めて僧正と僧都を立てた。是の時、国中の寺は四十六。僧は八一六人。尼は五六九人。在位三十六年。寿七三。（元号は、「従貴」「煩転」「光元」「定居」「倭京」「仁王」の五つ。）

舒明天皇敏達孫名田村　元年己丑改元聖徳　六年甲午八月彗星見　七年乙未改元僧要　三月彗星見

二年丙申大旱　六年庚子改元命長　在位十三年寿四十五

第三四代舒明天皇は敏達天皇の孫で名は田村。元年の己丑（干支の二六番目）の年に「聖徳」と改元。聖徳六年の甲午（干支の三一番目）の年八月に彗星が見えた。聖徳七年の乙未（干支の三二番目）の年に「僧要」と改元。三月に彗星が見えた。僧要二年の丙申（干支の三三番目）の年は大旱《おおひでり》。僧要六年の庚子（干支の三七番目）の年に「命長」と改元。在位一三年。寿四五。（元号は、「聖徳」「僧要」「命長」の三つ。）

皇極天皇敏達曾孫女　舒明納為后　元年壬寅［用命長］在位三年

第三五代皇極天皇は、敏達天皇の曾孫の女（皇女）であり、舒明天皇に納《い》れて后と為る。元年は壬寅（干支の三九番目）の年。舒明天皇の「命長」を継続して使用。在位三年。（元号は、舒明天皇の「命長」を継続使用。）

孝徳天皇皇極同母弟　元年乙巳［用命長］　三年丁未改元常色　三年己酉初置八省百官及十禅師寺　六年壬子改元白雉　在位十年寿三十九

第三六代孝徳天皇は、皇極天皇の同母弟。元年は乙巳（干支の四二番目）の年。舒明天皇の「命長」を継続して使用。命長三年の丁未（干支の四四番目）の年に「常色」と改元。常色三年の己酉（干支の四六番目）の年に八省百官及十禅師寺を初めて置いた。六年の壬子（干支の四九番目）の年に「白雉」と改元。在位一〇年。寿三九。（元号は、舒明天皇の「命長」を継続使用、と「常色」「白雉」。）

斉明天皇［皇極復位］　元年乙卯［用白雉］　六年庚申始造漏刻　七年辛酉改元白鳳　遷都近江州　在位七年寿六十八

第三七代斉明天皇は、第三五代皇極天皇が復位した。元年は乙卯（干支の五二番目）の年。元号は、孝徳天皇の「白雉」を継続して使用。白雉六年の庚申（干支の五七番目）の年に、始めて漏刻を造る。白雉七年の辛酉（干支の五八番目）の年に「白鳳」と改元。近江州に遷都。在位七年。寿六八。（元号は、孝徳天皇の「白雉」継続使用と「白鳳」。）

天智天皇舒明太子母皇極　名葛城元年壬戌［用白鳳］　七年戊辰始任太宰師　八年己巳以大職冠為内大臣賜姓藤原　藤姓始此　大職冠尋死以大友皇子［天智子］為大政大臣皇子任　大政大臣始此初置大納言三人在位十年

第三八代天智天皇は、第三四代舒明天皇の（皇）太子。母は皇極天皇。名は葛城。元年は壬戌（干支の五九番目）の年。元号は、斉明天皇の「白鳳」を継続して使用。白鳳七年の戊辰（干支の五番目）

の年に始めて太宰師を任（命）した。白鳳八年の己巳（干支の六番目）の年に、大職冠を以て内大臣に為し、藤原の姓を賜う。藤姓は此に始まる。大職冠が尋死（自殺）した。大友皇子（天智天皇の子）を以て大政大臣と為す。皇子を大政大臣に任じるのは此に始まる。初めて大納言三人を置いた。在位一〇年。（元号は、斉明天皇の「白鳳」を継続使用。）（大友皇子は明治三年（西暦一八七〇年）になって漢風謚号・弘文を贈られ第三九代・弘文天皇とされている。）

天武天皇舒明第二子天智同母弟　名大海人　元年壬申［用白鳳］　天智七年天武為太子天智将禅位天武辞避出家隠吉野山天智歿太友皇子謀簒欲攻吉野天武将濃張二州兵入京城討之遂即位　二年癸酉初置大中納言六年丁丑始作詩賦　十一年壬午始作冠令国中男子皆束髪女子皆被髪　十二年癸未造車停銀銭用銅銭十三年甲申改元朱雀　三年丙戌改元朱鳥彗星見　在位十五年

第四〇代天武天皇は、第三四代舒明天皇の第二子。天智天皇の同母弟。名は大海人。元年は壬申（干支の九番目）の年。元号は、斉明天皇の「白鳳」を継続して使用。天智天皇の七年に天武を太子と為す。天智天皇が将に禅位（譲位）しようとした時に、天武は辞（退）して避け、出家して吉野山に隠れ住んだ。天智天皇が没した。太友皇子が皇位の簒奪を謀って吉野を攻めんと欲した時、天武は将に濃（尾）・（尾）張二州の兵を京城に入れ之を討ち、遂に即位した。二年の癸酉（干支の一〇番目）の年に初めて大・中納言を置いた。六年の丁丑（干支の一四番目）の年に詩と賦を始めて作った。一一年の壬午（干支の一九番目）の年に冠を始めて作った。国中の男子は皆束髪し女子は皆被髪するよう命じた。一二年の癸未（干支の二〇番目）に始めて車を造り、銀銭を停めて銅銭を用いた。一三年の甲申（干支の二一番目。）の年に「朱雀」と改元。朱雀三年の丙戌（干支の二三番目）の年に「朱鳥」と改元。彗星が見えた。在位一五年。（元号は、斉明天皇の「白鳳」を継続して使用と「朱雀」「朱鳥」。）

持統天皇天智第二女　天武納為后　元年丁亥［用朱鳥］　七年癸巳定町段中人平歩両足相距為一歩方六十五歩為一段十段為一町　九年乙未改元大和　三年丁酉八月禅位于文武　在位十年

　第四一代持統天皇は、天智天皇の第二女（皇女）であり、天武天皇に納《い》れて后と為る。元年は丁亥（干支の二四番目）の年。元号は、天武天皇の「朱鳥」を継続して使用。朱鳥七年の癸巳（干支の三〇番目）の年に町段（土地面積を示すのに用いる単位名）を定めた。中人（体格が普通の人）が平歩（普通にゆっくり歩く）こと）して両足が相距たる距離を一歩と為し、一辺六五歩の方（四角）を一段と為し、一〇段を一町と為した。朱鳥九年の乙未（干支の三二番目）の年に「大和」と改元。大和三年の丁酉（干支の三四番目）の年の八月に文武天皇に禅位（譲位）。在位一〇年。（元号は、天武天皇の「朱鳥」を継続使用と「大和」。）

文武天皇天武孫母元明　元年丁酉　明年戊戌改元大長　定律令　四年辛丑改元大宝　三年癸卯初置参議立東西市四年甲辰改元慶雲三年丙午初定封戸造斗升在位十一年寿二十五

　第四二代文武天皇は、天武天皇の孫、母は第四三代元明天皇。元年は丁酉（干支の三四番目）の年。明くる年の戊戌（干支の三五番目）の年に「大長」と改元。律令を定めた。大長四年の辛丑（干支の三八番目）の年に「大宝」と改元。大宝三年の癸卯（干支の四〇番目の年に）初めて参議を置き東西に市を立てた。大宝四年の甲辰（干支の四一番目）「慶雲」と改元。慶雲三年の丙午（干支の四三番目）の年に初めて封戸を定め斗升を造った。在位一一年。寿二五。（元号は、「大長」「大宝」「慶雲」の三つ。）

元明天皇天智第四女　適天武之子草壁太子　生文武　元年戊申改元和同　四年辛亥始織錦綾　五年壬子初置出雲州　六年癸丑初置丹後美作日向大隅等州　七年甲寅始定京城条里坊門　八年乙卯改元霊亀九月禅位于元正　在位八年寿四十八

第四三代元明天皇は、天智天皇の第四女（皇女）。第四〇代天武天皇の子である草壁太子に適《とつぐ》。文武天皇を生む。元年の戊申（干支の四五番目）の年に「和同」と改元。和同四年の辛亥（干支の四八番目）の年に始めて錦と綾を織る。和同五年の壬子（干支の四九番目）の年に初めて出雲州を置いた。和同六年の癸丑（干支の五〇番目）の年に初めて丹後・美作・日向・大隅等の州を置く。和同七年の甲寅（干支の五一番目）の年に始めて京城の条里・坊門を定めた。和同八年の乙卯（干支の五二番目）の年に「霊亀」と改元。九月に元正天皇に禅位（譲位）。在位八年。寿四八。（元号は、「和同」「霊亀」の三つ。）

（中略）

称光天皇小松太子名実仁元年壬辰［用応永］三十五年戊申改元正長七月殂在位十七年寿二十九

第一〇一代称光天皇は、第一〇〇代小松天皇の（皇）太子で、名は実仁《みひと》。元年は壬辰（干支の二九番目）の年。元号は小松天皇の「応永」を使用。応永三五年の戊申（干支の四五番目）の年に「正長」

と改元。七月に没した。在位一七年。寿二九。
当今天皇崇光曾孫名彦仁元年戊申明年己酉改元永享十三年辛酉改元嘉吉四年甲子改元文安六年己巳改元宝徳四年壬申改元享徳四年乙亥改元康正三年丁丑改元長禄四年庚辰改元寛正七年丙戌改元文正二年丁亥改元応仁三年己丑改元文明至今辛卯為三年

当今天皇（第一〇二代後花園天皇）は、崇光天皇（北朝第三代天皇）の曾孫。名は彦仁。元年は戊申（干支の四五番目）の年。明くる年の己酉（干支の四六番目）の年に「永享」と改元。永享一三年辛酉（干支の五八番目）の年に「嘉吉」と改元。嘉吉四年の甲子（干支の一番目）の年に「文安」と改元。文安六年己巳（干支の六番目）の年に「宝徳」と改元。宝徳四年壬申（干支の九番目）の年に「享徳」と改元。享徳四年乙亥（干支の一二番目）の年に「康正」と改元。康正三年丁丑（干支の一四番目）の年に「長禄」と改元。長禄四年庚辰（干支の一七番目）の年に「寛正」と改元。寛正七年丙戌（干支の二三番目）の年に「文正」と改元。文正二年丁亥（干支の二四番目）の年に「応仁」と改元。応仁三年己丑（干支の二六番目）の年に「文明」と改元。今辛卯（干支の二八番目）に至り三年と為る。

次いで、幕府の将軍が国王代序（順序に従って代わること）の条に記述されている。

国王姓源氏［第五十六代清和天皇十八年丙申（干支の三三番目）の年に第六皇子・貞純親王に姓「源」を賜い源氏の始となる。此即唐僖宗乾符三年也］後白河天皇保元三年戊寅征夷大将軍源頼朝主鎌倉（以下略）

国王の姓は源氏。第五六代清和天皇一八年の丙申（干支の三三番目）の年に第六皇子・貞純親王が姓・源を賜る。源氏が此に始まる。即ち唐・僖宗の乾符三年（西暦八七六年）也。後白河天皇の保元三年戊寅（干支の一五番目）の年に鎌倉を主とする源頼朝を征夷大将軍とした。（以下等持殿仁山（足利尊氏）～足利義政が現在の国王であると記載されているが、略する。）

以下、日本の国俗、日本までの道路里数、日本の八道六六州、琉球国紀等が正確に記述されている。

（改元・元号の記録）

海東諸国紀では、継体天皇から文武天皇までの間に、三三回改元されている。

日本書紀では元号の始まりは孝徳天皇の「大化」、次いで「白雉」。斉明天皇時代は中断。天武天皇一五年に「朱鳥」と建号元。持統天皇時代は中断。文武天皇五年に「大宝」と建号し、その後は途絶えることなく現在まで連綿と続いている。

継体天皇の元号は、「善化」「正和」「発倒」の三つ。

第二七代安閑天皇の元号は、継体天皇の最後の元号「発倒」を継続使用。

第二八代宣化天皇の元号は「僧聴」の一つ。

第二九代欽明天皇の元号は、「同要」「貴楽」「結清」「兄弟」「蔵和」「師安」「和僧」「金光」の八つ。

第三〇代敏達天皇の元号は、欽明天皇の「金光」を継続使用と「賢接」「鏡当」「勝照」。

第三一代用明天皇の元号は、欽明天皇の「勝照」を継続使用。

第三二代崇峻天皇の元号は、「端政」の一つ。

第三三代推古天皇の元号は、「従貴」「煩転」「光元」「定居」「倭京」「仁王」の五つ。

第三四代舒明天皇の元号は、「聖徳」「僧要」「命長」の三つ。

第三五代皇極天皇の元号は、舒明天皇の「命長」を継続使用。

第三六代孝徳天皇の元号は、舒明天皇の「命長」を継続使用、と「常色」「白雉」。

第三七代斉明天皇の元号は、孝徳天皇の「白雉」の継続使用と「白鳳」。

第三八代天智天皇の元号は、斉明天皇の「白鳳」を継続使用。

第四〇代天武天皇の元号は、斉明天皇の「白鳳」を継続使用と「朱雀」「朱鳥」。

第四一代持統天皇の元号は、天武天皇の「朱鳥」を継続使用と「大和」。

第四二代文武天皇の元号は、「大長」「大宝」「慶雲」の三つ。


日本書紀に記録されていない元号を以て、旧倭国時代の九州王朝の年号であるとする説がある。海東諸国紀を記録した李氏朝鮮の議政（宰相）で碩学の申叔舟が李氏朝鮮の公式通信使書状官として来日し、その後日本を研究し、第九代国王・成宗二五年（西暦一四七一年）に成宗の命を受けて刊行されており、日本の朝廷にもこれらの元号の記録があった可能性を否定できない。ただ、日本書紀編纂時にはこれらの元号を正史に記録できない事情があったものと思われる。

天武天皇は白村江で唐の捕虜となった筑紫君・薩野馬ではないかと唱える研究者もいるが、時系列的に無理がある。

日本書紀　天智天皇十年　十一月癸卯（一〇日）の条

十一月甲午朔癸卯　對馬國司　遣使於筑紫大宰府　言　月生二日　沙門道久　筑紫君薩野馬　韓嶋勝娑婆　布師首磐四人　従唐來曰　唐國使人郭務悰等六百人　送使沙宅孫登等一千四百人　總合二千人乗船卌七隻　倶泊於比智嶋　相謂之曰　今吾輩人船數衆　忽然到彼　恐彼防人驚駭射戰　乃遣道久等預稍披陳來朝之意

天智天皇一〇年（西暦六七一年）一一月甲午（干支の三一番目）を朔（一日）とする癸卯（干支の四〇番目）の日である一〇日に、対馬の国司が大宰府に使いを遣わして報告した。さる二日に、沙門（僧）道久《どうく》・筑紫君薩野馬・韓嶋勝《からしまのすぐり》娑婆《さば》（豊前国宇佐郡辛島郷を本拠地とした氏族）・布師首《ぬのしのおびと》磐《いわ》の四人が唐より来て、「唐国の使節の郭務悰六〇〇人、護衛の沙宅孫登等一四〇〇人、合わせて二〇〇〇人が、四七隻の船に乗って、共に比知島に停泊していて、両人共に言うには、現在、我々の人船は多数であり、突然やって来ると、恐らく対馬の防人は、驚いて戦いになるだろう。そこで道久等を遣して、予め少しだけ来朝する意向を示し申します。」と言った。

天智天皇十年一一月一〇日に、対馬の国司が大宰府に使いを出しているので、その情報が大和朝廷に伝達され大和朝廷から大宰府に何らかの指示が伝わるのに最低でも一週間はかかる。

薩野馬が筑紫に帰国できたのは早くて一一月末。天智天皇が崩御したのは一二月三日。

白村江の役で薩野馬の軍が全滅したのに対し、大和朝廷軍の主力は温存されている。大和朝廷の内部にいるものでないと壬申の乱を起こすことができないことを考えると天武天皇は薩野馬であるとの説は成立しえないと考える。

大友皇子の母親が伊賀采女宅子娘で、皇女ではなく伊賀の国造出身であるにも関わらず伊賀の軍は大友皇子に味方していない。

乱の初期段階から天武側についている。天武側に皇太弟としての権威がすでに備わっていたと判断するのが相当ではないか。

二　継体天皇　磐井の反乱、藍野陵《あいののみささぎ》に葬る・百済本記の異説

（磐井の反乱）

廿一年夏六月壬辰朔甲午　近江毛野臣率衆六萬　欲往任那爲復興建新羅所破南加羅　喙己呑而合任那

継体天皇二一年（西暦五二七年）夏六月壬辰（干支の番目）の日を朔（一日）とする甲午（干支の番目）の日である三日、近江の毛野臣《けなのおみ》が、兵六万を率いて任那に行き、新羅に破られた南加羅、喙己《とくこ》呑《とん》を回復し、任那に合わせようとした。

於是　筑紫國造磐井　陰謨叛逆　猶預經年　恐事難成　恆伺間隙　新羅知是　密行貨賂于磐井所而勸防遏毛野臣軍

このとき、筑紫国造の磐井が、密かに反逆を企てたが、躊躇しているうちに年が経ち、事が難しいことを怖れて、隙を窺っていた。新羅がこれを知って、こっそり磐井に賄賂を送り、毛野臣の軍を妨害するように勧めた。

於是　磐井　掩據火豐二國　勿使修職　外邀海路　誘致高麗　百濟　新羅　任那等國年貢職船　內遮遣任那毛野臣軍　亂語揚言曰　今爲使者　昔爲吾伴　摩肩觸肘　共器同食　安得率爾爲使　俾余自伏儞前　遂戰而不受　驕而自矜

そこで、磐井は肥前・肥後、豊前・豊後などを掩《おさ》えて、職務を果せぬようにし、外部では海路を遮断して、高麗、百済、新羅、任那などの国が、貢物を運ぶ船を欺き奪い、内部では任那に遣わされた毛野臣の軍を遮り無礼な揚言《ようげん》（大声で公に言うこと）をして、「今でこそお前は朝廷の使者となっているが、昔は仲間として肩や肘をすり合わせ、同じ釜の飯を食った仲だ。使者になったからとて、にわかにお前に俺を従わせることはできるものか」と言って、交戦して従わず、気勢が盛んであった。

是以　毛野臣乃見防遏　中途淹滞　天皇　詔大伴大連金村　物部大連麁鹿火　許勢大臣男人等曰　筑紫磐井　反掩　有西戎之地　今誰可將者　大伴大連等僉曰　正直　仁勇　通於兵事　今無出於麁鹿火右　天皇曰　可

　ここに毛野臣は前進を阻まれ、中途で停滞してしまった。天皇は大伴大連《おおとものおおむらじ》金村《かねむら》、物部大連《もののべのおおむらじ》麁鹿《あらか》火《い》、許勢大臣《こせのおおおみ》男人《おひと》らに詔をして、「筑紫《つくし》の磐井《いわい》が反乱して、西の国をわがものとしている。今、誰か将軍の適任者はあるか。」と言われた。大伴大連《おおとものおおむらじ》ら皆が、「正直で勇に富み、兵事に精通しているのは、今、麁鹿火《あらかい》の右に出る者はありません。」とお答えすると、天皇は、「それが良い。」と言われた。

秋八月辛卯朔　詔曰　咨　大連　惟茲磐井弗率　汝徂征　物部麁鹿火大連再拜言　嗟　夫磐井西戎之奸猾　負川阻而不庭　憑山峻而稱亂　敗徳反道　侮嫚自賢　在昔道臣爰及室屋、助帝而罰　拯民塗炭彼此一時　唯天所贊　臣恆所重　能不恭伐

　秋八月一日詔して咨《はか》りて、「大連よ。磐井が背いている。お前が行って討て。」と言われた。物部麁鹿火大連は再拜して、「磐井は西の果てのずるい奴です。山河の険阻なのをたのみとして、恭順を忘れ、

乱を起こしたものです。道徳に背き、驕慢でうぬぼれています。私の家系は、祖先から今日まで、帝のために戦いました。人民を苦しみから救うことは、昔も今も変わりませぬ。ただ、天の助けを得ることは、私が常に重んずるところです。よく慎しんで討ちましょう。」と言った。

詔曰　良將之軍也　施恩推惠　恕己治人　攻如河決　戰如風發　重詔曰　大將　民之司命　社稷存亡

於是乎在　勗哉　恭行天罰　天皇親操斧鉞　授大連曰　長門以東朕制之　筑紫以西汝制之　專行賞罰

勿煩頻奏

詔《みことのり》に、「良将は出陣にあたっては将士を恵み、思いやりをかける。そして、攻める勢いは怒濤や疾風のようである。」と言われ、また重ねて詔《みことのり》して、「大将は兵士の死命を制し、国家の存在を支配する。謹んで天誅を加えよ。」と言われた。天皇は天皇親ら斧鉞《ふえつ》（まさかり）を操《と》りて大連に授けて、「長門より東の方は私が治めよう。筑紫より西はお前が統治し、賞罰も思いのままに行なえ。一々に報告することはない。」と言われた。

廿二年冬十一月甲寅朔甲子　大將軍物部大連麁鹿火　親與賊帥磐井交戰於筑紫御井郡　旗鼓相望　埃塵相接　決機兩陣之間　不避萬死之地　遂斬磐井　果定疆場

継体天皇二二年（西暦五二八年）冬一一月甲寅（干支の五一番目）を朔（一日）とする甲子（干支の一番目）の日である一一日、大将軍の物部麁鹿火は、敵の首領である磐井と、筑紫の三井郡で交戦した。両軍の旗や鼓が相対し、軍勢のあげる塵埃は入り乱れ、互いに勝機を掴もうと、必死に戦って相譲らなかった。そして麁鹿火は遂に磐井を斬り、反乱を完全に鎮圧した。

十二月　筑紫君葛子　恐坐父誅　獻糟屋屯倉　求贖死罪

一二月、筑紫君葛子は、父（磐井）の罪に連座して誅せられることを恐れ、糟屋《かすや》の屯倉《みやけ》を献上して、死罪を免れることを請うた。

（藍野陵《あいののみささぎ》に葬る・百済本記の異説）

廿五年春二月　天皇病甚　丁未　天皇崩于磐余玉穂宮　時年八十二　冬十二月丙申朔庚子　葬于藍野陵

或本云　天皇　廿八年歳次甲寅崩　而此云廿五年歳次辛亥崩者　取百濟本記　爲文　其文云　太歳辛亥三月　軍進至于安羅　營乞乇城　是月　高麗弑其王安　又聞　日本天皇及太子皇子　倶崩薨　由此而言　辛亥之歳　當廿五年矣　後勘校者　知之也

二五年（西暦五三一年）春二月、継体天皇は病気が重くなりました。七日に天皇は磐余玉穂宮《いわれのたまほのみや》で崩御しました。年齢は八二歳です。冬一二月五日。藍野陵《あいののみささぎ》に葬りました。

ある本に云く、「天皇は即位二八年甲寅（干支の五一番目）の歳に崩御した。」と。しかしここに二五年辛亥（干支の四八番目）の歳に崩御したというのは百済本記を取って文《ふみ》を作ったからです。その文《ふみ》に云く、「太歳辛亥（干支の四八番目）の歳三月に軍が進んで安羅《あら》に至り、乞乇城《こつとくのさし》を作りました。この月に高麗で、王の安《あん》（安臧王）を弑《しい》（臣下が主君である安臧王を殺す）しました。また聞くところによると、日本の天皇及び、太子、皇子もともに崩御薨去したといいます。これによって言えば、辛亥の年は二五年にあたります。後に勘校《かんこう》（照らし合わせて間違いを訂正）する者は之を知る也り。（日本書紀も継体天皇の崩御時期に疑問を持っている。)

現存する百済本記には、「日本の天皇及び、太子、皇子もともに崩御薨去した」との記述はない。

(継体天皇二十二年~二十三年ころ筑紫の君磐井が太子、王子ともに死んで、葛子のみが許されて筑紫の君を継いでいる。筑紫の君が倭国王であれば、日本天皇及太子皇子倶崩薨という事実が百済に伝わった可能性はある。)

三　百済の官職　十六官等

一品　佐平《ちゃぴょん》　六佐平《ちゃぴょん》　六つの職責に分かれていた。
内臣佐平《ねしんちゃぴょん》　王命の伝達や上訴の提供
内頭佐平《ねどちゃぴょん》　財政担当の長
内法佐平《ねぼちゃぴょん》　礼儀・儀礼を司る長
衛士佐平《ういさちゃぴょん》　王の護衛を司る近衛隊長
朝廷佐平《ちょじょんちゃぴょん》　刑獄（司法）担当の長
兵官佐平《ぴょんぐあんちゃぴょん》　地方の兵馬官（軍事）を司る長
二品　達率《だるそつ》　三品　恩率《うんそつ》　四品　徳率《とくそつ》　五品　扞率《はんそつ》　六品　奈率《なそつ》　七品　将徳《しゃんとく》　八品　施徳《しとく》　九品
固徳《ことく》　十品　季徳《きとく》　十一品　対徳《てとく》　十二品　文督《むんとく》　十三品　武督《むとく》　十四品　佐軍《ちゃぐん》　十五品　振武《しんむ》
十六品　克虞《くぐ》

四　新羅の官職　骨品制《こっぴんせい》　出身氏族により五段階に身分を区別

王族の家系に属する者は最上位の真骨。（中でも父母共に王族に属する者は聖骨）。以下、六頭品、五頭品、四頭品、平民と下る序列。

真骨
一　伊伐飡《いばつさん》　二　伊尺飡《いしゃくさん》（伊飡《いさん》）　三　迊飡《そうさん》　四　波珍飡《はちんさん》　五　大阿飡《だいあさん》

※大阿飡以上の官位は真骨だけが任じられ、他の宗族は任命されない。

六頭品　六　阿飡《あさん》　七　一吉飡《いつきつさん》　八　沙飡《ささん》　九　級伐飡《きゅうばつさん》（級飡《きゅうさん》）

五頭品
十　大奈麻《だいなま》　十一　奈麻《なま》

四頭品
十二　大舎《だいしゃ》　十三　舎知《しゃち》　十四　吉士《きつし》　十五　大烏《だいう》　十六　小烏《しょうう》　十七　造位《ぞうい》

五　百済の滅亡と白村江で倭国軍が全滅した日本書紀での記録
（斉明天皇と天智天皇の記録全文）

天豐財重日足姫天皇　齊明天皇

天豐財重日足姫天皇　初適於橘豐日天皇之孫高向王而生漢皇子　後適於息長足日廣額天皇而生二男一女　二年立爲皇后　見息長足日廣額天皇紀

十三年冬十月　息長足日廣額天皇崩　明年正月　皇后卽天皇位

改元四年六月　讓位於天萬豐日天皇　稱天豐財重日足姫天皇曰皇祖母尊　天萬豐日天皇　後五年十月崩

天豊財重日足姫天皇《あめとよたからいかしひたらしひめのすめらみこと》（皇極天皇）は、初めは橘豊日天皇《たちばなのとよひのすめらみこと》（用明天皇）の孫高向王《たかむこのおおきみ》に嫁して、漢皇子《あやのみこ》をお生みになった。

後に息長足日広額天皇《おきながたらしひひろぬかのすめらみこと》（舒明天皇）に嫁して、二男一女（天智天皇、間人皇女《はしひとのひめみこ》、天武天皇）をお生みになった。

二年息長足日広額天皇《おきながたらしひひろぬかのすめらみこと》（舒明天皇）に立って皇后になられた。そのことは舒明天皇の紀に見えている。

十三年冬十月、息長足《おきながたらし》日《ひ》広額《ひろぬか》天皇《のすめらみこと》（舒明天皇）が崩御された。翌年一月、皇后は即位して皇極《こうぎょく》天皇となられた。

大化と改元した四年の六月、位を天万豊日天皇《あめよろずとよひのすめらみこと》（孝徳天皇）に譲られた。皇極天皇を呼んで皇《すめみ》祖母尊《おやのみこと》といった。天万豊日天皇《あめよろずとよひのすめらみこと》（孝徳天皇）は白雉五年十月に崩御された。

元年春正月壬申朔甲戌　皇祖母尊　卽天皇位於飛鳥板蓋宮

夏五月庚午朔　空中有乘龍者　貌似唐人　着青油笠而　自葛城嶺馳隱膽駒山　及至午時　從於住吉松嶺之上　向西馳去

秋七月己巳朔己卯　於難波朝饗北北越蝦夷九十九人・東東陸奥蝦夷九十五人　幷設百濟調使一百五十人　仍授柵養蝦夷九人・津刈蝦夷六人　冠各二階

八月戊戌朔　河邊臣麻呂等　自大唐還

冬十月丁酉朔己酉　於小墾田造起宮闕擬將瓦覆　又於深山廣谷擬造宮殿之材　朽爛者多遂止弗作　是冬　災飛鳥板蓋宮　故遷居飛鳥川原宮

是歳　高麗・百濟・新羅並遣使進調　百濟大使西部達率余宜受・副使東部恩率調信仁　凡一百餘人蝦夷・隼人率衆內屬　詣闕朝獻　新羅　別以及湌彌武爲質　以十二人爲才伎者　彌武　遇疾而死　是年也　太歳乙卯

元年（西暦六五五年）春一月壬申（干支の九番目）を朔（一日）とする甲戌（干支の一一番目）の

日である三日、皇祖母尊《すめみおやのみこと》は飛鳥板蓋宮《あすかのいたふきのみや》で即位された。（重祚《ちょうそ》し、斉明天皇となる。）

夏五月一日、大空に竜に乗った者が現れ、顔は唐の人に似ていた。油を塗った青い絹で作られた笠をつけ、葛城山の方から、生駒山の方角に空を馳せて隠れた。正午頃に住吉の松嶺《まつのみね》の上から、西に向って馳せ去った。

秋七月己巳（干支の六番目）の日を朔（一日）とする己卯（干支の一六番目）の日である一一日、難波の朝《みかど》で北北越国《きたこしのくに》の蝦夷《えみし》九九人、東東《ひがしあずま》（陸奥《みちのく》）の蝦夷《えみし》九五人に饗応された。同時に、百済の調使である一五〇人にも饗《あえ》された。なお、柵養《きかう》の蝦夷九人、津軽《つがる》の蝦夷六人に冠位それぞれ二階を与えられた。

八月一日、河辺臣麻呂《かわべのおみまろ》らが大唐《おおもろこし》から帰った。

冬一〇月一三日、小墾田に大宮を造って、瓦葺《かわらぶき》にしようと思われた。しかし、深山幽谷にある宮殿造営用の材は、朽ちたものが多くて、宮を造るのを中止された。この冬、飛鳥板蓋宮《あすかのいたふきのみや》に出火があった。それで飛鳥川原宮《あすかのかわらのみや》に遷られた。

この年、高麗、百済、新羅が揃って使者を遣わし調を奉った。百済の大使である西部《さいほう》・達率《だるそつ》・余宜《よげ》受《す》、副使である東部《とうほう》・恩率《おんそつ》・調信仁《ちょうしんに》らすべて百余人であった。

蝦夷、隼人が仲間を率いて服属し、朝へ物を奉った。新羅は別に及飡《きゅうさん》・弥武《みむ》を人質に、また一二人の才伎者《てひと》（技芸に長ずる者）を奉った。弥武は病になって死んだ。この年、太歳が乙卯（干支の五二番目）の年である。

二年秋八月癸巳朔庚子　高麗遣達沙等進調　大使達沙・副使伊利之　總八十一人
九月　遣高麗大使膳臣葉積・副使坂合部連磐鍬・大判官犬上君白麻呂・中判官河内書首闕名　小判官
大藏衣縫造麻呂
是歳　於飛鳥岡本更定宮地　時　高麗・百濟・新羅並遣使進調　爲張紺幕於此宮地而饗焉　遂起宮室
天皇乃遷　號曰後飛鳥岡本宮
於田身嶺　冠以周垣田身山名　此云大務　復於嶺上兩槻樹邊起觀　號爲兩槻宮　亦曰天宮　時好興事
廼使水工穿渠自香山西至石上山　以舟二百隻載石上山石順流控引　於宮東山累石爲垣　時人謗曰　狂
心渠　損費功夫三萬餘矣　費損造垣功夫七萬餘矣　宮材爛矣　山椒埋矣　又謗曰　作石山丘　隨作自
破　若據未成之時作此謗乎　又作吉野宮
西海使佐伯連栲繩闕位階級　小山下難波吉士國勝等　自百濟還　獻鸚鵡一隻　災岡本宮

二年（西暦六五六年）秋八月癸巳（干支の三〇番目）を朔（一日）とする庚子（干支の三七番目）の日である八日（八月八日）、高麗は達沙《たつさ》らを遣わして調《みつき》を奉った。大使である達沙《たつさ》、副使である伊《い》利之《りし》で、総員八一人であった。

九月、高麗に遣わされた大使は、膳臣《かしわでのおみ》葉積《はつみ》、副使の坂合部連《さかいべのむらじ》磐鍬《いわすき》、大判官の犬上君《いぬうえかみのきみ》白麻呂《しろまろ》、中判官の河内書首《こうちのふみのおびと》、小判官の大蔵衣縫造《おおくらのきぬぬいのみやつこ》麻呂《まろ》であった。

岡本宮の造営

この年、飛鳥《あすか》の岡本《おかもと》にさらに宮地《みやところ》を定めた。おりから高麗、百済、新羅が揃って使者を遣わし調《みつき》を奉ったので、紺色の幕をこの宮地《みやところ》に張って、饗応をされた。やがて宮殿ができると、天皇はお遷りになった。名づけて後飛鳥岡本宮《のちのあすかのおかもとのみや》という。

田身嶺《とうのみね》の頂上に、周りを取巻く垣を築かれた。頂上の二本の槻の木のほとりに高殿を立てて名づけて両槻宮《ふたつきのみや》といった。また天宮《あまつみや》ともいった。天皇は工事を好まれ、水工に溝を掘らせ、香久山の西から石上山にまで及んだ。舟二百隻に石上山の石を積み、流れに従って下り、宮の東の山に石を積み垣とした。

当時の人はこれを謗《そし》って、「たわむれ心の溝工事。無駄な人夫を三万余。垣造りのむだ七万余。宮材は或いは腐り、山頂は潰れた」と言った。

さらに謗《そし》って、「石の山岡を造る。造った端から壊れるだろう」。或いは、まだ途中の時に、この謗《そし》りをしたのかもしれない。

またさらに、吉野宮《よしののみや》を造営された。

西海使《にしのみちのつかい》（遣百済使）の佐伯連栲縄《さえきのむらじたくなわ》（位階欠位）、小山下の難波吉士国勝《なにわのきしくにかつ》らが百済から帰り、鸚鵡《おうむ》一羽を奉った。岡本宮《おかもとのみや》に火災があった。

三年秋七月丁亥朔己丑　覩貨邏國男二人女四人漂泊于筑紫　言　臣等初漂泊于海見嶋　乃以驛召　辛丑　作須彌山像於飛鳥寺西　且設盂蘭瓫會　暮饗覩貨邏人　或本云　墮羅人
九月　有間皇子　性黠陽狂云々　往牟婁温湯　偽療病來　讃國體勢曰　纔觀彼地　病自蠲消云々　天皇聞悦　思欲往觀

是歳　使々於新羅曰　欲將沙門智達・間人連御廐・依網連稚子等　付汝國使令送到大唐　新羅不肯聽送　由是　沙門智達等還歸

西海使小花下阿曇連頰垂・小山下津臣傴僂傴僂　此云倶豆磨　自百濟還　駱駝一箇・驢二箇　石見國言　白狐見

三年（西暦六五七年）秋七月丁亥（干支の二四番目）を朔（一日）とする己丑（干支の二六番目）の日である三日（七月三日）、都貨邏国《とからこく》の男二人、女四人が筑紫に漂着した。「私どもは、はじめ海見嶋（奄美の島）に漂着しました」と言った。駅馬を使って都へ召された。一五日に須弥山《しゅみせん》を像《かたど》ったものを、飛鳥寺の西に作った。また、盂蘭盆会《うらぼんえ》を行なわれた。夕方に都貨邏人《とからびと》（或る本では墮羅人《たらのひと》）に饗を賜わった。

九月、有間皇子《ありまのみこ》は性黠《くろ》（わるがしこい）、狂者を装ったところがあったと、云々。（紀国《きのくに》の）牟婁《むろ》の湯（白浜の湯）に行って、病気療養してきたように見せて、その国の様子を讃《たた》え（褒め）、「ただその場所を見ただけで、病気は自然に治ってしまいます」と、云々。天皇はこれを聞かれ喜んで、自らも行ってみたいと思われた。

この年、使者を新羅に遣わして、「沙門《さもん》（僧）智達《ちだち》、間人連御厩《はしひとのむらじみうまや》、依網連稚子《よさみのむらじわくご》らを、新羅の国の使者につけて大唐《おおもろこし》に送りたいと思う。」と言われた。新羅はそれに従わなかった。それで沙門《さもん》（僧）智達《ちだち》らは帰国した。

西海使《にしのみちのつかい》の小花下の阿曇連頰垂《あずみのむらじつらたり》、小山下の津臣傴僂《つのおみくつま》が百済から帰って、駱駝《らくだ》一匹、驢馬《ろば》二匹を奉った。石見国から、「白狐を発見しました。」と言ってきた。

四年春正月甲申朔丙申　左大臣巨勢徳太臣薨

夏四月　阿陪臣闕名率船師一百八十艘伐蝦夷　齶田・渟代二郡蝦夷望怖乞降　於是　勒軍陳船於齶田浦　齶田蝦夷恩荷進而誓曰　不爲官軍故持弓矢　但奴等性食肉故持　若爲官軍以儲弓失　齶田浦神知矣　將淸白心仕官朝矣　仍授恩荷以小乙上　定渟代・津輕二郡々領　遂於有間濱　召聚渡嶋蝦夷等大饗而歸

五月　皇孫建王　年八歲薨　今城谷上　起殯而收　天皇　本以皇孫有順而器重之　故不忍哀傷慟極甚

詔群臣曰　萬歲千秋之後　要合葬於朕陵　廼作歌曰

伊磨紀那屢　乎武例我禹杯爾　倶謨娜尼母　旨屢倶之多々婆　那爾柯那皚柯武　其一

伊喩之々乎　都那遇舸播杯能　倭柯矩娑能　倭柯倶阿利岐騰　阿我謨婆儺倶爾　其二

阿須箇我播　瀰儺蟻羅毗都々　喩矩瀰都能　阿比娜謨儺倶母　於母保喩屢柯母　其三

天皇時々唱而悲哭

四年（西暦六五八年）春正月甲申（干支の二一番目）を朔（一日）とする丙申（干支の三三番目）の日である一三日（一月一三日）、左大臣の巨勢徳太臣《こせのとこだのおみ》が死去した。

（阿倍比羅夫の遠征）

夏四月、阿陪臣《あべのおみ》（名は欠けていて不明）が船軍一八〇艘を率いて蝦夷を討った。齶《あき》田（秋田）と渟代（能代）の二郡の蝦夷は、遠くから眺めただけで怖《おそ》れ降伏を乞うた。そこで軍を整え、船を齶田浦《あきたのうら》

（秋田湾）につらねた。齶田（秋田）の蝦夷の恩荷《おが》は、進み出て誓っていった。「官軍と戦うために、弓矢を持っているのではありません。ただ手前どもは肉食の習慣がありますので、弓矢を持っています。もし官軍に対して弓矢を用いたら、齶田浦《あきたのうら》（秋田浦）の神がお咎めになるでしょう。清く明らかな心をもって、帝にお仕え致します」と。そこで恩荷《おが》に小乙上の位を授け、定渟代（能代）と津軽の二郡の郡領《こおりのみやつこ》に定められた。有間《ありま》の浜に渡嶋《おしま》の蝦夷らを召し集めて、大いに饗応して帰らせられた。

五月、皇孫の建王《たけるのみこ》が八歳で亡くなられた。今来谷《いまきのたに》のほとりに、殯宮《もがりのみや》を建てて収められた。天皇は皇孫が美しい心であったため、特に可愛いがられた。悲しみに堪えられず、慟極《どうこく》（慟哭）されることが甚だしかった。群臣《まえつきみ》に詔《みことのり》して、「我が萬歳千秋（死）後は、必ず二人を合葬するように」と言われた。そして歌を詠まれた。

イマキナル　ヲムレガウヘニ　クモダニモ　シルクシタタバ　ナニカナゲカム（その一）

今城《いまき》なる　小丘《おむれ》が上《うえ》に　雲だにも　著《しる》くし立たば　何《なに》か嘆《なげ》かむ

今木（いまき）の小丘の上に、せめて雲だけでも、はっきり著しく立ったら、何の嘆くことがあろうか。

イユシシヲ　ツナグカハヘノ　ワカクサノ　ワカクアリキト　アガモハナクニ（その二）

射《い》ゆ鹿猪《しし》を　踵《つな》ぐ川上《かわへ》の　若草の　若くありきと　吾《あ》が思《も》はなくに

射かけた鹿や猪の足跡をつけて行くと、行きあたる川辺の、若草のように、幼なかったとは、私は思わないのに。

アスカガハ　ミナギラヒツツ　ユクミヅノ　アヒダモナクモ　オモホユルカモ（その三）
飛鳥川《あすかがわ》　漲《みなぎら》ひつつ　行《ゆ》く水の　間《あいだ》も無くも　思《しおも》ほゆるかも
飛鳥川《あすかがわ》が、水を漲《みなぎら》せて、絶え間なく流れて行くように、絶えることもなく、亡くなった子のことが思い出されることよ。

　天皇はときどきこれを歌って、悲しみ泣かれた。

秋七月辛巳朔甲申　蝦夷二百餘詣闕朝獻　饗賜贍給有加於常　仍授柵養蝦夷二人位一階　渟代郡大領沙尼具那小乙下　或所云授位二階使檢戸口　少領宇婆左建武　勇健者二人位一階　別賜沙尼具那等鮪旗廿頭・鼓二面・弓矢二具・鎧二領　授津輕郡大領馬武大乙上　少領青蒜小乙下　勇健者二人位一階　別賜馬武等鮪旗廿頭・鼓二面・弓矢二具・鎧二領　授都岐沙羅柵造闕名位二階　判官位一階　授渟足柵造大伴君稻積小乙下　又詔渟代郡大領沙尼具那　檢覈蝦夷戸口與虜戸口
是月　沙門智通・智達　奉勅　乘新羅船往大唐國　受無性衆生義於玄弉法師所

　秋七月辛巳（干支の一八番目）を朔（一日）とする甲申（干支の二一番目）の日である四日（七月四日）、蝦夷が二〇〇人余り、朝廷に参上し物を奉った。常にも増して饗応され、種々の物を与えられた。柵養《きかう》の蝦夷二人に、冠位一階を授けられた。渟代郡《ぬしろのこおり》（能代）の大領の沙尼具那《さにぐな》に小乙下を、或る所に云わく、冠位二階を授けられ、蝦夷の戸口を調査させた。少領の宇婆左《うばさ》には建武《けんむ》、勇壮な者二人に位一階、特に沙尼具那《さにぐな》らに蛸旗《たこばた》二〇頭、鼓二面、弓矢二具、鎧二領を賜わった。津軽郡《つかるのこおり》の大領・馬武《めむ》に大乙上、少領・青蒜《あおひる》に小乙下、勇壮な者二人には位一階を授けられた。別に、馬武《めむ》らに蛸旗《たこばた》二

○頭、鼓二面、弓矢二具、鎧二領を賜わった。都岐沙羅《つきさら》の柵造《きのみやつこ》（名は欠けていて不明）には位二階を授けられた。判官には位一階、渟足《ぬたり》の柵造《きのみやつこ》・大伴君稲積《おおとものきみいなつみ》には小乙下を授けられた。また、渟代《ぬしろの》郡《こおり》の大領・沙尼具那《さにぐな》に詔《みことのり》して、蝦夷の戸口と捕虜の戸口を調査させた。

この月、沙門《さもん》（僧）智通《ちつう》、智達《ちたつ》は勅《みことのり》を承って、新羅の船に乗って大唐《おおもろこし》に行き、無性衆生義《むしょうしゅじょうのことわり》を玄奘法師（三蔵法師）について学んだ。

（有間皇子の変）

冬十月庚戌朔甲子　幸紀温湯　天皇　憶皇孫建王　愴爾悲泣　乃口號曰

耶麻古曳底　于瀰倭柁留騰母　於母之樓枳　伊麻紀能禹知播　倭須羅庾麻旨珥　其一

瀰儺度能　于之裒能矩娜利　于那倶娜梨　于之廬母倶例尼　飫岐底舸庾舸武　其二

于都倶之枳　阿餓倭柯枳古弘　飫岐底舸庾舸武　其三

詔秦大藏造萬里曰　傳斯歌勿令忘於世

冬一〇月庚戌（干支の四七番目）を朔（一日）とする甲子（干支の一番目）の日である一五日（一〇月一五日）、紀の湯に行幸された。天皇は皇孫の建王《たけるのみこと》を思い出して、いたみ悲しまれ、そして歌を口ずさまれた。

ヤマコエテ、ウミワタルトモ、オモシロキ、イマキノウチハ、ワスラユマジニ。

山を越え海を渡る面白い旅をしていても、建王のいたあの今木の中のことは、忘れられないだろう。

（その一）

ミナトノ、ウシホノクダリ、ウナクダリ、ウシロモクレニ、オキテカユカム。
海峡の潮の激流の中を、舟で紀州へ下って行くが、建王のことを暗い気持ちで、後に残して行くことであろうか。（その二）
ウツクシキ、アガワカキコヲ、オキテカユカム。
かわいい私の幼子を、後に残して行くことであろうか。（その三）
秦大蔵造《はたのおおくらみやつこ》万里《まり》に詔《みことのり》して、「この歌を後に伝えて、世に忘れさせないようにしたい。」といわれた。

十一月庚辰朔壬午　留守官蘇我赤兄臣語有間皇子曰　天皇所治政事有三失矣　大起倉庫積聚民財　一也　長穿渠水損費公粮　二也　於舟載石運積爲丘　三也
有間皇子　乃知赤兄之善己而欣然報答之曰　吾年始可用兵時矣
甲申　有間皇子向赤兄家登樓而謀　夾膝自斷　於是　知相之不祥　俱盟而止
皇子歸而宿之　是夜半　赤兄遣物部朴井連鮪率造宮丁　圍有間皇子於市經家　便遣驛使　奏天皇所
戊子　捉有間皇子與守君大石・坂合部連薬・鹽屋連鯯魚　送紀温湯　舍人新田部米麻呂　從焉　於是
皇太子親問有間皇子曰　何故謀反　答曰　天與赤兄知　吾全不解
庚寅　遣丹比小澤連國襲　絞有間皇子於藤白坂　是日　斬鹽屋連鯯魚・舍人新田部連米麻呂於藤白坂
鹽屋連鯯魚　臨誅言　願令右手作國寶器　流守君大石於上毛野國　坂合部薬於尾張國
或本云　有間皇子　與蘇我臣赤兄・鹽屋連小戈・守君大石・坂合部連薬　取短籍卜謀反之事

或本云　有間皇子曰　先燔宮室　以五百人一日兩夜邀牟婁津　疾以船師斷淡路國　使如牢圄　其事易成　或人諫曰　不可也　所計既然　而無德矣　方今皇子年始十九　未及成人　可至成人而待其德　他有間皇子與一判事謀反之時　皇子案机之脚無故自斷　其謨不止　遂被誅戮也

是歲　越國守阿部引田臣比羅夫　討肅愼　獻生羆二・羆皮七十枚　沙門智踰　造指南車　出雲國言於北海濱魚死而積　厚三尺許　其大如鮐　雀涿針鱗　鱗長數寸　俗曰　雀入於海化而爲魚　名曰雀魚

或本云　至庚申年七月　百濟遣使奏言　大唐・新羅幷力伐我　既以義慈王・王后・太子　爲虜而去　由是　國家以兵士甲卒陣西北畔　繕修城柵斷塞山川之兆也　又　西海使小花下阿曇連頰垂　自百濟還言百濟伐新羅還時　馬自行道於寺金堂　晝夜勿息　唯食草時止　或本云　至庚申年爲敵所滅之應也

一一月庚辰（干支の一七番目）を朔（一日）とする壬午（干支の一九番目）の日である三日（一一月三日）、留守を守る役目の蘇我赤兄《そがのあかえ》が、有間皇子《ありまのみこ》に語って、「天皇の治政に三つの失政があります。「大きな蔵を立てて、人民の財を集め積むことが、その一。長い用水路を掘って、人夫にたくさんの食糧を費やしたことが、その二。舟に石を積んで運び、岡を築くというようなことをしたことが、その三です。」と言った。有間皇子は、赤兄が自分に好意を持っていてくれることを知り、喜んで応答して、「我が生涯で始めて兵を用いるべき時がきたのだ。」と言った。

甲申（干支の二一番目）の日である五日、有間皇子は赤兄の家に行って、高殿に上って相談した。そのとき、床几がひとりでに壊れた。不吉の前兆であると知り、秘密を守ることを誓って中止した。皇子が帰って寝ていると、この夜中に赤兄は、物部朴井連鮪《もののべのえのいのむらじしび》を遣わして、造宮工事の人夫を率い、有間皇子の市経《いちぶ》（生駒町一分）の家を囲んだ。そして早馬を遣わして天皇のところへ奏上した。

戊子（干支の二五番目）の日である九日、有間皇子と守君大石《もりのきみおおいわ》、坂合部連薬《さかいべのむらじくすり》、塩屋連鯯魚《しおやのむらじこのしろ》とを捕らえて、紀の湯に送った。舎人《とねり》の新田部米麻呂《にいたべのこめまろ》が従って行った。皇太子（中大兄皇子《なかのおおえのみこ》）は自ら有間皇子に問われて、「どんな理由で謀反を図ったのか。」と言われた。答えて申されるのに、「天と赤兄が知っているでしょう。私は全く分かりません。」と言われた。

庚寅（干支の二七番目）の日である一一日、丹比小沢連国襲《たじひのおざわのむらじくにそ》を遣わして、有間皇子を藤白坂《ふじしろのさか》で絞首にした。この日、塩屋連鯯魚《しおやのむらじこのしろ》、舎人の新田部連米麻呂《にいたべのむらじこめまろ》を藤白坂で斬った。塩屋連鯯魚は殺されるという時に、「どうか右手で国の宝器を作らせて欲しいものだ。」と言った。守君大石《もりのきみおおいわ》を上毛野国《かみつけののくに》に、坂合部薬《さかいべのくすり》を尾張国に流した。

ある本によると、有間皇子は、蘇我赤兄、塩屋連小才《しおやのむらじこさい》、守君大石《もりのきみおおいわ》、坂合部連薬《さかいべのむらじくすり》と、短籍《ひねりぶみ》（短い紙片で作った籤）を作って、謀反のことを占ってみた。

ある本には、有間皇子が、「まず大宮を焼いて、五〇〇人で一日に夜、牟婁津《むろのつ》に迎え討ち、急ぎ舟軍で、淡路国を遮り、牢屋に囲んだようにすれば、計画は成り易い。」と言った。ある人が諫めて、「よくないことです。計画はそれとしても徳がありません。皇子は今一九歳です。まだ成人もしていません。成人されてから徳をつけるべきです。」と言った。別の日に、有間皇子が、一人の判事（刑部省の官人）と、謀反について相談したとき、皇子の机の脚が故なく折れたが、謀略をやめられず、遂に殺された、とある。

この年、越国守《こしくにのかみ》阿倍引田臣比羅夫《あべのひけたのおみひらぶ》が、粛慎《みしはせ》を討って、生きた羆《ひぐま》二匹、羆《ひぐま》の皮七〇枚を奉った。沙門（僧）の智踰《ちゆ》が指南車《しなんのくるま》（磁石で常に南方を示す車）を造った。出雲国より報告があり、「北の海の浜に魚がたくさん死んで、積み上げられています。厚さは三尺ばかり、その魚の大きさは鮐（河豚《ふぐ》）くらいで、雀のような口をもち、針のような鱗があります。鱗の長さは数寸です。土地の人々が言うのには、『雀が海中に入って魚になったものだから雀魚《すずみお》という名だ。』いうことです。」とあった。

ある本によると、庚申（干支の五七番目）の年である六年七月に百済が使者を遣わして、「大唐と新羅とが力を合わせて、我が国を攻めました。そして、義慈王《ぎじおう》、王后、太子を捕虜として連れ去りました。このため国では戦士を西北の境に配置し、城柵を繕い、山川を断ち塞ぎました。これはそのことの前兆です。」と言った。

また西海使《にしのみちのつかい》の小花下・阿曇連頬垂《あくずみのむらじつらたり》が、百済から帰っていぅのに、「百済は新羅を討って帰ってきました。そのとき馬はひとりでに、寺の金堂の周りをめぐり歩き、昼夜止むことがありませんでした。ただ草を食べる時にだけは休みました。」と報告した。ある本に、これは庚申（干支の五七番目）の年になつて、敵のために滅ぼされる前兆であるとしている。

五年春正月己卯朔辛巳　天皇至自紀温湯　三月戊寅朔　天皇幸吉野而肆宴焉　庚辰　天皇幸近江之平浦平　此云毗羅　丁亥　吐火羅人共妻舍衛婦人來　甲午　甘檮丘東之川上　造須彌山而饗陸奥與越蝦夷　檮此云柯之　川上此云箇播羅

五年（西暦六五九年）春一月己卯（干支の一六番目）を朔（一日）とする辛巳（干支の一八番目）の日である三日、天皇は紀の湯から帰られた。三月戊寅（干支の一五番目）の朔（一日）、天皇は吉野にお出でになって、肆宴《しえん》（大宴会）を催された。庚辰（干支の一七番目）である三日、天皇は近江の平浦《ひらのうら》（志賀町比良の浦）にお出でになった。（平は毗羅《ひら》と云う。）一〇日、吐火羅《とから》の人が、妻の舎衛の婦人と共にやってきた。一七日、甘檮丘《うまかしのおか》の東の川原に須弥山《しゅみせん》を造って、陸奥と越国の蝦夷を饗応された。（檮《かし》は柯之《かし》、川上《かわら》を箇播羅《かわら》と云う。）

是月　遣阿倍臣闕名率船師一百八十艘討蝦夷國　阿倍臣簡集飽田・渟代二郡蝦夷二百卌一人・其虜卅一人・津輕郡蝦夷一百十二人・其虜四人・膽振鉏蝦夷廿人　於一所而大饗賜祿　膽振鉏　此云伊浮梨娑陛　即以船一隻與五色綵帛　祭彼地神　至肉入籠時　問菟蝦夷膽鹿嶋・菟穗名二人進曰　可以後方羊蹄爲政所焉　肉入籠此云之々梨姑　問菟此云塗毗宇　菟穗名此云宇保那　後方羊蹄此云斯梨蔽之政所　蓋蝦夷郡乎　隨膽鹿嶋等語　遂置郡領而歸　授道奥與越國司位各二階　郡領與主政各一階

或本云　阿倍引田臣比羅夫　與肅愼戰而歸　獻虜卌九人

この月に、阿倍臣《あべのおみ》（名は欠けていて不明）を遣わして、船軍一八〇艘を率いて蝦夷の国を討った。阿倍臣は飽田《あぎた》（秋田）と渟代《ぬしろ》（能代）二郡の蝦夷二四一人と、その捕虜三一人、の蝦夷一一二人とその捕虜四人、胆振鉏《いぶりさえ》の蝦夷二〇人を一ヵ所に集めて大いに饗応し、禄（物）を与えられた。（胆振鉏《いぶりさえ》は伊浮梨娑陛《いぶりさえ》と云う。）

船一隻と五色に染め分けた絹を捧げて、その土地の神を祀った。

肉入籠《ししりこ》に至ると、問菟《という》の蝦夷の胆鹿嶋《いかしま》、菟穂名《うほな》の二人が進み出て言うのに、「後方羊蹄《しりへし》を政庁（郡家）として頂きたい。」と願った。（肉入籠《ししりこ》此は、之々梨姑《ししりこ》と云う。問菟《という》は、塗毗宇《という》と云う。菟穂名《うほな》は、宇保那《うほな》と云う。後方羊蹄《しりへし》は、斯梨蔽之《しりへし》と云う。政所《まつりごとどころ》は、恐らく蝦夷の郡ではないか？）。胆鹿嶋《いかしま》らの言葉に従って、郡領《こおりのみやつこ》を設けて帰った。陸奥《みちのく》と越国《こしのくに》の司《つかさ》に位それぞれ二階を、郡領《こおりのみやつこ》と主《まつりごと》政《ひと》とにそれぞれ一階を授けた。

ある本に、阿倍引田臣《あべのひけたのおみ》比羅夫《ひらぶ》が粛慎《みしはせ》と戦って帰り、捕虜四九人を奉ったとある。

秋七月丙子朔戊寅　遣小錦下坂合部連石布・大仙下津守連吉祥　使於唐國　仍以道奥蝦夷男女二人示唐天子

伊吉連博徳書曰　同天皇之世　小錦下坂合部石布連・大山下津守吉祥連等二船　奉使呉唐之路　以己未年七月三日發自難波三津之浦　八月十一日發自筑紫大津之浦　九月十三日行到百濟南畔之嶋　嶋名毋分明　以十四日寅時　二船相從放出大海　十五日日入之時　石布連船　横遭逆風漂到南海之嶋　嶋名爾加委　仍爲嶋人所滅　便東漢長直阿利麻・坂合部連稲積等五人　盜乘嶋人之船　逃到括州　州縣官人　送到洛陽之京　十六日夜半之時　吉祥連船　行到越州會稽縣須岸山　東北風　風太急　廿二日行到餘姚縣　所乘大船及諸調度之物　留着彼處　潤十月一日行到越州之底　十五日乘驛入京　廿九日馳到東京　天子在東京

卅日　天子相見問訊之　日本國天皇平安以不　使人謹答　天地合徳　自得平安

天子問曰　執事卿等好在以不　使人謹答　天皇憐重亦得好在

天子問曰　國內平不　使人謹答　治稱天地萬民無事　天子問曰　此等蝦夷國有何方　使人謹答　國有東北　天子問曰　蝦夷幾種　使人謹答　類有三種　遠者名都加留　次者麁蝦夷　近者名熟蝦夷　今此熟蝦夷　毎歳入貢本國之朝　天子問曰　其國有五穀　使人謹答　無之　食肉存活　天子問曰　國有屋舍　使人謹答　無之　深山之中　止住樹本　天子重曰　朕見蝦夷身面之異極理喜怪　使人遠來辛苦退在館裏　後更相見　十一月一日朝有冬至之會　會日亦覲　所朝諸蕃之中倭客最勝　後由出火之亂棄而不復檢　十二月三日　韓智興傔人西漢大麻呂　枉讒我客　客等　獲罪唐朝已決流罪　前流智興於三千里之外　客中有伊吉連博德奏　因卽免罪　事了之後　勅旨　國家來年必有海東之政　汝等倭客不得東歸　遂匿西京幽置別處　閉戸防禁　不許東西　困苦經年

難波吉士男人書曰　向大唐大使觸嶋而覆　副使親覲天子奉示蝦夷　於是　蝦夷以白鹿皮一　弓三　箭八十獻于天子

庚寅　詔群臣　於京內諸寺　勸講盂蘭盆經使報七世父母

是歳　命出雲國造闕名修嚴神之宮　狐嚙斷於友郡役丁所執葛末而去　又狗嚙置死人手臂於言屋社　言屋　此云伊浮瑘　天子崩兆

又　高麗使人　持羆皮一枚　稱其價曰綿六十斤　市司　咲而避去　高麗畫師子麻呂　設同姓賓於私家日　借官羆皮七十枚而爲賓席　客等羞怪而退

秋七月丙子（干支の一三番目）を朔（一日）とする戊寅（干支の一五番目）の日である三日、小錦下《しょうきんげ》・坂合部連石布《さかいべのむらじいわしき》、大仙下《だいせんげ》・津守連《つもりのむらじれん》吉祥《きさ》を唐《もろこし》に遣わした。そのとき、陸奥の蝦夷男女二人を唐の天子にお目にかけた。

伊吉連博《いきのむらじはか》の書に、この天皇の御世に、小錦下・坂合部石布連《さかいべのいわしきのむらじ》、大山下・津守吉祥連《つもりのきさのむらじ》らの二隻の船が、呉唐への航路に遣わされた。この年の七月三日、難波《なにわ》の三津浦《みつのうら》から船出した。八月一一日に筑紫の大津浦《おおつのうら》（博多湾）を出た。九月一三日に百済の南の辺の島に着いた。島の名はよく分らない。一四日の午前四時頃、二船相伴って大海に出た。一五日、日没の頃、石布連《いわしきのむらじ》の船が、横からの逆風に流され、南の海の島に漂着した。島の名は爾加委《にかい》といった。島人によって滅ぼされた。東漢長直阿《やまとのあやのながのあたいあ》利麻《りま》、坂合部連稲積《さかいべのむらじいなつみ》ら五人は島人の船を盗み、乗って逃げて括州《かつしゅう》に着いた。州県の役人が洛陽の都へ送り届けた。一六日の夜半、吉祥連《きさのむらじ》の船は越州の会稽《かいけい》県の須岸山《しゅがんさん》に着いた。東北の風が吹き、しかも強かった。二二日に余姚《よよう》県に着いた。乗ってきた大船と種々の調度品をそのところに留めおいた。閏《うるう》一〇月一日に越州の底《もと》に着いた。一五日に、駅馬に乗って長安の都に着いた。二九日に東京（洛陽）に着いた。天子は東京（洛陽）におられた。三〇日に天子にお目にかかり、尋ねられて、「日本国の天皇は、お変わりはないか。」と言われた。使者は謹んで、「天地の徳を合わせて、平安であります。」と答えた。

天子は問うて、「仕事を執務する卿《けい》らも変わりはないか。」と。使者は、「天皇の恵み深く、変ったことはありせん。」と答えた。

天子が尋ねて、「国内は平和か。」と。使者は、「政道天地にかなって、万民無事です。」と答えた。

天子が尋ねて、「ここにいる蝦夷の国は、どちらの方角にあるのか。」と。使者は、「蝦夷の国は東北の方角にあります。」と答えた。

天子が尋ねて、「蝦夷には何種類あるのか。」と。使者は、「三種あります。遠い所のものを都加留《つかる》（津軽）と名づけ、次の者を麁蝦夷《あらえみし》と名づけ、一番近いものを熟蝦夷《にきえみし》と名づけています。今ここにいますのは熟蝦夷です。毎年、日本の朝廷に入貢します。」と答えた。

天子が尋ねて、「その国には五穀があるのか。」と。使者は、「ありません。肉食によって生活します。」と答えた。

天子が尋ねて、「国に家屋はあるのか。」と。使者は、「ありません。深山《みやま》の樹の下に住んでいます。」と答えた。

天子が重ねて曰く、「自分は蝦夷の顔や体の異様なのをみて、大変驚き、喜び、不思議に思った。使者らは遠くからやってきて苦労だったろう。退出してからは館裏で休むがよい。また後に会おう。」と言われた。

一一月一日、朝廷で冬至のお祝いがあった。その日にまたお目にかかった。拝謁した諸蕃の中で、倭の客人は最も優れていた。後に出火騒ぎがあったため、（贈り物）は捨ててしまって、検（贈り物を確認）してもらうことはできませんでした。

一二月三日、韓智興《かんちこう》の傔人《ともびと》の西漢大麻呂《こうちのあやのおおまろ》が、我ら客人を枉（道理を曲げ）て讒言しました。客人らは唐朝に罪ありとせられ、流罪の刑に決せられた。先に智興《ちこう》を京から三〇〇〇里の外に流刑するという最も重い刑に処した。客の中に伊吉博徳《いきのはかとこ》があり、釈明した。そのために刑を免ぜられることになった。事件が終わって勅旨があり、「我が国は来年必ず海東の政をするだろう（海東（朝鮮半島）で戦争するだろう）。お前達倭の客も、東に帰ることが許されない。」と言われた。遂に西京（長安）に足止めされ、別のところに幽閉された。戸を閉ざされ、塞がれて、東西へと移動することは許されず、自由を拘束されました。何年も困り苦しみました。

難波吉士男人《なにわのきしおひと》の書に、大唐《おおもろこし》に向かった大使は、島に衝突して転覆した。副使が天子にお目にかかり、蝦夷をお見せした。

蝦夷は白鹿の皮一、弓三、箭《や》八〇を天子に奉ったとある。

庚寅（干支の二七番目）の日である一五日、群臣《まえつきみ》に詔《みことのり》して、京内の諸寺に、盂蘭盆経《うらぼんきょう》を講説させて、七世《ななつぎ》の父母に報いさせられた。

この年、出雲国造《いずものくにのみやつこ》（名は欠けていて不明）に命ぜられて神宮を修造させられた。そのとき狐が、於友郡《おうのこおり》（島根県の熊野大社がある）の役夫の採ってきた葛《かずら》を噛み切って逃げた。また犬が死人の腕を、於言屋社《いうやのやしろ》（言屋は、伊浮瑯《いうや》と云う）（島根県八東郡東出雲町揖屋神社揖屋神社）のところに噛って置いていた。天子の崩御の前兆である。

また高麗の使者が、羆《ひぐま》の皮一枚を持ち出して、その価値を「綿六〇斤」と言った。市司《いちのつかさ》（物価係の役）が笑うと立ち去った。高麗画師子麻呂《こまのえかきこまろ》は、同姓の客（高麗の使者）を自分の家へ招いてもてなす日に、官の羆《ひぐま》の皮七〇枚を借りて、客の席に敷いた。客らは恐れ怪しんで退出した。

六年春正月壬寅朔　高麗使人乙相賀取文等一百餘　泊于筑紫　三月　遣阿倍臣闕名率船師二百艘　伐

肅愼國　阿倍臣　以陸奥蝦夷令乘己船到大河側　於是　渡嶋蝦夷一千餘屯聚海畔　向河而營　營中二人進而急叫曰　肅愼船師多來將殺我等之故　願欲濟河而仕官矣　阿倍臣　遣船喚至兩箇蝦夷　問賊隱所與其船數　兩箇蝦夷便指隱所曰　船廿餘艘　卽遣使喚　而不肯來　阿倍臣　乃積綵帛・兵・鐵等於海畔而令貪嗜　肅愼乃陳船師　繫羽於木擧而爲旗　齊棹近來停於淺處　從一船裏出二老翁　廻行熟視所積綵帛等物　便換着單衫各提布一端　乘船還去　俄而老翁更來　脱置換衫幷置提布　乘船而退　阿倍臣遣數船使喚　不肯來　復於弊賂辨嶋　食頃乞和　遂不肯聽　弊賂辨渡嶋之別也　據己柵戰　于時能登臣馬身龍　爲敵被殺　猶戰未倦之間　賊破殺己妻子

六年（西暦六六〇年）春一月壬寅（干支の三九番目）を朔（一日）とする日、高麗の使者である乙《おつ》相賀《そうが》取文《すもん》ら一〇〇人余りが筑紫に着いた。三月、阿倍臣《あべのおみ》（名は欠けていて不明）を遣わして軍船二〇〇隻を率い、粛慎国《みしはせのくに》を討たせた。阿倍臣は陸奥の蝦夷に令（命）じて自分の船にのせ、大河の側《ほとり》まできた。すると渡島《わたりのしま》の蝦夷が一〇〇〇余、海のほとりにむらがり、河に面して屯営していた。営の中の二人が進んで急に叫んで言った。「粛慎《みしはせ》の軍船が多数おしかけて、我らを殺そうとしていますので、どうか河を渡ってお仕えすることを、お許し下さい。」という。阿倍臣は船をやって二人の蝦夷を召し寄せ、賊の隠れ場所と船の数を尋ねた。二人の蝦夷は隠れ場所を指さして、「船は二〇隻余りです。」という。使者をやって呼んだ。しかしやってこなかった。そこで阿倍臣は、綵絹《しみのきぬ》（色に染めた絹）・兵《つわもの》（兵器）・鉄《ねりかね》を海の畔《ほとり》に積んで、貪嗜《たんし》（見せびらかし欲しがら）させた。粛慎《みしはせ》は軍船を連ねて、鳥の羽を木に掛け、それを上げて旗としていた。舟の棹《さお》を揃え操って近づき、浅いところに止まった。

一隻の舟の裏（中）から、二人の老翁《おきな》が出てきて、積み上げられた綵絹《しみのきぬ》などの品物をよくよく調べた。それから単衫《ひとえきぬ》に着替えて、それぞれ布一端を提げて、船に乗って還去した。しばらくすると老翁がまた来て、着替えた衣を脱ぎ、持ってきた布を置いて、船に乗って帰った。換衫《かえきぬ》（着替えた衣）を脱いで置いて、あわせて引き下げた提布を置いて、船に乗って退きました。阿倍臣は多くの船を出して、粛《みし》慎人《はせびと》を呼ばせたが、聞き入れることなく、弊賂弁島《へろべのしま》に帰った。しばらくしてから和を乞うてきたが成立せず、弊賂辨《へろべ》は渡嶋《わたりのしま》の一部。自ら築いた柵にこもって戦った。能登臣《のとのおみ》馬《ま》身竜《むたつ》は、敵のために殺された。戦いが充分熟さないうちに、敵方は自分らの妻子を殺して敗走した。

夏五月辛丑朔戊申　高麗使人乙相賀取文等　到難波館　是月　有司　奉勅造一百高座一百衲袈裟　設仁王般若之會　又　皇太子初造漏剋　使民知時　又　阿倍引田臣闕名獻夷五十餘　又　於石上池邊作須彌山　高如廟塔　以饗肅愼卌七人　又　舉國百姓　無故持兵往還於道　國老言　百濟國失所之相乎

秋七月庚子朔乙卯　高麗使人乙相賀取文等罷歸　又覩貨羅人乾豆波斯達阿　欲歸本土求請送使曰　願後朝於大國　所以留妻爲表　乃與數十人入于西海之路

高麗沙門道顯日本世記曰　七月云々　春秋智　借大將軍蘇定方之手　使擊百濟亡之　或曰　百濟自亡由君大夫人妖女之無道擅奪國柄誅殺賢良　故召斯禍矣　可不愼歟　可不愼歟　其注云　新羅春秋智不得願於內臣蓋金　故　亦使於唐捨俗衣冠請媚於天子　投禍於隣國而搆斯意行者也

伊吉連博德書云　庚申年八月百濟已平之後　九月十二日放客本國　十九日發自西京　十月十六日還到東京　始得相見阿利麻等五人　十一月一日　爲將軍蘇定方等　所捉百濟王以下太子隆等諸王子十三人

大佐平沙宅千福國辨成以下卌七人幷五十許人　奉進朝堂　急引趍向天子　天子　恩勅見前放着　十九日賜勞　廿四日發自東京

夏五月辛丑（干支の三八番目）を朔（一日）とする戊申（干支の四五番目）の日である八日、高麗の使者である乙相賀取文《おつそうがすもん》らが、難波の館《むろつみ》に着いた。この月、役人達は勅《みことのり》を承って、一〇〇の高座、一〇〇の納袈裟《のうけさ》（僧の法衣）を作って、仁王般若《におうはんにゃ》の法会《ほうえ》を設けた。また皇太子（中大兄皇子《なかのおおえのみこ》）が初めて漏刻《ろうこく》（水時計）をつくり、民に時を知らせるようにされた。また阿倍引田臣《あべのひけたのおみ》（名は欠けていて不明）は、蝦夷五〇余人を奉った。また石上池《いそのかみのいけ》の辺りに須弥山《しゅみせん》を造った。高さは寺院の塔ほどあった。粛《みし》慎《はせ》三七人に饗応をされた。また国中の百姓（民達）が、理由なく武器を持ち道を行き来した。国老《ころう》（国の老）人は、百済国が土地を失う、凶相だと言った。

秋七月庚子（干支の三七番目）を朔（一日）とする乙卯（干支の五二番目）の日である一六日、高麗《こま》の使者である乙相賀取文《おつそうがすもん》らは帰途についた。また都貨羅人《とからのひと》・乾豆波斯達阿《けんづはしたちあ》は、本国に帰ろうと思い、送使をお願いしたいと請い、「願わくば、後に大国《やまと》に来てお仕えしたいと思います。その証拠に妻を留めて、その印とします。」と言った。そして数十人の者と、西海の路の帰途についた。

高麗の沙門《さもん》（僧）道顕《どうけん》の日本世記に曰く、「七月云々　新羅の春秋智《しゅんじゅうち》（太宗・武烈王）は、唐の大将軍である蘇定方《そていほう》の手を借りて、百済を挟み撃ちにして滅ぼした。他の説で曰く、百済は自滅したのである。王の大夫人が妖女で無道、ほしいままに国柄（国の柄＝国の根本＝権力）を擅奪し、賢良な人達を誅殺し、禍を招いたので、気をつけねばならぬ、気をつけねばならぬ。」と。その本の註に、新羅の春秋智《しゅんじゅうち》は、高麗の内臣である蓋金《こうきん》（淵蓋蘇文《えんがいそぶん》、ヨン・ゲソムンのこと。）に助力の願いをいれられず、それでさらに唐に使者を送り、新羅の俗（自国の風習）の衣服や冠を捨てて、服を捨てて、天子に媚び、隣国を併合する意図を構えたとある。

伊吉連博徳《いきのむらじはかとこ》の書には、庚申（干支の五七番目）の年であるこの年八月、百済がすでに平定させられた後、九月一二日に日本の客人を本国に放免した。一九日、西京（長安）を発った。一〇月一六日、東京（洛陽）に還り到り、初めて阿利麻《ありま》（東漢長直阿利麻《やまとのあやのながのあたいありま》）ら五人に会うことができた。一一月一日、将軍・蘇定方《そていほう》らのために捕らえられた百済王以下太子隆ら、諸王子一三人、大佐平《てちゃぴょん》・沙宅千福《さたくせんふく》、国弁成《こくべんじょう》以下三七人、合わせて五〇人ばかりの人を、朝堂に奉進するため、にわかに引き連れて天子のところに赴いた。天子は恩勅（慈愛）をかけ許し、釈放した。一九日、我々の労を労《ねぎら》われ、二四日東京（洛陽）を発ったとある。

九月己亥朔癸卯　百濟　遣達率闕名沙彌覺從等來奏曰　或本云逃來告難　今年七月　新羅恃力作勢不親於隣　引搆唐人　傾覆百濟　君臣總俘　略無噍類　或本云　今年七月十日　大唐蘇定方　率船師軍于尾資之津　新羅王春秋智　率兵馬　軍于怒受利之山　夾擊百濟相戰三日　陷我王城　同月十三日始破王城　怒受利山百濟之東堺也　於是　西部恩率鬼室福信　赫然發憤據任射岐山　或本云北任敍利山　達率餘自進　據中部久麻怒利城　或本云　都々岐留山　各營一所　誘聚散卒　兵盡前役　故以棓戰　新羅軍破　百濟奪其兵　既而百濟兵翻銳　唐不敢入　福信等　遂鳩集同國共保王城　國人尊曰佐平福信　佐平自進　唯福信　起神武之權　興既亡之國

冬十月　百濟佐平鬼室福信　遣佐平貴智等　來獻唐俘一百餘人　今美濃國不破片縣二郡唐人等也　又乞師請救　并乞王子余豐璋曰　或本云　佐平貴智達率正珍也　唐人率我蝥賊　來蕩搖我疆場　覆我社稷　俘我君臣　百濟王義慈其妻恩古其子隆等　其臣佐平千福國辨成孫登等凡五十餘　秋於七月十三日爲蘇將軍所捉而送去於唐國　蓋是　無故持兵之徵乎　而百濟國遙頼天皇護念　更鳩集以成邦　方今謹願　迎百濟國遣侍天朝王子豐璋　將爲國主　云々　詔曰　乞師請救聞之古昔　扶危繼絶著自恆典　百濟國窮來歸我　以本邦喪亂靡依靡告　枕戈嘗膽　必存拯救　遠來表啓　志有難奪　可分命將軍百道倶前　雲會雷動倶集沙喙　翦其鯨鯢紓彼倒懸　宜有司具爲與之　以禮發遣　云々　送王子豐璋及妻子與其叔父忠勝等　其正發遣之時見于七年　或本云　天皇　立豐璋爲王　立塞上爲輔　而以禮發遣焉

十二月丁卯朔庚寅　天皇幸于難波宮　天皇　方隨福信所乞之意　思幸筑紫　將遣救軍　而初幸斯　備諸軍器　是歳　欲爲百濟將伐新羅　乃勅駿河國造船　已訖　挽至續麻郊之時　其船夜中無故艫舳相反　衆知終敗　科野國言　蠅群向西　飛踰巨坂　大十圍許　高至蒼天　或知救軍敗績之怪　有童謡曰

摩比邏矩　都能倶例豆例　於能幣陀乎　邏賦倶能理歌理鶔　美和陀騰能理歌美

烏能陛陀烏　邏賦倶能理歌理鶔　甲子騰和　與騰美　烏能陛陀烏　邏賦倶能理歌理鶔

九月己亥（干支の三六番目）を朔（一日）とする癸卯（干支の四〇番目）の日である五日、百済は達率《だるそつ》（名は欠けていて不明）、沙弥《さみ》（修行僧）覚従《かくじゅ》らを遣わして奏上させ（或る本に云く、逃げてきて、難《わざわい》（新羅と唐の侵攻のこと）を告げたとも。）、「今年の七月、新羅は力をたのんで勢いをほこり、隣と親しまず、唐人を引き入れて、百済を転覆させました。君臣、皆、虜とされほとんど残る者もありません。」と言った。（或る本に云く、今年七月一〇日、大唐の蘇定方《そていほう》が軍船を率いて、尾資津《びしのつ》に陣どった。新羅王の春秋智《しゅんじゅうち》は兵馬を率いて、怒受利山《のずりのむれ》に陣した。百済を挟み撃ちにして戦うこと三日、我が王城は陥落、七月一〇日始めて王城を破った。怒受利山《のずりのむれ》は百済の東の境であるとある。ここにおいて、西部《さいほう》・恩率《おんそつ》・鬼室福信《きしつふくしん》は激しく発憤して、任射岐山《にざぎのむれ》に陣どった。（或る本に云く、北任叙利山《きたのにじょりのむれ》とある。）中部の達率《だるそつ》・余自進《よじしん》は、久麻怒利城《くまのりのさし》（或る本に云く、都々岐留山《つつきるのむれ》とある。）に拠り、それぞれ一所《ひとつところ》で陣営を敷いて、散った兵を誘い集めました。兵（武器）は先の戦いの時に尽きてしまったので、掊《つかなぎ》（棒）で戦った。新羅の軍を破り、百済はその武器を奪った。すでに百済の兵はかえって精鋭になった。唐は敢て入らなかった。福信《ふくしん》らは遂に同国人を呼び集めて、共に王城を守った。国人は尊んで、「佐平《ちゃぴょん》・福信《ふくしん》、佐平《ちゃぴょん》・自進《じしん》、唯《ただ》、福信《ふくしん》は神武の権《はかりごと》を起こして、すでに滅んだ国さえも興《おこ》した。」と言った。

冬一〇月、百済の佐平《ちゃぴょん》・鬼室福信《きしつふくしん》は、佐平《ちゃぴょん》・貴智《きち》らを遣わして、唐の俘虜《ふりょ》一〇〇余人を奉った。今、美濃国の不破郡《ふわのこおり》、方県郡《かたあがたのこおり》二郡の唐人達である。また、「援軍を乞い、同時に王子である余豊璋《よほうしょう》を頂きたいと乞い。」（或る本に云く、佐平《ちゃぴょん》の貴智と達率《だるそつ》の正珍《しょうちん》である。）、「唐人は、我らの蟊賊《あしきあた》（悪い敵）（新羅）を率いて来り、我が辺境を犯し、我が国を覆し、我が君臣（百済王・義慈、その妻の恩古、その子の隆ら、その臣の佐平《ちゃぴょん》・千福、国弁成・孫登ら、およそ五〇人余）を俘《とりこ》にし、秋七月一三日、蘇将軍のために捕らえられ唐国に送られた。」と告げた。先に人民が故無くして武器を持ち歩いたのは、このことの前兆だったのだろうか。

「百済国は、遥かな天皇の護念に頼って、より集まって国を成しました。今、慎み、願うのは、百済国の、天朝《みかど》に派遣して仕えている王子の豊璋を迎えて、国の主としたいということです。」云々と言った。詔《みことのり》して、「救援の軍を乞うていることは、前からよく聞いている。危きを助け、絶えたものを継ぐべきことは恒久的な典《のり》（自然な摂理）に顕著です。今、百済国が窮して、我に頼ってきたのは、本の国が滅んでしまって、依る所も告げる所もないからである。戈《ほこ》（槍）を枕にして、胆を嘗める（臥薪嘗胆《がしんしょうたん》）しても必ず救いをと、遠くから申してきている。その志は見捨てられない。将軍達にそれぞれ命じて、百道（八方）から共に進むべきである。雲のように集い、雷のように動いて、共に沙喙《さたく》（新羅の地）に集まれば、鯨鯢（敵）を斬り、その差し迫った苦しみを紓《ゆるめて》やれよう。有司（役人）達は王子のために充分備えを与え、礼をもって送り遣わすように。」云々と述べられた。王子豊璋及び妻子と叔父の忠勝《ちゅうしょう》らを送った。その発った時のことは七年の条にある。（或る本に云く、「天皇が豊璋を立てて王とし、塞上《さいじょう》（豊璋の弟）をその助けとし、礼をもって送り出した。」）

一二月丁卯（干支の四番目）を朔（一日）とする庚寅（干支の二七番目）の日である二四日、天皇は難波宮《なにわのみや》にお出でになった。天皇は福信の願いに応じて、筑紫に行幸し、救いの軍隊を送ろうと思われ、まずここに種々の武器を準備された。この年、百済のために新羅を討とうと思われ、駿河国に勅《みことのり》して船を造らせられた。造り終わって続麻郊《おみの》（伊勢国多気郡麻績）にひいてきたとき、その船は夜中に故もなく、艫《とも》と舳《へ》とが入れ替っていた。人々は終わりには敗れるだろうと悟りました。科野国《しなののくに》（信濃国）から、「蝿の群が西に向って、巨坂《おおさか》を飛び越えていきました。大きさは一〇人で取り囲んだ程で、高さは大空に達していました」言ってきた。これは救援軍が破れるという凶兆の怪異と悟った。
童謡があり。
摩比邏矩　都能倶例豆例　於能幣陀乎　邏賦倶能理歌理鵜　美和陀騰能理歌美
まひらく　つのくれつれ　をのへたを　らふくのりかりが　みわたとのりかみ
烏能陛陀烏　邏賦倶能理歌理鵜　甲子騰和　與騰美　烏能陛陀烏　邏賦倶能理歌理鵜
をのへたを　らふくのりかりが　かうしとわ　よとみ　をのへたを　らふくのりかりが
（救援軍が成功しないことを諷したものと思われる。）
七年春正月丁酉朔壬寅　御船西征始就于海路　甲辰　御船到于大伯海　時　大田姫皇女産女焉　仍名
是女曰大伯皇女　庚戌　御船泊于伊豫熟田津石湯行宮　熟田津　此云儞枳拕豆
三月丙申朔庚申　御船還至于娜大津　居于磐瀬行宮　天皇　改此名曰長津　夏四月　百濟福信遣使上
表　乞迎其王子糺解
釋道顯日本世記曰　百濟福信獻書　祈其君糺解於東朝　或本云　四月天皇遷居于朝倉宮
五月乙未朔癸卯　天皇遷居于朝倉橘廣庭宮　是時　斮除朝倉社木而作此宮之故　神忿壞殿　亦見宮中
鬼火　由是　大舍人及諸近侍病死者衆　丁巳　耽羅始遣王子阿波伎等貢獻
伊吉連博德書云　辛酉年正月廿五日還到越州　四月一日從越州上路東歸　七日行到檉岸山明　以八日
鶏鳴之時順西南風　放船大海　海中迷途　漂蕩辛苦　九日八夜僅到耽羅之嶋　便卽招慰嶋人王子阿波
伎等九人同載客船　擬獻帝朝　五月廿三日奉進朝倉之朝　耽羅入朝始於此時　又　爲智興傔人東漢草

直足嶋所譏　使人等不蒙寵命　使人等怨徹于上天之神　震死足嶋　時人稱曰　大倭天報之近
六月　伊勢王薨　秋七月甲午朔丁巳　天皇崩于朝倉宮　八月甲子朔　皇太子奉徙天皇喪　還至磐瀬宮
是夕於朝倉山上有鬼　着大笠臨視喪儀　衆皆嗟怪
冬十月癸亥朔己巳　天皇之喪歸就于海　於是　皇太子泊於一所哀慕天皇　乃口號曰
枳瀰我梅能　姑裒之枳舸羅儞　婆底々威底　舸矩野姑悲武謀　枳瀰我梅弘報梨
乙酉　天皇之喪還泊于難波
十一月壬辰朔戊戌　以天皇喪殯于飛鳥川原　自此發哀至于九日
日本世記云　十一月　福信所獲唐人續守言等至于筑紫　或本云　辛酉年　百濟佐平福信所獻唐俘一百
六口　居于近江國墾田　庚申年既云福信獻唐俘　故今存注　其決焉

七年（西暦六六一年）春一月丁酉（干支の三四番目）を朔（一日）とする壬寅（干支の三九番目）の日である六日、御船（天皇の船）は西征に向けて始めて海路についた。甲辰（干支の四一番目）の日である八日、御船が大伯《おおく》の海（岡山県邑久の海）に着いたとき、大田姫皇女《おおたのひめみこ》（中大兄の子で、大海人皇子の妃）が女子をお生みになった。それでこの子を大伯皇女《おおくのひめみこ》と名づけた。庚戌（干支の四七番目）の日である一四日、御船は伊予の熟田津《にきたつ》（愛媛県松山市付近）の石湯行宮《いしゆのかりのみや》（道後温泉）に泊った。（熟田津は、儞枳拕豆《にきたつ》と云う。）

三月丙申（干支の三三番目）を朔（一日）とする庚申（干支の五七番目）の日である二五日、御船は本来の航路に戻って、娜大津《なのおおつ》（博多港）についた。磐瀬行宮《いわせのかりみや》（福岡市付近）にお入りになった。天皇は名を改めてここを長津《ながつ》（那河津）とされた。夏四月、百済の福信が使者を遣わして表を奉り、百済の王子である糺解《くげ》（豊璋）をお迎えしたいと乞うた。

釈《ほうし》（僧）・道顕《どうけん》の日本世紀には、百済の福信は書を奉って、その君である糺解《くげ》のことを東朝《みかど》に願ったとされる。またある本に、四月、天皇は朝倉宮《あさくらのみや》（福岡県朝倉町）に遷り住まれたとある。

五月乙未（干支の三二番目）を朔（一日）とする癸卯（干支の四〇番目）の日である九日、天皇は朝倉橘広庭宮《あさくらのたちばなのひろにわのみや》にお遷りになった。このとき朝倉社《あさくらのやしろ》の木を斮（切）り払って、この宮を造られたので、雷神が怒って御殿を壊した。また宮殿内に鬼火《おにび》が現れた。このため大舎人《おおとねり》や近侍の人々に、病んで死ぬ者が多かった。丁巳（干支の五四番目）の日である二三日、耽羅《たんら》（済州島）が初めて王子・阿波伎《あわぎ》らを遣わして貢《みつき》を奉った。

伊吉博徳《いきのはかとこ》の書に云く、辛酉（干支の五八番目）の年であるこの年一月二五日、越州（杭州湾南岸）に還り到った。四月一日越州より出発して東に帰った。七日檉岸山《ちょうがんさん》の南に行き到った。八日鶏鳴の時（暁）、西南の風に乗って船を大海に出した。海上で路に迷い漂流して苦しんだ。九日八夜してやっと耽羅島《たんらのしま》に着いた。島人の王子である阿波伎《あわぎ》ら九人を招きもてなし、使者の船に乗せて、帝に奉ることとした。五月二三日、朝倉の朝廷に奉った。耽羅《たんら》の人が入朝するのは、この時に始まった。また智興《ちこう》の傔人《ともびと》の東漢草直足島《やまとのあやのかやのあたいたりしま》のために讒言《ざんげん》され、使者らは唐の朝廷から寵命《ちょうめい》（お褒めの言葉）を受けられなかった。使者らの怨（怒り）は上天の神に通じて、足島は雷に打たれて死んだ。当時の人は、「大倭《おおやまと》の天の報いは早いことだ」と言ったとある。

六月、伊勢王《いせのおおきみ》が薨《こう》じた。秋七月甲午（干支の三一番目）を朔（一日）とする丁巳（干支の五四番目）の日である二四日、天皇は朝倉宮に崩御された。八月甲子（干支の一番目）の朔（一日、皇太子（中大兄《なかのおおえ》）は天皇の喪をつとめ、帰って磐瀬宮《いわせのみや》に着かれた。この夕に、朝倉山の上に鬼が現れ、大笠を着て喪の儀式を臨み覗《み》ていた。人々は皆怪しんだ。

冬一〇月癸亥（干支の六〇番目）を朔（一日）とする己巳（干支の六番目）の日である七日、天皇の喪（亡骸）を帰そうと海に就航しました。皇太子はとあるところで停泊して、天皇を慕い悲しまれて、口ずさんで歌われた。

枳瀰我梅能　姑裒之枳舸羅儞　婆底々威底　舸矩野姑悲武謀　枳瀰我梅弘報梨

キミガメノ、コホシキカラニ、ハテテヰテ、カクヤコヒムモ、キミガメヲホリ。

君《きみ》が目の、恋《こお》しきからに、泊《は》てて居《い》て、かくや恋《こひ》むも、君が目を欲《ほ》り。

あなたの目が恋しいから、ここに船泊りしていて、これほどに恋しいのは、あなたの目を一目見たいばかりなのです。

乙酉（干支の二二番目）の日である二三日、天皇の亡骸は、還って難波に泊った。

一一月壬辰（干支の二九番目）を朔（一日）とする戊戌（干支の三五番目）の日である七日、天皇の亡骸を飛鳥川原《あすかのかわら》に殯《もがり》した。この日から九日まで悲しみの発哀《みね》を捧げた。

日本世記には、一一月に福信が捕らえた唐人《からひと》の続守言《しょくしゅげん》らが筑紫に着いたとある。またある本には、辛酉（干支の五八番目）の年であるこの年に百済の佐平《ちゃぴょん》・福信が奉った唐の俘《とりこ》一〇六人を、近江国の墾田《はりた》（開墾地）に居らしめたとある。庚申（干支の五七番目）である昨年すでに福信は唐の俘虜《ふりょ》を奉ったことが見えている。今、書き留めておくので何れかに決めよ。

日本書紀巻第廿七

天命開別天皇　天智天皇

天命開別天皇　息長足日廣額天皇太子也　母曰天豐財重日足姫天皇　天豐財重日足姫天皇四年　讓位於天萬豐日天皇　立天皇爲皇太子　天萬豐日天皇　後五年十月崩　明年皇祖母尊卽天皇位　七年七月丁巳崩　皇太子素服稱制

天命開別天皇《あめみことひらかすわけのすめらみこと》（天智天皇）は、息長足日広額天皇《おきながたりしひひろぬかのすめらみこと》（舒明天皇）の太子である。母を天豊《あめとよ》財重日足姫天皇《たからいかしひたらしひめのすめらみこと》（皇極天皇、斉明天皇）という。天豊財重日足姫天皇《あめとよたからいかしひたらしひめのすめらみこと》（皇極天皇）四年に、天皇は、位を天万豊日天皇《あめよろずとよひのすめらみこと》（孝徳天皇）に譲られた。天皇（天智天皇）を立てて皇太子とされた。天万豊日天皇《あめよろずとよひのすめらみこと》（孝徳天皇）は白雉五年一〇月に崩御された。明くる年に皇祖母尊《すめみおやのみこと》（皇極天皇）が重祚して斉明天皇となられた。七年（西暦六六一年）七月二四日、斉明天皇が崩御され、皇太子は素服（白の麻衣）をお召しになって、称制（即位式は挙げないで、政務を取る）された。

是月　蘇將軍與突厥王子契苾加力等　水陸二路至于高麗城下　皇太子　遷居于長津宮　稍聽水表之軍政

八月　遣前將軍大花下阿曇比邏夫連　小花下河邊百枝臣等　後將軍大花下阿倍引田比邏夫臣　大山上物部連熊　大山上守君大石等　救於百濟　仍送兵杖五穀　或本續此末云　別使大山下狹井連檳榔　小

山下秦造田來津　守護百濟
九月　皇太子　御長津宮　以織冠授於百濟王子豐璋　復以多臣蔣敷之妹妻之焉　乃遣大山下狹井連檳榔　小山下秦造田來津　率軍五千餘衞送於本鄉　於是　豐璋入國之時　福信迎來稽首　奉國朝政　皆悉委焉
十二月　高麗言　惟十二月於高麗國寒極淚凍　故唐軍雲車衝輣鼓鉦吼然　高麗士卒膽勇雄壯　故更取唐二壘　唯有二塞　亦備夜取之計　唐兵　抱膝而哭　鋭鈍力竭而不能拔　噬臍之恥　非此而何　釋道顯云　言春秋之志正起于高麗　而先聲百濟　百濟　近侵甚苦急　故爾也
是歳　播磨國司岸田臣麻呂等　獻寶劒言　於狹夜郡人禾田穴內獲焉　又日本救高麗軍將等　泊于百濟加巴利濱而燃火焉　灰變爲孔有細響　如鳴鏑　或曰　高麗百濟終亡之徵乎

　この月（斉明天皇七年七月）（西暦六六一年）に、蘇将軍（唐将・蘇定方）と突厥《とっけつ》の王子である契苾《けいひつ》加力《かりき》らとが、水陸両道から進撃して、高麗の城下に到着しました。

　皇太子は長津宮《ながつのみや》（博多大津）に遷って居ました。そこでとりあえず海外の軍事事情を聞きました。八月に、前軍の将軍として位階八位の大花下《だいかげ》・阿曇比邏夫連《あずみのひらぶのむらじ》、位階一〇位の小花下《しょうかげ》・河辺百枝臣《かわべのももえのおみ》ら、後軍の将軍として位階八位の大花下《だいかげ》・阿倍引田比邏夫臣《あべのひけたのひらぶのおみ》、位階一一位の大山上《だいせんじょう》・物部連熊《もののべのむらじくま》、位階一一位の大山上《だいせんじょう》・守君大石《もりのきみおおいわ》らを派遣して百済を救わせようとしました。それで兵杖（武器）・五穀を送りました。（或る本には、このあとに続けて、別に位階一二位の大山下・狭井連檳榔《さいのむらじあじまさ》、位階一四位の小山下《しょうせんげ》・秦造《はたのみやつこ》田来津《たくつ》を遣わして、百済を守護させたとある。）

九月、皇太子は長津宮《ながつのみや》にあって、織冠《おりもののこうぶり》を百済の王子の豊璋にお授けになった。また、多臣蔣敷《おおのおみこもしき》の妹をその妻とされた。そして、位階一二位の大山下《だいせんげ》・狭井連檳榔《さいのむらじあじまさ》、位階一四位の小山下《しょうせんげ》・秦造《はたのみやつこ》田来津《たくつ》を派遣して、軍兵五千余を率いて、豊璋を本国に護り送らせた。この豊璋が国に入ると、鬼室福信が迎えにきて、稽首《けいしゅ》（頭を地に着くまで下げてする礼）して国の政をすべてお任せ申し上げた。

一二月、高麗が、「この一二月、高麗国は極寒に襲われ、涓《え》川が凍ってしまった。そこで唐の軍勢は雲車《たかくるま》（敵の様子を見る雲のように高い車）や衝輣《つきくるま》（城門を突き破る車）をもって、鼓や鐘を鳴らして攻めてきました。高麗の士卒（軍勢）は胆が勇ましく、雄々しいので、唐軍の二つの塁を取りました。あと二つの城塞が残っていました。夜にまたその城塞を取る計画でしたが、唐兵は膝を抱いて泣くので、剣も力鈍り、ついに奪取できませんでした。」と言った。臍《ほぞ》を噛むような恥とは、これでなくては何だというのか。

釈《ほうし》（僧）道顕《どうけん》が云う、「（新羅の王族）春秋《しゅんじゅう》（金春秋のちの武烈王）の本意は高麗を討つことにあったが、まずは百済にその声を聞かせようとした。それは近年新羅が百済から侵略されることが激しくて、苦しんでいました。それで、こう言ったのです。」と言った。

この年、播磨国司《はりまのくにのつかさ》の岸田臣麻呂《きしたのおみまろ》らが、宝剣を献上して、「狭夜郡《さよのこおり》（兵庫県佐用郡）の人の禾田《あわふ》（粟を作る畑）の穴で獲ました。」と言った。また、日本の高麗救援軍の将らが、百済の加巴利《かはり》の浜に泊って火を焚いた。燃えた灰が変化して孔《あな》になり、細く響く音がありました。の跡が孔になって、細く響く音が聞こえた。それが鳴鏑《なるかぶら》（鏑矢の鳴る音）のようであった。ある人は、「高麗・百済がついには滅ぶ徴候か。」と言った。

（冠十九階　日本書紀大化五年（西暦六四九年）二月の条に、「冠十九階を制す。一曰大織　二曰小織　三曰大繡　四曰小繡　五曰大紫　六曰小紫　七曰大花上　八曰大花下　九曰小花上　十曰小花下　十一曰大山上　十二曰大山下　十三曰小山上　十四曰小山下　十五曰大乙上　十六曰大乙下　十七曰小乙上　十八曰小乙下　十九曰立身」との記録がある。）

元年春正月辛卯朔丁巳　賜百濟佐平鬼室福信矢十萬隻　絲五百斤　綿一千斤　布一千端　韋一千張　稲種三千斛

三月庚寅朔癸巳　賜百濟王布三百端　是月　唐人新羅人伐高麗　高麗乞救國家　仍遣軍將據疏留城　由是　唐人不得略其南堺　新羅不獲輸其西壘

夏四月鼠産於馬尾　釋道顯占曰　北國之人將附南國　蓋高麗破而屬日本乎

五月　大將軍大錦中阿曇比邏夫連等率船師一百七十艘　送豐璋等於百濟國　宣勅　以豐璋等使繼其位　又予金策於福信而撫其背　褒賜爵祿　于時　豐璋等與福信稽首受勅　衆爲流涕

六月己未朔丙戌　百濟遣達率萬智等進調獻物

冬十二月丙戌朔　百濟王豐璋其臣佐平福信等　與狹井連闕名朴市田來津議曰　此州柔者　遠隔田畝　土地磽确　非農桑之地　是拒戰之場　此焉久處　民可飢饉　今可遷於避城　避城者西北帶以古連旦涇之水　東南據深泥巨堰之防　繚以周田　決渠降雨　華實之毛則　三韓之上腴焉　衣食之源則二儀之隩區矣　雖曰地卑　豈不遷歟　於是　朴市田來津獨進而諫曰　避城與敵所在之間一夜可行　相近茲甚

若有不虞　其悔難及者矣　夫飢者後也　亡者先也　今敵所以不妄來者　州柔設置山險盡爲防禦　山峻高而谿隘　守易而攻難之故也　若處卑地　何以固居而不搖動及今日乎　遂不聽諫而都避城　是歳　爲救百濟　修繕兵甲　備具船舶　儲設軍粮　是年也　太歳壬戌

元年（西暦六六二年）春一月辛卯（干支の二八番目）を朔（一日）とする丁巳（干支の五四番目）である日である二七日、百済の佐平《ちゃぴょん》・鬼室福信に、矢一〇万隻、糸五〇〇斤、綿一〇〇〇斤、布一〇〇〇端、韋《おしかわ》（なめし皮）一〇〇〇張、稲種《たなしね》三〇〇〇斛（石）を賜わった。

三月庚寅（干支の二七番目）を朔（一日）とする朔癸巳（干支の三〇番目）の日である四日、百済王（余豊璋《よほうしょう》）に布三〇〇端を賜わった。この月、唐人と新羅人が高麗を討った。高麗は救いを国家（大和朝廷）に乞い願った。それで日本は将兵を送って疏留城《そるさし》に構えた。このため唐人はその南の境を犯すことができず、新羅はその西の塁をおとすことができなくなった。

夏四月に、鼠《ねずみ》が馬の尻尾に子を産んだ。釋《ほうし》・道顕《どうけん》が占って、「北の国の人が、南の国に付こうとしている。恐らく高麗が破れて日本に服属するだろう。」と言った。

五月に、大将軍である大錦中《だいきんちゅう》（西暦六六四年天智天皇三年に制定された冠位二六階制の位階第八位が使用されている。）・阿曇比邏夫連《あずみのひらぶのむらじ》らが、軍船一七〇艘を率いて、豊璋らを百済に送り、宣勅《みことのり》して豊璋に百済王位を継がせた。また金策《こがねのふだ》を福信に与えて、その背をなでてねぎらい、爵位や禄物を賜わった。そのとき、豊璋、福信らは稽首《けいしゅ》（頭を地に着くまで下げてする礼）して勅《みことのり》を承った。周囲の諸々の人達はそのために涙を流しました。

六月己未（干支の五六番目）を朔（一日）とする丙戌（干支の二三番目）の日である二八日、百済は達率《だるそつ》・万智《まち》らを遣わして、調《みつき》を奉り、物を献上した。

冬一二月丙戌（干支の二三番目）の朔（一日）、百済王豊璋と、その臣である佐平《ちゃぴょん》・福信は、狭井連《さいのむらじ》（名は欠けていて不明）、朴市田来律《えちのたくつ》と相談し、「この都の州柔《つぬ》は田畝《たはた》（田畑）から遠く隔たっていて、土地がやせている。農業や養蚕に適した土地ではない。戦いの場であって、ここに長らくいると民が飢えるだろう。今、避城《へきし》に移ろう。避城《へきし》は、西北に古連旦涇《これんたんけい》の川が流れ、東南は深泥巨堰《しんでいこえん》（深い泥の大きな堤防）を防衛に頼れる。周囲に田を繚《めぐ》（巡）らし、溝を作り、雨が降る。そうすれば華が咲き、実が成り、毛《くにつもの》（特産物）ができる。三韓の腴（豊かな土地）である。衣食の源があれば、人の住むべきところである。土地が低く、卑しいと言っても、どうして移らないでいられようか。」、と言った。

このとき、朴市田来津《えちのたくつ》がひとり身を進め諫めて、「避城《へきし》と敵のいるところとは、一夜で行ける道のりです。たいへん近い。もし不意の攻撃を受けたら悔いても遅い。飢えは第二です。存亡は第一です。今、州柔《つぬ》に敵がたやすく攻めてこないのは、ここが山険を控え、防御に適し、山が高く谷が狭く、守り易く攻めにくいためです。もし低いところにいれば、どうして堅く守り動かないで、今日に至ることができたでしょうか」と言った。しかし遂に聞かないで避城《へきし》に都した。

この年、百済を救うために、兵甲（武器）を修繕し、船を準備し、兵糧を蓄えた。この年、太歳が壬戌（干支の五九番目）の年。

（白村江の戦い）

二年春二月乙酉朔丙戌　百濟　遣達率金受等進調　新羅人　燒燔百濟南畔四州　幷取安德等要地　於是　避城去賊近　故勢不能居　乃還居於州柔　如田來津之所計　是月　佐平福信　上送唐俘續守言等

三月　遣前將軍上毛野君稚子　間人連大蓋　中將軍巨勢神前臣譯語　三輪君根麻呂　後將軍阿倍引田臣比邏夫　大宅臣鎌柄　率二萬七千人打新羅

夏五月癸丑朔　犬上君闕名　馳告兵事於高麗而還　見糺解於石城　糺解　仍語福信之罪

六月　前將軍上毛野君稚子等　取新羅沙鼻岐奴江二城　百濟王豐璋　嫌福信有謀反心　以革穿掌而縛時　難自決不知所爲　乃問諸臣曰　福信之罪既如此焉　可斬以不　於是　達率德執得曰　此惡逆人不合放捨　福信　卽唾於執得曰　腐狗癡奴　王勒健兒斬而醢首

秋八月壬午朔甲午　新羅　以百濟王斬己良將　謀直入國先取州柔　於是　百濟知賊所計　謂諸將曰今聞　大日本國之救將廬原君臣　率健兒萬餘　正當越海而至　願　諸將軍等應預圖之　我欲自往待饗白村　戊戌　賊將至於州柔　繞其王城　大唐軍將率戰船一百七十艘　陣烈於白村江　戊申　日本船師初至者與大唐船師合戰　日本不利而退　大唐堅陣而守　己酉　日本諸將與百濟王不觀氣象而相謂之曰我等爭先彼應自退　更率日本亂伍中軍之卒　進打大唐堅陣之軍　大唐便自左右夾船繞戰　須臾之際官軍敗績　赴水溺死者衆　艫舳不得廻旋　朴市田來津　仰天而誓切齒而嗔　殺數十人　於焉戰死　是時百濟王豐璋　與數人乘船逃去高麗

九月辛亥朔丁巳　百濟州柔城　始降於唐　是時　國人相謂之曰　州柔降矣　事无奈何　百濟之名絶于

今日　丘墓之所　豈能復往　但可往於弖禮城　會日本軍將等　相謀事機所要　遂教本在枕服岐城之妻子等　令知去國之心　辛酉　發途於牟弖　癸亥至弖禮　甲戌　日本船師及佐平余自信　達率木素貴子谷那晋首　憶禮福留　幷國民等至於弖禮城　明日　發船始向日本

　天智天皇二年（西暦六六三年）春二月乙酉（干支の二二番目）を朔（一日）とする丙戌（干支の二三番目）の日である二日、百済は達率《だるそつ》・金受《きんじゅ》らを遣わして調《みつき》を奉った。新羅人が百済の南部の四州を焼き討ちし、安徳《あんとく》などの要地を奪った。このとき避城《へきし》は敵と近すぎたので、そこに居ることができず、州柔《つぬ》に戻った。田来津《たくつ》が言ったようになった。この月、佐平《ちゃぴょん》・福信が、唐の捕虜・続守言《しょくしゅげん》らを届けてきた。

　三月に前軍の将軍上毛野君稚子《かみつけののきみわかこ》、間人連大蓋《はしひとのむらじおおふた》、中軍の将軍である巨勢神前臣訳語《こせのかんざきのおみおさ》、三輪君根麻呂《みわのきみねまろ》、後軍の将軍である阿倍引田臣比邏夫《あべのひけたのおみひらぶ》、大宅臣鎌柄《おおやけのおみかまつか》を遣わし、二万七千人を率いて新羅を伐たせた。

　夏五月癸丑（干支の五〇番目）を朔（一日）とする日、犬上君《いぬかみのきみ》（名は欠けていて不明）が高麗に急行し、出兵のことを告げて還ってきた。そのとき、糺解《くげ》（豊璋）と石城《しゃくきし》で出会った。糺解《くげ》は（犬上君に）（鬼室《きしつ》）福信《ふくしん》の罪あることを語った。

　六月、前軍の将軍である上毛野君稚子《かみつけののきみわかこ》らが、新羅の沙鼻《さび》、岐奴江《きぬえ》二つの城を取った。百済王の豊璋は、福信に謀反の心があるのを疑って、掌を穿《うが》ち革を通して縛った。しかし、自分で決めかねて困り、諸臣に問うて曰く、「福信の罪はすでに明かだが、斬るべきかどうか」と。そのとき、達率《だるそつ》・徳執得《とくしゅうとく》が、「この悪逆な人物を許し放つべきではありません。捨てるべきです。」と言うと、福信は執得《しゅうとく》に唾を吐きかけて言った。「腐狗痴奴《くちいぬかたくなやつこ》（腐り犬の馬鹿者）」と。王は健児《ちからひと》（兵士）に命じて福信を斬り、首を塩酢漬けにした。

秋八月壬午（干支の一九番目）を朔（一日）とする甲午（干支の三一番目）である一三日、新羅は、百済王が自分の良将を斬ったので、直ちに攻め入って、まず州柔《つぬ》を取ろうとした。ここで百済王は敵の計画を知って、諸将に告げて、「大日本国の救援将軍の廬原君臣《いおはらのきみおみ》が、健児《ちからひと》（兵士）一万余を率いて、今に海を越えてやってくる。どうか諸将軍達は、予め図（戦略）を考えておいて欲しい。私は自分で出かけて、白村《はくすき》（錦江の川口付近）でお迎えしよう。」と言った。一七日に敵将が州柔《つぬ》に来てその王城を囲んだ。大唐の将軍は軍船一七〇艘を率いて、白村江《はくすきのえ》に陣列を敷いた。二七日に日本の先着の軍船と、大唐の軍船が合戦した。日本は不利となり退いた。大唐軍は陣を堅めて守った。二八日、日本の諸将と百済の王とは、そのときの気象《あるかたち》（状況）を観ずに、共に語って、「我らが先を争って攻めれば、敵は自ずから退くだろう。」と言った。さらに日本軍で隊伍の乱れた中軍の兵を率い、進んで大唐軍の堅陣の軍を攻めた。すると、大唐軍は左右から船を挟んで囲んで攻撃した。たちまちに日本軍は破れた。水中に落ちて溺死する者が多かった。船の舳先と船尾を回旋させることができなかった。朴市《えち》田来津《たくつ》は天を仰いで決死を誓い、歯を食い縛って怒り、敵数十人を殺したが、ついに戦死した。このとき、百済王豊璋は、数人と船に乗り高麗へ逃げた。

九月辛亥（干支の四八番目）を朔（一日）とする丁巳（干支の五四番目）である七日、百済の州柔《つぬ》城《さし》は唐に降服した。このとき、国人《くにひと》は語り合って、「州柔《つぬ》が落ちた。如何とも致しがたい。百済の名前は今日で終わりだ。先祖の墓にも二度と行くことができぬ。ただ弖礼城《てれさし》に行って、日本の将軍達に会い、事機《ことはかり》の要《ぬみ》（大事な事）を話し合わなくてはいけない。」と言った。ついに枕服岐城《しんぷくぎさし》に在った妻子どもに教えて、いよいよ国を去ることを知らせた。一一日、牟弖《むて》を出発、一三日、弖礼《てれ》に着いた。二四日、日本の軍船と佐平《ちゃぴょん》・余自信《よじしん》、達率《だるそつ》・木素貴子《もくそきし》、谷那晋首《こくなしんす》、憶礼福留《おくらいふくる》と、一般国民は弖礼城《てれさし》に着いた。翌日、船を出して始めて日本に向かった。

（冠位の増設）

三年春二月己卯朔丁亥　天皇命大皇弟　宣増換冠位階名及氏上　民部　家部等事　其冠有廿六階　大織小織　大縫小縫　大紫小紫　大錦上大錦中大錦下　小錦上小錦中小錦下　大山上大山中大山下　小山上小山中小山下　大乙上大乙中大乙下　小乙上小乙中小乙下　大建小建　是爲廿六階焉　改前花曰錦　從錦至乙加十階　又加換前初位一階　爲大建小建二階　以此爲異　餘並依前　其大氏之氏上　賜大刀　小氏之氏上　賜小刀　其伴造等之氏上　賜干楯弓矢　亦定其民部　家部

三月　以百濟王善光王等　居于難波　有星　殞於京北　是春　地震

夏五月戊申朔甲子　百濟鎭將劉仁願　遣朝散大夫郭務悰等　進表函與獻物　是月　大紫蘇我連大臣薨

或　大臣薨注五月　六月　嶋皇祖母命薨

冬十月乙亥朔　宣發遣郭務悰等勅　是日　中臣内臣　遣沙門智祥賜物於郭務悰　戊寅　饗賜郭務悰等

是月　高麗大臣蓋金　終於其國　遺言於兒等曰　汝等兄弟　和如魚水勿爭爵位　若不如是必爲隣咲

十二月甲戌朔乙酉　郭務悰等罷歸　是月　淡海國言　坂田郡人小竹田史身之猪槽水中忽然稲生　身取

而收　日々到富　栗太郡人磐城村主殷之新婦床席頭端　一宿之間稲生而穂　其旦垂頴而熟　明日之夜
更生一穂　新婦出庭　兩箇鑰匙自天落前　婦取而與殷　殷得始富
是歳　於對馬嶋壹岐嶋筑紫國等置防與烽　又於筑紫築大堤貯水　名曰水城

天智天皇三年（西暦六六四年）春二月己卯（干支の一六番目）を朔（一日）とする丁亥（干支の二四番目）の日である九日、（天智）天皇は、弟の大海人皇子《おおあまのみこ》（後の天武天皇）に命《みことのり》して、冠位の階名を増加し変更することと、氏上《このかみ》（氏族の代表者）、民部《かきべ》（天皇家による公的な支配民）、家部《やかべ》（豪族の支配が認められた民）などを設けることを宣（告）げられた。その冠位は二六階ある。大織《だいしき》・小織《しょうしき》、大縫《だいぶう》・小縫《しょうぶう》、大紫《だいし》・小紫《しょうし》、大錦上《だいきんじょう》・大錦中《だいきんちゅう》・大錦下《だいきんげ》、小錦上《しょうきんじょう》・小錦中《しょうきんちゅう》・小錦下《しょうきんげ》、大山上《だいせんじょう》・大山中《だいせんちゅう》・大山下《だいせんげ》、小山上《しょうせんじょう》・小山中《しょうせんちゅう》・小山下《しょうせんげ》、大乙上《だいおつじょう》・大乙中《だいおつちゅう》・大乙下《だいおつげ》、小乙上《しょうおつじょう》・小乙中《しょうおつちゅう》・小乙下《しょうおつげ》、大建《だいこん》・小建《しょうこん》で二六階である。以前の花を錦と改めた。錦より乙に至るまで十階加えた（孝徳五年の制冠一九階に比べると増えているのは六階）。また、これまでの初位一階に加え、改めて大建《だいこん》・小建《しょうこん》の二階とした。これが異ったところで、他の並びは前のままである。大氏《おおきうじ》の氏上《このかみ》（氏の代表者）には大刀《たち》を賜わり、小氏《ちいさきうじ》の氏上《このかみ》には小刀を賜い、造《とものみやつこ》らの氏上《このかみ》には楯《たて》、弓矢を賜い、またその民部《かきべ》と家部《やかべ》を定めた。

三月、百済王の善光《ぜんこう》らを難波《なにわ》に住まわしめた。京の北で星が殞（落）ちた。この春、地震があった。

夏五月戊申（干支の四五番目）を朔（一日）とする甲子（干支の一番目）の日である一七日、百済にあった鎮将《ちんしょう》（占領軍司令官）の劉仁願《りゅうじんがん》は、朝散大夫《ちょうさんだいぶ》・郭務悰《かくむそう》らを遣わして、表函《ふみひつ》（上奏文を収めた函《ひつ》）と献物を奉った。この月、大紫《だいし》の蘇我連大臣《そがのむらじのおおおみ》が薨じた。（或る本に、大臣が薨じたのは五月との注があった。）。六月、嶋皇祖母命《しまのすめみおやのみこと》（天智天皇の祖母）が薨《こう》じた。

冬一〇月乙亥（干支の一二番目）の朔である一日、郭務悰《かくむそう》らを送り出す勅《みことのり》をお出しになった。この日、中臣内臣《なかとみのうちつまえつきみ》（中臣鎌足）は沙門《さもん》（僧）の智祥《ちしょう》を遣わして、品物を郭務悰《かくむそう》に贈られた。四日、郭務悰らに饗応された。この月、高麗の大臣・蓋金《こうきん》（淵《よん》　蓋蘇文《げそむん》）がその国で亡くなった。子どもらに遺言して、「お前達兄弟は、魚と水とのように仲よくし、爵位を争うことがあってはならぬ。もしそんなことがあれば、きっと隣人に笑われるぞ。」と言った。

一二月甲戌（干支の一一番目）を朔（一日）とする乙酉（干支の二二番目）の日である一二日、郭務悰《かくむそう》らは帰途についた。この月、淡海国《おうみのくに》から言ってきた。「坂田郡《さかたのこおり》の人、小竹田史身《しのだのふびとむ》が飼っている猪の水槽《みずおけ》の中に、にわかに稲が実りました。身《む》がそれを穫り入れると、その後、日に日に富が増えました。栗太郡《くるもとのこおり》の人、磐城村主殷《いわきのすぐりおお》の新婦の床席《しきい》（敷居）の端に、一晩のうちに稲が生え穂がついて、その朝には穂が垂れて熟しました。明くる日の夜には更にもう一つの穂がなりました。新婦の庭に出ると、二箇の鑰匙（鍵）が天から目の前に落ちてきました。女は拾って殷《おお》に渡し、殷はそれから金持ちになったということです。」と。

（西海防備）

この年、対馬の島、壱岐の島、筑紫国《つくしのくに》などに防人《さきもり》と烽《すすみ》（のろし台）をおいた。また、筑紫に大堤《おおつつみ》を築いて水を貯えた。これを水城《みずき》と名づけた。

四年春二月癸酉朔丁酉　間人大后薨　是月　勘校百濟國官位階級　仍以佐平福信之功　授鬼室集斯小錦下　其本位達率　復　以百濟百姓男女四百餘人　居于近江國神前郡
三月癸卯朔　爲間人大后　度三百卅人　是月　給神前郡百濟人田
秋八月　遣達率答炑春初　築城於長門國　遣達率憶禮福留　達率四比福夫　於筑紫國築大野及椽二城
耽羅遣使來朝
九月庚午朔壬辰　唐國遣朝散大夫沂州司馬上柱國劉德高等　等謂　右戎衛郎將上柱國百濟禰軍朝散大夫柱國郭務悰　凡二百五十四人　七月廿八日至于對馬　九月廿日至于筑紫　廿二日進表函焉
冬十月己亥朔己酉　大閲于菟道
十一月己巳朔辛巳　饗賜劉德高等
十二月戊戌朔辛亥　賜物於劉德高等　是月　劉德高等罷歸　是歲　遣小錦守君大石等於大唐　云々
等謂　小山坂合部連石積大乙吉士岐彌吉士針間　蓋送唐使人乎

天智天皇四年（西暦六六五年）春二月癸酉（干支の一〇番目）を朔（一日）とする丁酉（干支の三四番目）の日である二五日、間人大后《はしひとのおおきさき》（天智天皇の妹、孝徳天皇妃）が薨去《こうきょ》された。

この月、百済国の官位の階級を検討した（百済滅亡後、多数渡来した百済人に冠位を授けるため）。佐《ちゃ》平《ぴょん》・福信の功績によって、鬼室集斯《きしつしゅうし》に、小錦下《しょうきんげ》の位を授けた。また百済の民、男女四百人余りを、近江《おうみの》国《くに》の神崎郡《かんさきのこおり》に住ませた。

三月癸卯（干支の四〇番目）を朔（一日）とする日、間人大后《はしひとのおおきさき》のために、三三〇人を得度《とくど》（出家）

させた。この月、神崎郡の百済人に田を給せられた。
秋八月、達率《だるそつ》・答㶱《とうほん》春初《しゅんそ》を遣わして、長門国に城を築かせた。達率《だるそつ》・憶礼福留《おくらいふくる》と達率《だるそつ》・四比福夫《しひふくぶ》を、筑紫国に遣わして、大野《おおの》と椽《き》（大宰府の西南）に二つの城を築かせた。耽羅《たんら》が使者を来朝させた。

九月庚午（干支の七番目）を朔（一日）とする壬辰（干支の二九番目）の日である二三日、唐が朝散大夫《ちょうさんだいぶ》・沂州《きしゅう》の司馬上柱国《しばしょうちゅうこく》・劉徳高《りゅうとくこう》らを遣わしてきた。（等というのは、右戎衛郎将《ゆうじゅえいろうしょう》・上柱《しょうちゅう》国《こく》・百済禰軍《くだらのねぐん》・朝散大夫《ちょうさんだいぶ》・柱国《ちゅうこく》である郭務悰《かくむそう》のことをいう。）全部で二五四人。七月二八日に対馬に着く。九月二〇日、筑紫につき、二二日に表函《ふみびつ》を奉った。

冬一〇月己亥（干支の三六番目）を朔（一日）とする己酉（干支の四六番目）である一一日、菟道《うじ》で盛大に閲兵をした。

一一月己巳（干支の六番目）を朔（一日）とする辛巳（干支の一八番目）の日である一三日、劉徳《りゅうとく》高《こう》らに饗応をされた。

一二月戊戌（干支の三五番目）を朔（一日）とする辛亥（干支の四八番目）の日である一四日、劉徳高らに物を賜わった。この月、劉徳高らは帰途についた。この年、小錦の守君大石《もりのきみのおおいわ》等を大唐に遣わした、云々と。（等というのは、小山の坂合部連石積《さかいべのむらじいわつみ》、大乙の吉士岐弥《きしのきみ》、吉士針間《きしのはりま》を言う。）推測するに、唐の使者を送ったものか。

五年春正月戊辰朔戊寅　高麗遣前部能婁等進調　是日　耽羅遣王子姑如等貢獻
三月　皇太子親往於佐伯子麻呂連家　問其所患　慨歎元從之功

夏六月乙未朔戊戌　高麗前部能婁等罷歸
秋七月　大水　是秋　復租調
冬十月甲午朔己未　高麗遣臣乙相奄鄒等進調　大使臣乙相奄鄒　副使達相遁　二位玄武若光等　是冬
京都之鼠　向近江移　以百濟男女二千餘人　居于東國　凡不擇緇素　起癸亥年至于三歳　並賜官食
倭漢沙門智由　獻指南車

天智天皇五年（西暦六六六年）春一月戊辰（干支の五番目）を朔（一日）とする戊寅（干支の一五番目）の日である一一日、高麗が前部《ぜんほう》・能婁《のうる》らを遣わして調《みつき》を奉った。この日，耽羅《たんら》が王子の姑如《こにょ》らを遣わして朝貢した。

三月、皇太子（天智天皇）は自ら佐伯子麻呂連《さえきのこまろのむらじ》の家に行き、その病を見舞われた。昔から支えてきた功績を褒め、お嘆きになった。

夏六月乙未（干支の三二番目）を朔（一日）とする戊戌（干支の三五番目）の日である四日、高麗の前部《ぜんほう》・能婁《のうる》らが帰途についた。

秋七月、大水があった。この秋に租と調を免除された。

冬一〇月甲午（干支の三一番目）を朔（一日）とする己未（干支の五六番目）の日である二六日、高麗は臣《まえつきみ》の乙相奄鄒《おつそうあんす》らを遣わして調《みつき》を奉った。大使は臣《まえつきみ》の乙相奄鄒《おつそうあんす》、副使の達抵遁《たつそうどん》、二位の玄武《げんむ》若光《じゃくこう》等である。この冬、都の鼠《ねずみ》が近江国《おうみのくに》に向かって移動した。百済の男女二千余人を東国《あずまのくに》に住まわせた。百済の人々に対して、緇素《しそ》（緇《し》＝黒い衣を着た僧と素《そ》＝白い着物を着た在家）の区別なく（僧俗を問わず）、癸亥年（六六三年）から三年間、官蜀《かんしょく》（国費による食）を賜わった。倭漢沙門智由《やまとのあやのさもんちゆ》が指南車《しなんのくるま》（常に南を指す機械）を献上した。

六年春二月壬辰朔戊午　合葬天豊財重日足姫天皇與間人皇女於小市岡上陵　是日以皇孫大田皇女葬於陵前之墓　高麗百濟新羅　皆奉哀於御路　皇太子謂群臣曰　我奉皇太后天皇之所勅　憂恤萬民之故不起石槨之役　所冀　永代以爲鏡誡焉

三月辛酉朔己卯　遷都于近江　是時　天下百姓不願遷都　諷諫者多　童謠亦衆　日々夜々失火處多

六月　葛野郡獻白鷰

秋七月己未朔己巳　耽羅遣佐平椽磨等貢獻　八月　皇太子幸倭京

冬十月　高麗大兄男生　出城巡國　於是　城內二弟　聞側助士大夫之惡言　拒而勿入　由是　男生奔入大唐　謀滅其國

十一月丁巳朔乙丑　百濟鎭將劉仁願　遣熊津都督府熊山縣令上柱國司馬法聰等　送大山下境部連石積等於筑紫都督府　己巳　司馬法聰等罷歸　以小山下伊吉連博德　大乙下笠臣諸石　爲送使　是月　築倭國高安城　讚吉國山田郡屋嶋城　對馬國金田城

潤十一月丁亥朔丁酉　以錦十四匹　纈十九匹　緋廿四匹　紺布廿四端　桃染布五十八端　斧廿六　釤六十四　刀子六十二枚　賜椽磨等

　天智天皇六年（西暦六六七年）春二月壬辰（干支の二九番目）を朔（一日）とする戊午（干支の五五番目）の日である二七日、天豊財重日足姫天皇《あめとよたからいかしひたらしひめのすめらみこと》（斉明天皇（皇極天皇）、天智天皇の母）と間人皇女《はしひとのひめみこ》（孝徳天皇の妃、中大兄皇子の妹、斉明天皇の娘）とを小市岡上陵《おちのおかのうえのみささぎ》に合葬した。この日、皇孫である大田皇女《おおたのひめみこ》（天智皇女、大海人皇子妃）を陵《みささぎ》の前の墓に葬った。高麗、百済、新羅の使者も皆、大路に哀悼を捧げた。皇太子（天智天皇）は群臣《まえつきみ》に語って、「自分は、皇太后天皇（斉明天皇）の勅《みことのり》を承ってから、万民を憐れむために、石槨《いわき》（昔ながらの横穴式石室の墳墓）の役《えだち》（造営で民を使役すること）は起こさない。願わくば、永代にわたって鏡誡《あきらかなるいましめ》（手本）として欲しい。」と言われた。

（近江遷都と天智天皇の即位）

三月辛酉（干支の五八番目）を朔（一日）とする己卯（干支の一六番目）の日である一九日、都を近江に遷した。このとき、天下の人民は遷都を喜ばず、諷諫《ふうかん》（諷し諫める（＝遠回しに批判する））するものが多かった。童謡《わざうた》も多く、夜昼となく出火するところが多かった。六月、葛野郡《かどのこおり》より白燕《しろつばくらめ》を奉った。

秋七月己未（干支の五六番目）を朔（一日）とする己巳（干支の六番目）の日である一一日、耽羅《たんら》が佐平《ちゃぴょん》の椽磨《でんま》等を遣わして、朝貢した。八月、皇太子（天智）が倭《やまと》の京（飛鳥）にお出ましになった。

冬一〇月、高麗の大兄《てひょん》（高麗の官位）である男生《なむせん》（淵《よん》・男生《なむせん》のこと。）が城を出て国を巡り歩いた。そのとき、城内の二人の弟が、側近の士大夫にそそのかされ、再び入城させなかった。このため、男生《なむせん》（淵男生）は大唐に至り、高麗を滅ぼそうと謀った。

一一月丁巳（干支の五四番目）を朔（一日）とする乙丑（干支の二番目）の日である九日、百済の鎮将《ちんしょう》である劉仁願《りゅうじんがん》は熊津都督府《ゆうしんとどくふ》・熊山県令《ゆうせんのけんれい》・上柱国司馬《しょうちゅうこくしば》・法聡《ほうそう》らを遣わし、大山下・境部連《さかいべのむらじ》石積《いわつみ》ら（天智四年に大唐に遣わした守君大石らの内の坂合部連石積ら）を筑紫都督府《つくしのおおみこともちのつかさ》に送ってきた。一三日、司馬《しば》・法聡《ほうそう》らは帰途についた。小山下の伊吉連博徳《いきのむらじはかとこ》、大乙下の笠臣諸石《かさのおみもろいわ》を送使とした。

この月、倭国《やまとのくに》（大和地方の地名）の高安城《たかやすのき》、讃岐国山田郡《さぬきのくにやまだのこおり》の屋島城《やしまのき》、対馬国の金田城《かなたのき》を築いた。

閏《うるう》一一月丁亥（干支の二四番目）を朔（一日）とする丁酉（干支の三四番目）の日である一一日、錦一四匹、纈《ゆはた》（絞り染の絹）一九匹、緋《あけ》（緋色の絹）二四匹、紺布《はなだのぬの》（縹色《はなだいろ》（明度が高い薄青色）の絹）二四端、桃染布《つきそめのぬの》（桃色に染めた絹）五八端、斧《おの》二六・釤《なた》六四・刀子《かたな》六二枚を（耽羅《たんら》の佐平《ちゃぴょん》の）椽磨《でんま》らに賜わった。

七年春正月丙戌朔戊子　皇太子卽天皇位　或本云　六年歳次丁卯三月卽位　壬辰　宴群臣於內裏　戊申　送使博徳等服命

二月丙辰朔戊寅　立古人大兄皇子女倭姫王　爲皇后　遂納四嬪

有蘇我山田石川麻呂大臣女曰遠智娘　或本云　美濃津子娘　生一男二女　其一曰大田皇女　其二曰鸕野皇女　及有天下居于飛鳥淨御原宮　後移宮于藤原　其三曰建皇子　啞不能語　或本云　遠智娘　生一男二女　其一曰建皇子　其二曰大田皇女　其三曰鸕野皇女　或本云　蘇我山田麻呂大臣女曰芽淳娘生大田皇女與娑羅々皇女　次有遠智娘弟曰姪娘　生御名部皇女與阿陪皇女　阿陪皇女及有天下居于藤原宮　後移都于乃樂　或本云　名姪娘　曰櫻井娘

次有阿倍倉梯麻呂大臣女曰橘娘　生飛鳥皇女與新田部皇女
次有蘇我赤兄大臣女曰常陸娘　生山邊皇女　又有宮人生男女者四人
有忍海造小龍女曰色夫古娘　生一男二女　其一曰大江皇女　其二曰川嶋皇子　其三曰泉皇女
又有栗隈首德萬女曰黑媛娘　生水主皇女
又有越道君伊羅都賣　生施基皇子
又有伊賀采女宅子娘　生伊賀皇子　後字曰大友皇子
夏四月乙卯朔庚申　百濟遣末都師父等進調　庚午　末都師父等罷歸
五月五日　天皇縱獵於蒲生野　于時　大皇弟諸王內臣及群臣　皆悉從焉　六月　伊勢王與其弟王　接日而薨　未詳官位
秋七月　高麗　從越之路遣使進調　風浪高　故不得歸　以栗前王　拜筑紫率　于時　近江國講武　又多置牧而放馬　又越國獻燃土與燃水　又於濱臺之下諸魚覆水而至　又饗蝦夷　又命舍人等爲宴於所々
時人曰　天皇天命將及乎
秋九月壬午朔癸巳　新羅　遣沙㖨級飡金東嚴等進調　丁未　中臣內臣　使沙門法辨秦筆　賜新羅上臣大角干庾信船一隻　付東嚴等　庚戌　使布勢臣耳麻呂　賜新羅王輸御調船一隻　付東嚴等
冬十月　大唐大將軍英公　打滅高麗　高麗仲牟王初建國時　欲治千歲也　母夫人云　若善治國　不可得也　但當有七百年之治也　今此國亡者當在七百年之末也
十一月辛巳朔　賜新羅王絹五十匹　綿五百斤　韋一百枚　付金東嚴等　賜東嚴等物　各有差　乙酉

遣小山下道守臣麻呂　吉士小鮪於新羅　是日金東嚴等罷歸　是歳　沙門道行　盜草薙劒逃向新羅　而
中路風雨荒迷而歸

天智天皇七年（西暦六六八年）春一月丙戌（干支の二三番目）を朔（一日）とする戊子（干支の二五番目）の日である三日、皇太子は天皇に即位された。或る本には、六年丁卯年（六六七年）三月即位とある。壬辰（干支の二九番目）の日である七日、群臣《まえつきみ》を召して内裏で宴《とよのあかり》（即位の祝いの宴会）をされた。戊申（干支の四五番目）の日である二三日、送使の博徳《はかとこ》らが帰朝し、使命を果したことを報告した。

二月丙辰（干支の五三番目）を朔（一日）とする戊寅（干支の一五番目）の日である二三日、古人《ふるひとの》大兄皇子《おおえのみこ》の娘である倭姫王《やまとのひめのおおきみ》を立てて皇后とした。全部で四人の嬪《みめ》を持たれた。

蘇我山田石川麻呂大臣《そがのやまだのいしかわのまろのおおおみ》の娘を遠智娘《おちのいらつめ》と曰う。（或る本に云く、美濃津子娘《みのつこのいらつめ》と云う。）一男二女をお生みになった。第一を大田皇女《おおたのひめみこ》、第二を鸕野皇女《うののひめみこ》（天武天皇の皇后、持統天皇）と曰う。天下を治めることになって、飛鳥浄御原宮《あすかきよみはらのみや》にお出でになった。後に宮を藤原に移された。第三を建皇子《たけるのみこ》と曰う。唖《おうし》で言葉を話せませんでした。ある本に云く、遠智娘《おちのいらつめ》は一男二女を生み、第一を建皇子《たけるのみこ》、第二を大田皇女《おおたのひめみこ》といい、第三を鸕野皇女《うののひめみこ》曰う。（またある本に云く、蘇我山田石川麻呂大臣《そがのやまだのいしかわまろのおおおみ》の娘を茅渟娘《ちぬのいらつめ》と曰い、大田皇女《おおたのひめみこ》と娑羅羅皇女《さららのひめみこ》を生んだと。）

次に、遠智娘《おちのいらつめ》の弟（妹）があり、姪娘《めいのいらつめ》という。

御名部皇女《みなべのひめみこ》と阿陪皇女《あべのひめみこ》（後の元明天皇）をお生みになった。阿陪皇女は天下を治められるようになったときは、藤原宮《ふじわらのみや》にお出でになった。後に都を乃樂《なら》（奈良）に移された。或本に云く　名付けて、娙娘《めいのいらつめ》、桜井娘《さくらいのいらつめ》と曰う。

次は阿倍倉梯麻呂大臣《あべのくらはしまろのおおおみ》の娘があり、橘娘《たちばなのいらつめ》と曰う。飛鳥皇女《あすかのひめみこ》と新田部皇女《にいたべのひめみこ》（天武天皇の妃）とをお生みになった。

次に蘇我赤兄大臣《そがのあかえのおおおみ》の娘があり、常陸娘《ひたちのいらつめ》と曰う。山辺皇女《やまべのひめみこ》をお生みになった。また後宮の女官で男女の子を生んだ者は四人あった。忍海造小竜《おしぬみのみやつこおたつ》の娘があり、色夫古娘《しこふこのいらつめ》と曰う。一男二女をお生みになった。第一を大江皇女《おおえのひめみこ》と曰い、第二を川島皇子《かわしまのみこ》と曰い、第三を泉皇女《いずみのひめみこ》と曰った。また栗隈首徳万《くるくまのおびととこまろ》の娘があり、黒媛娘《くろめのいらつめ》と曰った。水主皇女《もいとりのひめみこ》をお生みになった。また、越道君伊羅都売《こしのみちのきみいらつめ》が施基皇子《しきのみこ》をお生みになった。また伊賀采女宅子娘《いがのうねめのやかこのいらつめ》があり、伊賀皇子《いがのみこ》をお生みになった。後の名を大友皇子《おおとものみこ》という。

夏四月乙卯（干支の五二番目）を朔（一日）とする庚申（干支の五七番目）の日である六日、百済は末都師父《まつしぶ》らを遣わして調《みつき》を奉った。庚午（干支の七番目）の日である一六日、末都師父《まつしぶ》らは帰途についた。

五月五日、天皇は蒲生野《がもうの》に狩りに行かれた。時に、大皇弟《ひつぎのみこ》（大海人皇子）、諸王、内臣及び群臣みなことごとくお供をした。六月、伊勢王とその弟王とが一日違いで薨去した。未だに官位の詳細が分かりません。

秋七月、高麗が越路《こしのみち》（北陸の沿岸）から使者を遣わして、調《みつき》を奉ったが、浪風が高く帰ることができなかった。栗隈王《くるくまのおおきみ》を筑紫率《つくしのかみ》（後の大宰帥）に任じられた。時に、近江国《おうみのくに》で武術を講じた（習った）。また多くの牧場を設けて馬を放牧した。また越《こし》の国から燃える土と燃える水を奉った。また水辺の御殿の下にいろいろな魚が、水の見えなくなる程集まった。また蝦夷《えみし》に饗応された。また舎人《とねり》らに命じてさまざまな場所で宴をさせられた。人々は、「天皇は天命を終わらせようとしているのか。」と言った。

秋九月壬午（干支の一九番目）を朔（一日）とする癸巳（干支の三〇番目）の日である一二日、新羅は沙喙《さとく》の級飡《きゅうさん》・金東厳《きんとうげん》らを遣わして調《みつき》を奉った。丁未（干支の四四番目）の日である二六日、中臣内臣《なかとみのうちつなかつきみ》（中臣鎌足）は沙門《さもん》（僧）の法弁《ほうべん》と秦筆《じんひつ》を遣わして、新羅の上臣《まかりだろ》・大角干《だいかくかん》の庾信《ゆしん》に船一艘を与えられ、東厳《とうげん》らに言付けられた。庚戌（干支の四七番目）の日である二九日、布勢臣耳麻呂《ふせのおみみみまろ》を遣わして、新羅王に調物を運ぶ船を一艘贈り、東厳《とうげん》らに言付けられた。

冬一〇月、大唐の大将軍・英公《えいこう》（李勣《りせき》）は、高麗を打ち滅ぼした。高麗の仲牟王《ちゅうむおう》（高朱蒙《こうちゅもん》）は、初めて国を建てたとき、一〇〇〇年に渡って治め続けることを願った。これに対し母夫人（柳花《ゆふぁ》夫人）が、「もし国をたいへん善く治めたとしても、まず七〇〇年ぐらいのものだろう。」といった。今この国の滅亡は、まさに七〇〇年後のことであった。

一一月辛巳（干支の一八番目）の朔（一日）に、新羅王に絹五〇匹、綿五〇〇斤、韋《おしかわ》（なめし皮）一〇〇枚を贈られ、金東厳《きとうげん》らに託した。東厳《とうげん》らにもそれぞれに応じて物を賜わった。乙酉（干支の二二番目）の日である五日、小山下の道守臣麻呂《みちもりのおみまろ》、吉士小鮪《きしのおしび》を新羅に遣わした。この日、金東厳らは帰途についた。

この年、沙門《さもん》（僧）の道行《どうぎょう》が、草薙剣《くさなぎのつるぎ》を盗んで、新羅に逃げた。しかし途中で風雨にあって、道に迷いまた戻った。

八年春正月庚辰朔戊子　以蘇我赤兄臣拜筑紫率
三月己卯朔己丑　耽羅　遣王子久麻伎等貢獻　丙申　賜耽羅王五穀種　是日　王子久麻伎等罷歸
夏五月戊寅朔壬午　天皇　縱獵於山科野　大皇弟藤原內大臣及群臣皆悉從焉
秋八月丁未朔己酉　天皇　登高安嶺　議欲修城　恤民疲　止而不作　時人感而歎曰　寔乃仁愛之德
不亦寬乎　云々　是秋　霹靂於藤原內大臣家
九月丁丑朔丁亥　新羅　遣沙湌督儒等進調
冬十月丙午朔乙卯　天皇　幸藤原內大臣家　親問所患　而憂悴極甚　乃詔曰　天道輔仁　何乃虛說
積善餘慶　猶是无徵　若有所須　便可以聞　對曰　臣既不敏　當復何言　但其葬事　宜用輕易　生則
無務於軍國　死則何敢重難　云々　時賢聞而歎曰　此之一言　竊比於往哲之善言矣　大樹將軍之辭賞
詎可同年而語哉　庚申　天皇　遣東宮大皇弟於藤原內大臣家　授大織冠與大臣位　仍賜姓爲藤原氏
自此以後　通曰藤原內大臣　辛酉　藤原內大臣薨　日本世記曰　內大臣　春秋五十薨于私第　遷殯於
山南　天　何不淑不憗遺耆　嗚呼哀哉　碑曰　春秋五十有六而薨　甲子　天皇　幸藤原內大臣家　命
大錦上蘇我赤兄臣奉宣恩詔　仍賜金香鑪
十二月　災大藏　是冬　修高安城　收畿內之田税　于時　災斑鳩寺
是歲　遣小錦中河內直鯨等　使於大唐　又以佐平餘自信佐平鬼室集斯等男女七百餘人　遷居近江國蒲

生郡　又大唐遣郭務悰等二千餘人

天智天皇八年（西暦六六九年）春一月庚辰（干支の一七番目）を朔（一日）とする戊子（干支の二五番目）の日である九日、蘇我赤兄臣《そがのあかえのおみ》を筑紫率《つくしのかみ》（大宰帥）に任じた。

三月己卯（干支の一六番目）を朔（一日）とする己丑（干支の二六番目）の日である一一日、耽羅《たんら》が王子久麻伎《くまき》らを遣わして調を奉った。丙申（干支の三三番目）の日である一八日、耽羅王に五穀の種を賜わった。この日、王子の久麻伎《くまき》らは帰国の途についた。

夏五月戊寅（干支の一五番目）を朔（一日）とする壬午（干支の一九番目）の日である五日、天皇は山科野《やましなのの》に猟《かり》をされた。大皇弟《ひつぎのみこ》（大海人皇子）、藤原内大臣《ふじわらのうちつおおおみ》（鎌足）及び群臣《まへつきみたち》らがことごとくお供をした。

秋八月丁未（干支の四四番目）を朔（一日）とする己酉（干支の四六番目）の日である三日、天皇は高安嶺《たかやすのたけ》に登って、城を築くことを相談された。しかし、まだ人民の疲れていることを哀れんで、築造はされなかった。当時の人はこれに感じて、「仁愛の徳が深くいらっしゃる」云々と言った。この秋、藤原内大臣（鎌足）の家に霹靂《かむとけ》（落雷）があった。

九月丁丑（干支の番目）を朔（一日）とする丁亥（干支の番目）の日である一一日、新羅は沙飡《ささん》・督儒《とくじゅ》らを遣わして調《みつき》を奉った。

（藤原鎌足の死）

冬一〇月丙午（干支の四三番目）を朔（一日）とする乙卯（干支の五二番目）の日である一〇日、天皇は藤原内大臣《ふじわらのうちつおおみ》（鎌足）の家にお越しになり、親しく病を見舞われた。しかし、衰弱が甚しかった。それで詔《みことのり》して、「天道が仁者を助けるということに、虚説《いつわりこと》があろうか。積善の家に余慶があるというのに、しかし、その兆候が無い。もし望むことがあるなら何でも言うがよい」と曰われた。鎌足は、「私のような愚か者に、何を申し上げることがありましょうか。ただ、私の葬儀は簡素にして頂きたい。生きては軍国のためにお役に立てず、死にあたってどうして御厄介をかけることができましょうか」云々、とお答えして曰った。時の賢者は褒めて、「この一言は窃《ひそか》に昔の哲人の名言にも比すべきものだ。大樹将軍《たいじゅしょうぐん》が、賞を辞退したという話（後漢の時代、諸将が手柄話をしているときに馮異《ふうい》はその功を誇らず、大樹の下に退いたことで士卒から大樹将軍と称賛された）と、とても同じには語れない」と曰った。庚申（干支の五七番目）の日である一五日、天皇は東宮・太皇弟《ひつぎのみこ》（大海人皇子）を藤原内大臣《ふじわらのうちつおおみ》（鎌足）の家に遣わし、大織《だいしき》の冠と大臣の位を授けられた。姓を賜わって藤原氏とされた。これ以後、通称、藤原内大臣《ふじわらのうちつおおみ》といった。辛酉（干支の五八番目）の日である一六日、藤原内大臣（鎌足）は薨去された。（日本世記に曰く、「内大臣《うちつおおみ》は五〇歳で自宅で亡くなった。遺骸を山の南に遷して殯《もがり》した。天はどうして心なくも、しばらくこの老人を遺さなかったのか。哀しいかな。」と。碑文に曰く、「春秋《とし》五六にして薨《こう》ずと」。甲子（干支の一番目）の日である一九日、天皇は藤原内大臣《ふじわらのうちつおおみ》の家にお出ましになり、大錦上の蘇我赤兄臣《そがのあかえのおみ》に命じて、恵詔《めぐみのみことのり》を詠みあげさせられた。また金の香鑪《こうろ》を賜わった。

一二月、大蔵《おおくら》に出火があった。この冬、高安城《たかやすのき》を造って、畿内《うちつくに》の田税をそこに集めた。このとき斑鳩寺《いかるがでら》（法隆寺）に出火があった。
　この年、小錦中の河内直《こうちのあたい》鯨《くじら》らを大唐に遣わした。また佐平《ちゃぴょん》・余自信《よじしん》、佐平《ちゃぴょん》・鬼室集斯《きしつしゅうし》ら男女七百余人を近江国《おうみのくに》の蒲生郡《がもうのこおり》に移住させた。また大唐が郭務悰《かくむそう》ら二〇〇〇余人を遣わしてきた。

九年春正月乙亥朔辛巳　詔士大夫等　大射宮門內　戊子　宣朝庭之禮儀與行路之相避　復禁斷誣妄妖偽

二月　造戸籍　斷盜賊與浮浪　于時　天皇　幸蒲生郡匱迮野而觀宮地　又修高安城積穀與鹽　又築長門城一筑紫城二

三月甲戌朔壬午　於山御井傍　敷諸神座而班幣帛　中臣金連宣祝詞

夏四月癸卯朔壬申夜半之後　災法隆寺　一屋無餘　大雨雷震　五月　童謠曰

于知波志能　都梅能阿素弭爾　伊提麻栖古　多麻提能伊鞞能　野鞞古能度珥

伊提麻志能　倶伊播阿羅珥茹　伊提麻西古　多麻提能鞞能　野鞞古能度珥

六月　邑中獲龜　背書申字　上黃下玄　長六寸許

秋九月辛未朔　遣阿曇連頰垂於新羅　是歲　造水碓而冶鐵

　天智天皇九年（西暦六七〇年）春一月乙亥（干支の一二番目）を朔（一日）とする辛巳（干支の一八番目）である七日、士大夫《まえつきみ》らに詔《みことのり》して、宮門内で大射《たいしゃ》（宮中で正月に行なわれた弓の技を試みる行事）があった。戊子（干支の二五番目）の日である一四日、朝廷の礼儀と、行路《こうろ》（道路で行きあったとき）、道を相避けるべきこと、詔《みことのり》を仰せ出された。また誣妄《たわごと》（誣告）、妖偽《およずれこと》（人を惑わすようなことば）を禁じられた。
二月、戸籍を造り、盗賊と浮浪者とを取締った。同月、天皇は蒲生郡《がもうのこおり》の匱迮野《ひさの》（日野）にお越しになり、宮を造営すべき地をご覧になった。また高安城《たかやすのき》を造って穀と塩とを蓄えた。また長門に一城、筑紫に二城を築いた。
三月甲戌（干支の一一番目）を朔（一日）とする壬午（干支の一九番目）の日である九日、山の井（山中の湧水をたたえたところ）のそばに、諸々の神達の座を敷いて、幣帛《みてぐら》（神の供物）を捧げられた。中臣 金 連《なかとみのかねのむらじ》が祝詞《のりと》をあげた。
夏四月癸卯（干支の四〇番目）を朔（一日）とする壬申（干支の九番目）の日である三〇日、夜半之後《あかつき》（暁）に法隆寺で火災があった。一つの家屋も残ることがなかった。大雨が降り、雷が轟いた。五月、童謡《わざうた》が行なわれた。
于知波志能　都梅能阿素弭爾　伊提麻栖古　多麻提能伊鞞能　野鞞古能度珥
ウチハシノ　ツメノアソビニ　イデマセコ　タマデノイヘノ　ヤヘコノトジ
板をかけただけの簡易的な「打ち橋」の、詰所まで遊びに、出ておいで、玉手（＝立派な人）の家の八重子の刀自（＝中年の婦人）さん
伊提麻志能　倶伊播阿羅珥茹　伊提麻西古　多麻提能鞞能　野鞞古能度珥
イデマシノ　クイハアラジゾ　イデマセコ　タマデノイヘノ　ヤヘコノトジ
お出でになっても悔いはありませんよ、出てきた子は、玉手の家の　八重子の刀自さん

六月、ある村の中で亀をつかまえた。背中に申《しん》の字が書かれてあった。上部は黄色で下は黒かった。長さは六寸程であった。

秋九月辛未（干支の八番目）の朔（一日）、阿曇連頰垂《あずみのむらじつらたり》を新羅に遣わした。この年、水碓《みずうす》（水力の臼）を造って冶鉄した。

十年春正月己亥朔庚子　大錦上蘇我赤兄臣與大錦下巨勢人臣進於殿前　奏賀正事　癸卯　大錦上中臣金連命宣神事　是日　以大友皇子拜太政大臣　以蘇我赤兄臣爲左大臣　以中臣金連爲右大臣　以蘇我果安臣巨勢人臣紀大人臣爲御史大夫　御史蓋今之大納言乎　甲辰　東宮太皇弟奉宣　或本云　大友皇子宣命施行冠位法度之事　大赦天下　法度冠位之名　具載於新律令也　丁未　高麗　遣上部大相可婁等進調　辛亥　百濟鎮將劉仁願　遣李守眞等上表　是月　以大錦下授佐平余自信　沙宅紹明法官大輔以小錦下授鬼室集斯學職頭　以大山下授達率谷那晋首閑兵法　木素貴子閑兵法　憶禮福留閑兵法　答炑春初閑兵法　炑日比子賛波羅金羅金須解藥　鬼室集信解藥　以上小山上授達率徳頂上解藥　吉大尚解藥　許率母明五經　角福牟閑於陰陽　以小山下授餘達率等五十餘人　童謠云

多致播那播　於能我曳多曳多　那例々騰母　陀麻爾農矩騰岐　於野兒弘儞農倶

天智天皇一〇年（西暦六七一年）春一月己亥（干支の三六番目）を朔（一日）とする庚子（干支の三七番目）の日である二日、大錦上の蘇我赤兄《そがのあかえ》と大錦下の巨勢人臣《こせのひとのおみ》が宮殿の前に進んで、新年の賀詞を奏上した。癸卯（干支の四〇番目）の日である五日、大錦上の中臣金連《なかとみのかねのむらじ》が命《みことのり》を受けて、神事《かむごと》（神を祭る行事）を宣べた。同日、大友皇子《おおとものみこ》を太政大臣に任じられた。蘇我赤兄臣《そがのあかえのおみ》を左大臣《ひだりのおとど》に、中臣《なかとみの》金連《かねのむらじ》を右大臣《みぎのおとど》とされた。蘇我果安臣《そがのはたやすのおみ》、巨勢人臣《こせのひとのおみ》、紀大人臣《きのうしのおみ》を御史大夫《ぎょしたいふ》とした。（御史は蓋《けだし》（恐らく）今の大納言か。）。甲辰（干支の四一番目）の日である六日、東宮・太皇弟《ひつぎのみこ》（大海人皇子）が宣《みことのり》を奉した。）ある本に云く、「大友皇子《おおとものみこ》が命《みことのり》を宣し、冠位、法度のことを施行された。天下に大赦を行なわれた。」と。法度、冠位の名は、詳細に新しい律令にのせてある。九日、高麗が上部《じょうほう》（高麗の地域の名前）大相《たいそう》・可婁《かる》らを遣わして調《みつき》を奉った。辛亥（干支の四八番目）の日である一三日、百済にある鎮将《ちんしょう》の劉仁願《りゅうじんがん》が、李守真《りしゅしん》らを遣わして、上表文を奉った。この月、佐平《ちゃぴょん》・余自信《よじしん》、沙宅紹《さたくしょう》明《みょう》（法官大輔《のりのつかさのおおきすけ》）に大錦下を授けられた。鬼室集斯《きしつしゅうし》（学頭職《ふみのつかさのかみ》）に小錦下を授け、達率《だるそつ》・谷那晋首《こくなしんしゅ》（兵法を学ぶ）、木素貴子《もくすきし》（兵法を学ぶ）、憶礼福留《おくらいふくる》（兵法を学ぶ））、答㶱春初《とうほんしゅんそ》（兵法を学ぶ）、㶱日比子《ほんにちひし》賛波羅金羅金須《さんはらこんらこんす》（薬に通ずる）、鬼室集信《きしつしゅうしん》（薬に通ずる）に大山下を授けた。小山上を、達率《だるそつ》・徳頂上《とくちょうじょう》（薬に通ずる）、吉大尚《きちだいしょう》（薬に通ず）、許率母《こそつも》（五経に通ず）、角福牟《ろくふくむ》（陰陽を学ぶ）に授けた。小山下を他の達率《だるそつ》達五〇余人に授けた。童謡《わざうた》があった。

多致播那播　於能我曳多曳多　那例々騰母　陀麻爾農矩騰岐　於野兒弘儞農倶

タチバナハ　オノガエダエダ　ナレレドモ　タマニヌクトキ　オナジヲニヌク

橘《たちばな》の実は、それぞれ異なった枝になっているが、玉として緒に通す時は、みんな一本の緒に通される。（百済と日本は枝としては、それぞれ異なっているが、玉として緒に通す時は同じ実として、大がかりに沢山の爵位を与えた。）

二月戊辰朔庚寅　百濟　遣臺久用善等進調

二月戊辰（干支の五番目）を朔（一日）とする庚寅（干支の二七番目）の日である二三日、百済が台久用善《だいくようぜん》らを遣わして調《みつき》を奉った。
三月戊戌朔庚子　黄書造本實　獻水臬　甲寅　常陸國　貢中臣部若子　長尺六寸　其生年丙辰至於此歳十六年也
三月三月戊戌（干支の三五番目）を朔（一日）とする庚子（干支の三七番目）の日である三日、黄書《きふみの》造《みやつこ》本実《ほんじつ》が水臬《みずはかり》（水準器）を奉った。甲寅（干支の五一番目）の日である一七日、常陸国《ひたちのくに》から中臣部《なかとみべの》若子《わくこ》を奉った。丈が一尺六寸（四八センチ）。生まれてからこの年まで一六年である。
夏四月丁卯朔辛卯　置漏剋於新臺　始打候時動鍾鼓　始用漏剋　此漏剋者　天皇爲皇太子時　始親所製造也　云々　是月　筑紫言　八足之鹿生而卽死
夏四月丁卯（干支の四番目）を朔（一日）とする辛卯（干支の二八番目）の日である二五日、漏刻《ろうこく》（水時計）を新しい台の上におき、初めて鐘、鼓を打って時刻を知らせた。この漏刻《ろうこく》は天皇がまだ皇太子であった時に、始めて自分でお造りになったものであるという。云々。この月に、筑紫国から、「八本足の鹿が生まれて、間もなく死んでしまいました」と言ってきた。
五月丁酉朔辛丑　天皇御西小殿　皇太子群臣侍宴　於是　再奏田儛
五月丁酉（干支の三四番目）を朔（一日）とする辛丑（干支の三八番目）の日である五日、天皇は西の小殿にお出でになり、皇太子《ひつぎのみこ》や群臣《まえつきみ》は宴席に侍った。ここで田舞《たまい》が二度演じられた。
六月丙寅朔己巳　宣百濟三部使人所請軍事　庚辰　百濟遣罸眞子等進調　是月　以栗隈王爲筑紫率

新羅　遣使進調　別獻水牛一頭山鶏一隻

六月丙寅（干支の三番目）を朔（一日）とする己巳（干支の六番目）の日である四日、百済の三部《みたむら》の使者が請願して軍事の事を述べた。庚辰（干支の一七番目）の日である一五日、百済が羿真子《げいしんし》らを遣わして調《みつき》を奉った。この月、栗隈王《くるくまのおおきみ》を筑紫率《つくしのかみ》（大宰帥）とした。新羅が使者を遣わして調《みつき》を奉った。別に水牛一頭、山鶏《やまどり》一羽を奉った。

秋七月丙申朔丙午　唐人李守眞等　百濟使人等　並罷歸

秋七月丙申（干支の三三番目）を朔（一日）とする丙午（干支四三番目）の日である一一日、唐人・李守真《りしゅしん》らと、百済の使者らは共に帰途についた。

八月乙丑朔丁卯　高麗上部大相可婁等罷歸　壬午　饗賜蝦夷

八月乙丑（干支の二番目）を朔（一日）とする丁卯（干支の四番目）の日である三日、高麗の上部《じょうほう》（高麗の地域の名前）大相《たいそう》・可婁《かる》らが帰途についた。壬午（干支の一九番目）の日である一八日、蝦夷に饗応された。

九月　天皇寝疾不豫　或本云　八月天皇疾病

九月、天皇が病気になられた。ある本に云く、「八月天皇が病気になった。」と。

冬十月甲子朔庚午　新羅遣沙飡金萬物等　進調　辛未　於内裏　開百佛眼　是月　天皇遣使　奉袈裟金鉢　象牙　沈水香　栴檀香及諸珍財於法興寺佛　庚辰　天皇疾病彌留　勅喚東宮引入臥内　詔曰朕疾甚　以後事屬汝　云々　於是　再拜稱疾固辭　不受曰　請奉洪業付屬大后　令大友王奉宣諸政

臣請願奉爲天皇出家修道　天皇許焉　東宮起而再拝　便向於内裏佛殿之南　踞坐胡床　剃除鬢髪　爲沙門　於是　天皇遣次田生磐　送袈裟　壬午　東宮見天皇請之吉野修行佛道　天皇許焉　東宮　卽入於吉野　大臣等侍送　至菟道而還

冬一〇月甲子（干支の一番目）を朔（一日）とする庚午（干支の七番目）の日である七日、新羅が沙飡《ささん》・金万物《きんまんもつ》らを遣わして調《みつき》を奉った。辛未（干支の八番目）の日である八日、内裏で百体の仏像の開眼供養《かいげんくよう》があった。この月、天皇が使者を遣わして、袈裟《けさ》、金鉢《こがねのはち》、象牙《ぞうげ》、沈水香《じんすいこう》、栴檀香《せんだんこう》及び数々の珍宝《めずらしきもの》を、法興寺《ほうこうじ》（飛鳥寺）の仏に奉らせられた。庚辰（干支の一七番目）の日である一七日、天皇は病が重くなり、東宮（大海人皇子）を呼ばれ、臥内《おおとの》（寝所）に召されて詔《みことのり》し、「私の病は重いので後事をお前に任せたい。」云々と言われた。東宮（大海人皇子）は、再拝《おがみ》して、病と称して、何度も固辞して受けられず、「請い願います。洪業《ひつぎ》（天皇に即位して仕事をすること）を奉じて、大后（皇后）にお授け下さい。そして、大友王《おおとものおおきみ》（大友皇子）に諸々の政治を行なわせてください。臣《やつかれ》（自分を卑下した言い方）は請い願います。天皇のために出家して修道しようと思います。」と曰った。天皇はこれを許された。東宮は立ち、再拝しました。すぐに内裏の仏殿の南にお出でになり、胡床《あぐら》に深く腰かけて、頭髪をおろされ、沙門《さもん》（僧）となりました。天皇は次田生磐《すきたのおいわ》を派遣して、袈裟を送らせました。壬午（干支の一九番目）の日である一九日、東宮は天皇にお目にかかり、「これから吉野に参り、仏道修行を致します。」と請い願いました。天皇は許された。東宮は、すぐに吉野《よしの》に入られ、大臣《おおおみ》達がお仕えお送りし宇治《うじ》に到着して還りました。

十一月甲午朔癸卯　對馬國司　遣使於筑紫大宰府　言　月生二日　沙門道久　筑紫君薩野馬　韓嶋勝娑婆　布師首磐四人　從唐來曰　唐國使人郭務悰等六百人　送使沙宅孫登等一千四百人　總合二千人乘船卌七隻　倶泊於比智嶋　相謂之曰　今吾輩人船數衆　忽然到彼　恐彼防人驚駭射戰　乃遣道久等預稍披陳來朝之意　丙辰　大友皇子在於內裏西殿織佛像前　左大臣蘇我赤兄臣　右大臣中臣金連　蘇我果安臣　巨勢人臣　紀大人臣侍焉　大友皇子　手執香鑪　先起誓盟曰　六人同心奉天皇詔　若有違者必被天罰　云々　於是　左大臣蘇我赤兄臣等　手執香鑪　隨次而起　泣血誓盟曰　臣等五人隨於殿下奉天皇詔　若有違者四天王打　天神地祇亦復誅罰　卅三天證知此事　子孫當絶家門必亡　云々　丁巳　災近江宮　從大藏省第三倉出　壬戌　五臣奉大友皇子　盟天皇前　是日　賜新羅王　絹五十匹絁五十匹　綿一千斤　韋一百枚

一一月甲午（干支の三一番目）を朔（一日）とする癸卯（干支の四〇番目）の日である一〇日、対馬《つしまの》国司《くにのみこともち》が使者を大宰府《だざいふ》に遣わして、「今月の二日に、沙門《さもん》（僧）道久《どうく》、筑紫君薩野馬《つくしのきみさちやま》（百済救援の役で唐の捕虜となった）、韓島勝娑婆《かんしまのすぐりさば》、布師首磐《ぬのしのおびといわ》四人が唐からやって来て言いました。『唐の使者である郭務悰《かくむそう》ら六〇〇人、送使の沙宅孫登《さたくそんとう》ら一、四〇〇人、総計二〇〇〇人が、船四七隻に乗って比知島《ひちしま》に停泊して、語り合って言いました。今、我らの人も船も多い。すぐ向こうに行ったら、恐らく向うの防人《さきもり》は驚いて射《い》かけてくるだろう。まず道久《どうく》らを遣わして、前もって来朝の意を明らかにさせることに致しました。』と申しております。」と報告した。

丙辰（干支の五三番目）一三日、大友皇子《おおとものみこ》は内裏の西殿の織物の仏像の前におられた。左大臣《ひだりのおとど》・

蘇我赤兄臣《そがのあかえのおみ》、右大臣《みぎのおとど》・中臣金連《なかとみのかねのむらじ》、蘇我果安臣《そがのはたやすのおみ》、巨勢人臣《こせのひとのおみ》、紀大人臣《きのうしのおみ》が侍っていた。大友皇子《おおとものみこ》は手に香鑪《こうろ》をとり、まず立ち上って、誓盟《ちかい》して曰く、「六人は心を同じくして、天皇の詔《みことのり》を承ります。もし違背することがあれば、必ず天罰を受けるでしょう。」云々と。そこで左大臣《ひだりのおとど》・蘇我赤兄臣《そがのあかえのおみ》らも手に香爐《こうろ》を取り、順序に従って立ち上り、泣いて誓盟《ちかい》して曰く、「臣《おみ》ら五人は殿下と共に、天皇の詔《みことのり》を承ります。もしそれに違うことがあれば、四天王が我々を打ち、天地の神々もまた罰を与えるでしょう。三三天（仏の守護神達）はこのことを証明し知らしめるだろう。子孫もまさに絶え、家門も必ず滅びるでしょう。」云々と。丁巳（干支の五四番目）一四日、近江宮《おうみのみや》に火災があった。大蔵省《おおくらしょう》の第三倉から出火したものである。壬戌（干支の五九番目）の日である二九日、五人の臣は大友皇子《おおとものみこ》を奉じて、天皇の前に誓った。この日、新羅王に、絹五〇匹、絁《ふとぎぬ》五〇匹、綿一〇〇〇斤、韋《おしかわ》（なめし皮）一〇〇枚を賜わった。

十二月癸亥朔乙丑　天皇崩于近江宮　癸酉　殯于新宮　于時　童謡曰

美曳之弩能　曳之弩能阿喩　阿喩舉曾播　施麻倍母曳岐　愛倶流之衞　奈疑能母騰　制利能母騰　阿例播倶流之衞　其一

於彌能古能　野陛能比母騰倶　比騰陛多爾　伊麻拕藤柯泥波　美古能比母騰矩　其二

阿箇悟馬能　以喩企波々箇屢　麻矩儒播羅　奈爾能都底舉騰　多拕尼之曳鶏武　其三

己卯　新羅進調使沙飡金萬物等罷歸　是歳　讃岐國山田郡人家有雞子四足者　又大炊有八鼎鳴　或一鼎鳴　或二或三倶鳴　或八倶鳴

一二月癸亥（干支の六〇番目）を朔（一日）とする乙丑（干支の二番目）の日である三日、天皇は近江宮《おうみのみや》で崩御された。癸酉（干支の一〇番目）の日である一一日、新宮《にいみや》で殯《もがり》した。この時、次のような童謡《わざうた》があった。

美曳之弩能　曳之弩能阿喩　阿喩擧曾播　施麻倍母曳岐　愛倶流之衞　奈疑能母騰　制利能母騰　阿例播倶流之衞　其一

ミエシヌノ　エシヌノアユ　アユコソハ　シマヘモエキ　エクルシヱ　ナギノモト　セリノモト　アレハクルシヱ　（その一）

み吉野《えしの》の鮎こそは、島傍《しまえ》（島の辺り）にいるのも良かろうが、私はああ苦しい、水葱《なぎ》の下、芹《せり》の下にいて、ああ苦しい。

み吉野の、吉野の鮎、鮎は川の中の岩の側にいる。苦しいよ。水葱（水草の一種）や芹の下にいるので私は苦しい。

於彌能古能　野陛能比母騰倶　比騰陛多爾　伊麻拕藤柯泥波　美古能比母騰矩　其二

オミノコノ　ヤヘノヒモトク　ヒトヘダニ　イマダトカネバ　ミコノヒモトク　（その二）

臣《おみ》の子の　八重の紐解く　一重だに　いまだ解かねは　御子《みこ》の紐解く

臣下の　私が八重の紐解く、自分の紐を一重すらも解かないのに、御子は御自分の紐をすっかりお解きになっている。

阿箇悟馬能　以喩企波々箇屢　麻矩儒播羅　奈爾能都底擧騰　多拕尼之曳鶏武　其三

アカゴマノ　イユキハバカル　マクズハラ　ナニノツテコト　タダニシエケム（その三）

赤駒《あかごま》の　い行《ゆ》き憚《はばか》る　真葛原《まくずはら》　何《なに》の伝言《つてこと》　直《ただ》にし良《え》けむ
早く走るという赤い馬が行くのも嫌がる葛の原っぱ。その葛の原っぱでなかなか進まないように、伝言が伝わらない。直接、言ったらいいのに。

天智天皇崩御後の、皇位継承の争いを諷《ふう》したものか。

一は吉野《よしの》に入った大海人皇子《おおあまのみこ》の苦しみ。

二は吉野方《よしのかた》の戦争準備の成ったこと。

三は近江方《おうにがた》と吉野方《よしのがた》の直接の交渉を勧めるものか。

己卯（干支の一六番目）の日である一七日、新羅の調《みつき》を奉る使者の沙飡《ささん》・金万物《きんまんもつ》らが帰途についた。

この年、讃岐国《さぬきのくに》の山田郡《やまだのこおり》の人の家に、四本足のひよこが生まれた。

また、宮中の大炊寮《おおいのつかさ》（諸国の米や雑穀を分ける役所）に、八つの鼎《かなえ》（儀式用の釜）があり、それがひとりでに鳴った。ある時は一つ鳴り、ある時は二つ、ある時は三つ一緒に鳴った。またある時は八つ共一緒に鳴った。（宮中の不吉の兆しを思わせる）またある時は八つ共一緒に鳴った。

六　三国史記「百済本紀」

第三一代　義慈王《ぎじおう》（在位　西暦六四一から六六〇年）抜粋

義慈王　武王之元子　雄勇膽決　武王在位三十三年　立爲太子　事親以孝　與兄弟以友　時號海東曾子　武王薨　太子嗣位　太宗遣祠部郎中鄭文表　冊命爲柱國帯方郡王百濟王　秋八月　遣使入唐表謝兼獻方物

義慈王《ぎじおう》は、武王の元子（正妻である中殿（王妃）が生んだ嫡出子で長男。）である。雄勇で膽《きも》（胆）力があり、決断力が優れていた。武王在位三三年（西暦六三二年）に太子に立たれた。親に孝を尽くし、兄弟と仲が良かった。時の人は、海東の曾子（孔子の主要な弟子の一人。親孝行の人として知られる。「孝経」「大学」「曾子」の著者とされる。儒教では四聖の一人「宗聖」として崇敬される。）といった。武王が薨去したので、太子が王位を嗣いだ。唐の太宗は、祠部郎中・鄭文表を派遣してきて、柱國・帯方郡王・百濟王に冊命した。八月に、使者を唐に派遣し、謝意を表すとともに、地場産物を献上した。

十三年　秋八月　王與倭國通好

一三年（西暦六五三年、孝徳天皇白雉四年）八月に、王は倭國と国交を結んだ。（日本書紀に記録なし。）

十六年　春三月　王與宮人淫荒耽樂　飲酒不止　佐平成忠或云浄忠極諫　王怒囚之獄中　由是無敢言者　成忠瘐死　臨終上書曰　忠臣死不忘君　願一言而死　臣常觀時察變　必有兵革之事　凡用兵　必審擇其地　處上流以延敵　然後可以保全　若異國兵來　陸路不使過沈峴　水軍不使入伎伐浦之岸　擧其険隘以禦之　然後可也　王不省焉

一六年（西暦六五六年）春三月に、王は宮人と淫らな快楽に耽《ひた》り、酒に溺れた。佐平《ちゃぴょん》・成忠（或いは浄忠とも云う）がきつく諫めたので、王は怒って、彼をとらえて監禁する獄に入れた。これにより、敢て諫める者がいなくなった。成忠は瘐（獄中で飢えや寒さで死ぬこと）により獄死した。臨終に際して、「忠臣は死んでも君（王）のことは忘れません。一言申し上げて死んで逝きます。私は常に時勢をみて、その変化を観察してきました。そのうち必ず戦乱が起こることになるでしょう。そもそも、兵を用いるには、戦場を慎重に選ぶ必要があります。敵の上手に居て、敵を誘い込めば、必ず勝利を得られるものです。もし、異國の兵が攻め込んで来た場合は、陸路では沈峴を越えさせてはなりません。水軍ならば伎伐浦の岸に入れはいけません。その険隘の地形を利用して敵を防ぐことができれば、その後は簡単なことです。有利に戦えます」と遺言した。しかし、王はその遺言を顧みなかった。

二十年　春二月　王都井水血色　西海濱小魚出死　百姓食之不能盡　泗沘河水赤如血色　夏四月　蝦蟆數萬集於樹上　王都市人無故驚走　如有捕捉者　僵仆而死百餘人　亡失財物不可數　五月　風雨暴

至　震天王　道譲二寺塔　又震白石寺講堂　玄雲如龍　東西相闘於空中　六月　王興寺衆僧皆見　若有船　楫隨大水入寺門　有一犬　狀如野鹿　自西至泗沘河岸　向王宮吠之　俄而不知所去　王都羣犬集於路上　或吠或哭　移時卽散　有一鬼入宮中　大呼　百濟亡　百濟亡　即入地　王怪之　使人掘地深三尺許有一龜　其背有文曰　百濟同月輪　新羅如月新　王問之　巫者曰同月輪者滿也　滿則虧　如月新者未滿也　未滿則漸盈　王怒殺之　或曰　同月輪者盛也　如月新者微也　意者國家盛　而新羅寖微者乎　王喜

二〇年（西暦六六〇年）春二月に、都の井戸の水が血の色になった。西海の浜辺に小魚が浮いて死んだ。百姓がこれを食べても食べきれなかった。泗沘河の水が血の色のように赤くなった。夏四月に、蝦蟇《がま》数万匹が樹上に集まった。都の住人は理由もなく驚き走り、あたかも捕まえようとする者がいるようであった。この騒ぎで、倒れ死んだ者は百余人もでて、財産を失った者は数え切れないほどであった。五月には、暴風雨があり、天王、道讓の二寺の塔に落雷があった。また、白石寺の講堂にも落雷があった。龍のような黒雲が、東西に発生し、互いに空中でぶつかり争った。六月には、王興寺の衆僧は皆、船が大水の為に寺門に入って来るような景色を見た。野鹿のような姿をした犬が、西から泗沘河の岸に来て、王宮に向かって吠えた。俄かに居なくなり、居場所が分からなくなった。都で犬の群《むれ》が道端に集まり、あるものは吠え、あるものは哭いた。しばらくすると、いなくなった。一人の鬼が宮中に入り、大声で、「百濟が亡びる。百濟が亡びる。」と叫んで、地中に潜った。王はこれを怪しんで、その地を掘らせた。深さ三尺余りの所に一匹の亀がいた。亀の甲羅には「百濟同月輪　新羅如月新（百濟は満月と同じく、新羅は新月の如し）」と書かれていた。王はこの意味を巫女に尋ねた。巫女は「同月輪とは、満ちるという意です。満ちれば、則ち虧《かけ》（欠け落ちる）ものです。如月新とは、未だ満ちていないという意です。満ちていなければ、則ちそのうち盈《みち》るものです。」と答えた。王は怒ってその巫女を殺した。或る人が「同月輪とは、盛んな意です。如月新とは弱い意です。ですから、その意味は、国家（百濟）は盛んになり、新羅は寖《しみ》こんでゆく（弱くなる）でしょう。」と言った。すると、王は喜んだ。

高宗詔　左武衛大將軍蘇定方爲神丘道行軍大摠管　率左驍衛將軍劉伯英　右武衛將軍馮士貴　左驍衛將軍龐孝公　統兵十三萬以來征　兼以新羅王金春秋　爲嵎夷道行軍摠管　將其國兵　與之合勢　蘇定方引軍　自城山濟海　至國西德物島　新羅王遣將軍金庾信　領精兵五萬以赴之

唐の高宗は詔して、左武衛大將軍・蘇定方を神丘道行軍大摠管に任じ、左驍衛將軍・劉伯英、右武衛將軍・馮士貴、左驍衛將軍・龐孝公を率いさせ、兵十三万を統率させて、征伐に出陣させた。そして、新羅王の金春秋（武烈王）を嵎夷道行軍摠管とし、其の国の兵を率いさせ、合流させた。蘇定方は、軍を率いて、城山から海を濟《わた》り、國の西の德物島に至った。新羅王は、將軍・金庾信を派遣し、精兵五万の兵を率いて、その地に赴いた。

王聞之　會羣臣　問戰守之宜　佐平義直進曰　唐兵遠涉溟海　不習水者在船必困　當其初下陸　士氣未平　急擊之　可以得志　羅人恃大國之援　故有輕我之心　若見唐人失利　則必疑懼　而不敢銳進　故知先與唐人決戰可也　達率常永等曰　不然　唐兵遠來　意欲速戰　其鋒不可當也　羅人前屢見敗於

我軍　今望我兵勢　不得不恐　今日之計　宜塞唐人之路　以待其師老　先使偏師擊羅軍　折其鋭氣然後伺其便而合戰　則可得以全軍而保國矣　王猶豫　不知所從

　王はこれを聞き、群臣を招集し、出陣か籠城かを問うた。佐平《ちゃぴょん》・義直が進み出て、「唐兵は遠く溟《めい》海《かい》（おおうなばら）を超え、おまけに水に不慣れな者が船で来ていますので、必ず困難なことになっているはずです。唐兵が上陸して、士氣が上がらないうちに急撃すれば、利を得られるでしょう。新羅兵は、大国の唐に頼っていますので、我が軍を軽んじる気持ちがあります。もし、唐兵が負けるところを見れば、必ず、疑い懼《おそ》れ、敢て攻め込んで来ないでしょう。故に、まず、唐兵と決戦するのが良策です。」と申し上げた。達率《だるそつ》・常永らは「そうではない。唐兵は遠くから來て、速い戦を望んでいます。その精鋭部隊と争うのは良くありません。新羅兵は、以前からしばしば我が軍に負けているので、我が兵の勢いを見て恐れているはずです。現時点の作戦としては、唐軍の進路を塞ぎ、唐兵の疲れを待つのが良策です。まず、師団で新羅軍を攻撃し、戦意を挫き、その後、敵の状況により合戦すれば、我が軍と国を保つことができるでしょう。」と言った。王は、どちらにすればよいか判らなかった。

時佐平興首得罪　流竄古馬彌知之縣　遣人問之曰　事急矣　如之何而可乎　興首曰　唐兵既衆　師律嚴明　況與新羅共謀掎角　若對陣於平原廣野　勝敗未可知也　白江或云伎伐浦炭峴或云沈峴　我國之要路也　一夫單槍　萬人莫當　宜簡勇士往守之　使唐兵不得入白江　羅人未得過炭峴　大王重閉固守待其資粮盡士卒疲　然後奮擊之　破之必矣　於時　大臣等不信曰　興首久在縲紲之中　怨君而不愛國

其言不可用也　莫若使唐兵入白江　沿流而不得方舟　羅軍升炭峴　由徑而不得并馬　當此之時　縱兵擊之　譬如殺在籠之雞・離網之魚也　王然之

時に、佐平《ちゃぴょん》・興首《ふんす》は罪を得て、古馬彌知縣に流罪となっていた。そこで、王は、使者を派遣して、この件について、「緊急事態である。どのように対処すべきか。」と尋ねさせた。興首は「唐兵はすでに大軍で来ています。その軍律は厳しいものです。加えて、新羅軍と組んで、挟み撃ちにしています。もし、平原・廣野で戦えば、勝敗は未知です。白江（或いは伎伐浦ともいう）と炭峴（或いは沈峴ともいう）は、我が國の要塞の地です。一夫・単槍で、万人に対抗できます。精鋭を選んで、その地を守らせるべきです。唐兵が白江に入ることができず、新羅軍が炭峴を通過することを許さなければ、大王は城を固く守り、敵の物資・食料が尽き、敵兵の疲れるのを待って、奮撃すれば、必ず敵を破ることができるでしょう。」と答えた。この時、大臣らは、それを信じず、「興首は長い間獄中にいましたので、王を怨み、国を愛していません。その言は採用することはできません。唐兵を白江に入れ、海流により船を並べることができなくし、新羅軍が炭峴を登り、狭い道で馬を並べることができなくすることが得策です。その時に、進撃し、両軍を攻撃すれば、例えれば、籠の雞・網の魚を取るようなものです。」言った。王はこの意見に従った。

又聞唐羅兵已過白江炭峴　遣將軍堦伯　帥死士五千　出黃山　與羅兵戰　四合皆勝之　兵寡力屈竟敗　堦伯死之　於是合兵禦熊津口　瀕江屯兵　定方出左涯　乘山而陣　與之戰　我軍大敗　王師乘潮　舳艫銜尾進　鼓而譟　定方將步騎　直趍眞都城　一舍止　我軍悉衆拒之　又敗死者萬餘人　唐兵乘勝薄

城　王知不免　嘆曰　悔不用成忠之言

また、唐と新羅軍が、既に白江と炭峴を過ぎたと聞いて、王は、将軍・堦伯《けべく》に、決死の覚悟の兵五千を与えて、黄山に派兵した。新羅軍と四度戦い、すべてに勝利した。しかし、兵の数が少なかったので、最後には負け、堦伯《けべく》は戦死した。この為、軍を寄せ合わせ、熊津口を防御するために、江で陣を張った。唐軍の蘇定方《そていほう》は、その江の左岸に進撃してきて、山を背に陣を張った。この合戦で我が軍は大敗した。唐軍は潮の流れに乗り、舳艫《ふね》を銜《つら》ねて進み、太鼓を鳴らして気勢を上げた。唐軍の蘇定方は、歩兵・騎兵を率いて、眞都城にまっすぐに前進し、一舍三〇里（「一舍《いっしゃ》は、日本の約三里。一二キロメートル）。軍隊の一日の道のり。軍隊が一日三〇里を行軍して一泊するからいう。」）の場所で止まった。我が軍はすべての兵力で防ごうとしたが、ここでも敗れ、死者は一萬餘人になった。唐兵は勝ちに乗じて城に肉薄した。王は逃れることができないことを悟り、「成忠（成忠は、一六年春三月の記事で、諫言して、獄死した）の言を聞いておけば良かった。」と嘆いた。

以至於此　遂與太子孝走北鄙　定方圍其城　王次子泰自立爲王　率衆固守　太子子文思謂王子隆曰　王與太子出　而叔擅爲王　若唐兵解去　我等安得全　遂率左右縋而出　民皆從之　泰不能止　定方令士超堞　立唐旗幟　泰窘迫　開門請命　於是　王及太子孝與諸城皆降　定方以王及太子孝・王子泰・隆・演及大臣將士八十八人百姓一萬二千八百七人送京師

ここに至って、王は太子の孝と共に北部の辺境の地に逃げた。唐軍の蘇定方は王城を包囲した。王の次男の泰は、自ら王となり、多くの人を率いて城を守り固めた。太子（孝）の子の文思は、王子の隆に、「王と太子（父）が逃げ出したので、叔《おじ》が擅《ほしいまま》に王になった。もし、唐兵が城の包囲を解いて退却したら、我等は無事ではいられません。」と言った。そして、近習の者を連れて、縄に縋《すが》って城から脱出した。民は皆後に従ったので、泰も止めることができなかった。唐軍の蘇定方は、兵に命じて堞《ちょう》（小さな垣）を乗り越え、城に唐の旗幟を立てさせた。泰は迫る事態に窘《くるし》み、開門し、命乞いをした。ここに於いて、王及び太子の孝は、諸城すべてと共に、降伏した。唐軍の蘇定方は、王及び太子・孝、王子・泰・隆・演、及び大臣・将軍八八人、百姓一二、八〇七人を唐の都に送った。

國本有五部・三十七郡・二百城・七十六萬戸　至是　析置熊津　馬韓　東明　金漣　徳安五都督府　各統州縣　擢渠長爲都督　刺史　縣令以理之　命郎將劉仁願守都城　又以左衛郎將王文度爲熊津都督撫其餘衆　定方以所俘見　上責而宥之　王病死　贈金紫光祿大夫衛尉卿　許舊臣赴臨　詔葬孫皓　陳叔寶墓側　幷爲竪碑　授隆司稼卿　文度濟海卒　以劉仁軌代之

　そもそも百濟国は五部、三七郡、二〇〇城、七六万戸であった。ここに至って、熊津・馬韓・東明・金漣・徳安の五都督府を置き、それぞれの州・縣を統括する為、首長を擢《てきぬ》き渠《かしら》とし、都督・刺史・縣令として、これに治めさせた。郎將・劉仁願に都城を守らせ、また、左衛郎將・王文度を熊津都督にして、百濟の残留した民を安心させた。唐軍の蘇定方は捕虜を唐帝に接見させた。唐帝は、捕虜を叱責したのち、許した。その後、百濟王は病死したので、金紫光祿大夫・衛尉卿を追贈し、舊臣に王の臨終の場の面会を許した。孫皓・陳叔寶の墓の側への埋葬を認め、碑を建立させた。隆に司稼卿を授けた。王文度は海を渡って百濟に戻り、亡くなった。その為、劉仁軌を之に代えた。

武王從子福信嘗將兵　乃與浮屠道琛　據周留城叛　迎古王子扶餘豊嘗質於倭國者　立之爲王　西北部皆應　引兵圍仁願於都城　詔起劉仁軌檢校帶方州刺史　將王文度之衆　便道發新羅兵　以救仁願　仁軌喜曰　天將富貴此翁矣　請唐曆及廟諱而行曰　吾欲掃平東夷　頒大唐正朔於海表　仁軌御軍嚴整　轉鬬而前　福信等立兩柵於熊津江口以拒之　仁軌與新羅兵合擊之　我軍退走　入柵阻水　橋狹墮溺及戰死者萬餘人　福信等乃釋都城之圍　退保任存城　新羅人以粮盡引還　時　龍朔元年三月也

武王の從子《おい》（甥）の福信は、以前軍を統率していた。浮屠《ふと》（僧）の道琛と共に、周留城で反乱を起こした。倭國（日本）に人質に出されていた旧百済国の王子の扶餘豊を迎えて、王にした。百濟の西北部地域は皆、このことに呼応して、兵を引き連れて、仁願（郎將・劉仁願）の居る都城を包囲した。そこで、唐帝は、劉仁軌を檢校帯方州刺史に任じて、王文度の軍を差し向け、新羅兵も合流させ、劉仁願の援軍とした。劉仁軌は喜んで、「天は富貴をこの翁（私）に授けようとされている。」と言った。唐暦及び廟諱を貰い受け、それを持って行き、「私は、東夷を平定し、大唐の正暦を海外まで行き渡らせたい。」と言った。劉仁軌は、軍を厳格に統制し、戦いながら前進した。福信らは、二つの柵を熊津の河口に築いて防戦したが、劉仁軌は新羅兵と合流して、これを攻撃した。百濟軍は敗退し、柵中に入り、川で防いだ。橋の幅が狭く、川に落ちで溺れ死ぬ者など戰死者は萬餘人に上った。福信らは、都城の包囲を解き、任存城まで後退した。新羅兵は兵糧が尽きたので、引き返した。時は、龍朔元年（西暦六六一年）三月のことである。

於是道琛自稱領車將軍　福信自稱霜岑將軍　招集徒衆　其勢益張　使告仁軌曰　聞大唐與新羅約誓

百濟無問老少一切殺之　然後以國付新羅　與其受死　豈若戰亡　所以聚結自固守耳　仁軌作書　具陳禍福　遣使諭之　道琛等恃衆驕倨　置仁軌之使於外館嫚報曰　使人官小　我是一國大將　不合參　不答書　徒遣之　仁軌以衆小　與仁願合軍　休息士卒　上表請合新羅圖之　羅王春秋奉詔　遣其將金欽將兵救仁軌等　至古泗　福信邀擊敗之　欽自葛嶺道遁還　新羅不敢復出　尋而福信殺道琛　幷其兵豊不能制　但主祭而已　福信等以仁願等孤城無援　遣使慰之曰　大使等何時西還　當遣相送

ここに於いて、僧の道琛は自ら領車将軍と名乗り、福信は自ら霜岑將軍と名乗った。兵を集め、その勢力は増々盛んになった。百濟の使者は唐の劉仁軌に、「大唐は新羅と誓いを立てたと聞き及んでいます。百濟の老少を問わず皆殺しにし、その後は、百濟の地を新羅に与えるとのこと。黙って死を受け入れるよりも、戦って死ぬ方を選びます。この為に、百済人は、自ら団結し、自らを守ろうとしているだけです。」と訴えた。劉仁軌は文をしたため、具体的に、戦闘になった場合の禍福を書き表し、使者を派遣し、諭した。しかし、僧の道琛らは衆を恃《たの》んで驕り高ぶり、劉仁軌の使者を城外の館に留め置いて、嫚《あなど》って、「使者は小役人である。私は一國の大將である。会いもしないし、返事もしない。これは無用な使いである。」と返答した。劉仁軌は、自己の軍が小規模なので、劉仁願軍と合流し、兵を休ませて、唐帝に「新羅圖軍との合流」の願いを上表した。新羅王・春秋は、唐帝の詔により、将軍・金欽に兵を率いさせ、唐の劉仁軌らの援軍として派兵し、古泗に着いた。福信はそれを邀《むか》え撃ち破った。新羅の将軍・金欽は葛嶺道から逃げ帰った。その後は、新羅がふたたび出陣することはなかった。福信は、僧の道琛を探し出し殺した。道琛の兵を合流させたが、百濟王・扶餘豊には手に余るものであった。ただ、祭祀の主だけの役目だった。福信らは、劉仁願らが孤立無援で城を守っているので、使者を派遣し、「大使らは、何時、唐に戻られるのか。その時は、送り届けます。」と言わせた。

二年七月　仁願　仁軌等大破福信餘衆於熊津之東　拔支羅城及尹城　大山　沙井等柵　殺獲甚衆　仍令分兵以鎭守之　福信等以眞峴城臨江高嶮當衝要　加兵守之　仁軌夜督新羅兵　薄城板堞　比明而入城　斬殺八百人　遂通新羅饟道　仁願奏請益兵　詔發淄・青・萊・海之兵七千人　遣左威衛將軍孫仁師　統衆浮海　以益仁願之衆

龍朔二年（西暦六六二年）七月に、唐の劉仁願・劉仁軌らは、百済の福信軍を熊津の東で大破し、支羅城及び尹城・大山・沙井らの柵を占拠し、多くの兵を殺したり捕虜とした。また、兵を分けて、そこを鎮守させた。福信らは、眞峴城が江に臨み、高く嶮しい要害の地である為、兵を増やして守らせた。劉仁軌は、夜、新羅兵に命じて、城の板作りの堞《ちょう》（小さな垣）まで迫らせ、夜明けに城に攻め込み、八百人を斬殺し、遂に新羅への兵糧道を確保した。劉仁願は、増兵の要請を、唐帝に奏上した。唐帝は、淄・青・萊・海の州兵七千人を、左威衛将軍・孫仁師に授けて、海上経路で劉仁願の軍の援軍に差し向けた。

時福信既專權　與扶餘豊寖相猜忌　福信稱疾　臥於窟室　欲俟豊問疾執殺之　豊知之　帥親信　掩殺福信　遣使高句麗倭國乞師　以拒唐兵　孫仁師中路迎擊破之　遂與仁願之衆相合　士氣大振　於是諸將議所向　或曰　加林城水陸之衝　合先擊之　仁軌曰　兵法避實擊虛　加林嶮而固　攻則傷士　守則曠日　周留城百濟巣穴　羣聚焉　若克之　諸城自下　於是　仁師・仁願及羅王金法敏帥陸軍進　劉仁

軌及別帥杜爽扶餘隆帥水軍及粮船　自熊津江往白江　以會陸軍　同趍周留城　遇倭人白江口　四戰皆克　焚其舟四百艘　煙炎灼天　海水爲丹　王扶餘豊脫身而走　不知所在　或云奔高句麗　獲其寶劒　王子扶餘忠勝・忠志等帥其衆　與倭人並降　獨遲受信據任存城未下

この時、福信は既に全権を掌握していた。福信と扶餘豊は、互いに疑心暗鬼に陥っていた。福信は、病気だと偽り窟室で横になって、王・扶餘豊が見舞いに来たら殺そう、と考えた。王・扶餘豊はそれを知り、親衛隊を率いて、不意打ちで福信を殺した。王・扶餘豊は、使者を高句麗、倭國に派遣し、援軍を要請し、それで唐兵を防ごうとした。孫仁師は、その途中の道でこれを撃破し、遂に、劉仁願の軍と合流した。その為、士気は大いに揚がった。ここに於いて、唐の将軍らは今後の戦略を協議した。ある者は、「加林城は水陸の要害の地なので、全軍で最初に攻撃すべき。」と言った。劉仁軌は、「兵法では、『実を避けて虚を撃つ』と云う。加林城は嶮しく堅固であるから、攻めれば多くの死傷者がでる。そこで、この都城を守り抜けば、周留城は百濟の巣穴であるから、百濟兵が群聚（むれあつまる）している。もし、これに勝つことができれば、百濟の諸城はおのずから軍門に下ってくる。」と言った。ここに於いて、孫仁師、劉仁願及び新羅王・金法敏は、陸軍を率いて進軍し、劉仁軌及び別帥の杜爽、扶餘隆は、水軍及び兵糧船を率いて、熊津江から白江に進み、陸軍と合流した。そこから、一緒に周留城に進軍した。そして、倭軍と白江口で遭遇し、四戰してすべてで勝利を収めた。倭軍舟四百艘を焼き、その煙は天を焦がし、海の水は丹《あか》く染まった。百濟王・扶餘豊は逃げ出し、所在が分からなくなった。ある人は「高句麗に逃げた。」と言った。唐軍は百濟王・扶餘豊の寶劒を手に入れた。百濟王子・扶餘忠勝・忠志らは、軍隊を引き連れて、倭人と共に降伏した。ただ、遲受信は独り、任存城に残り、降伏しなかった。

七　長安城図

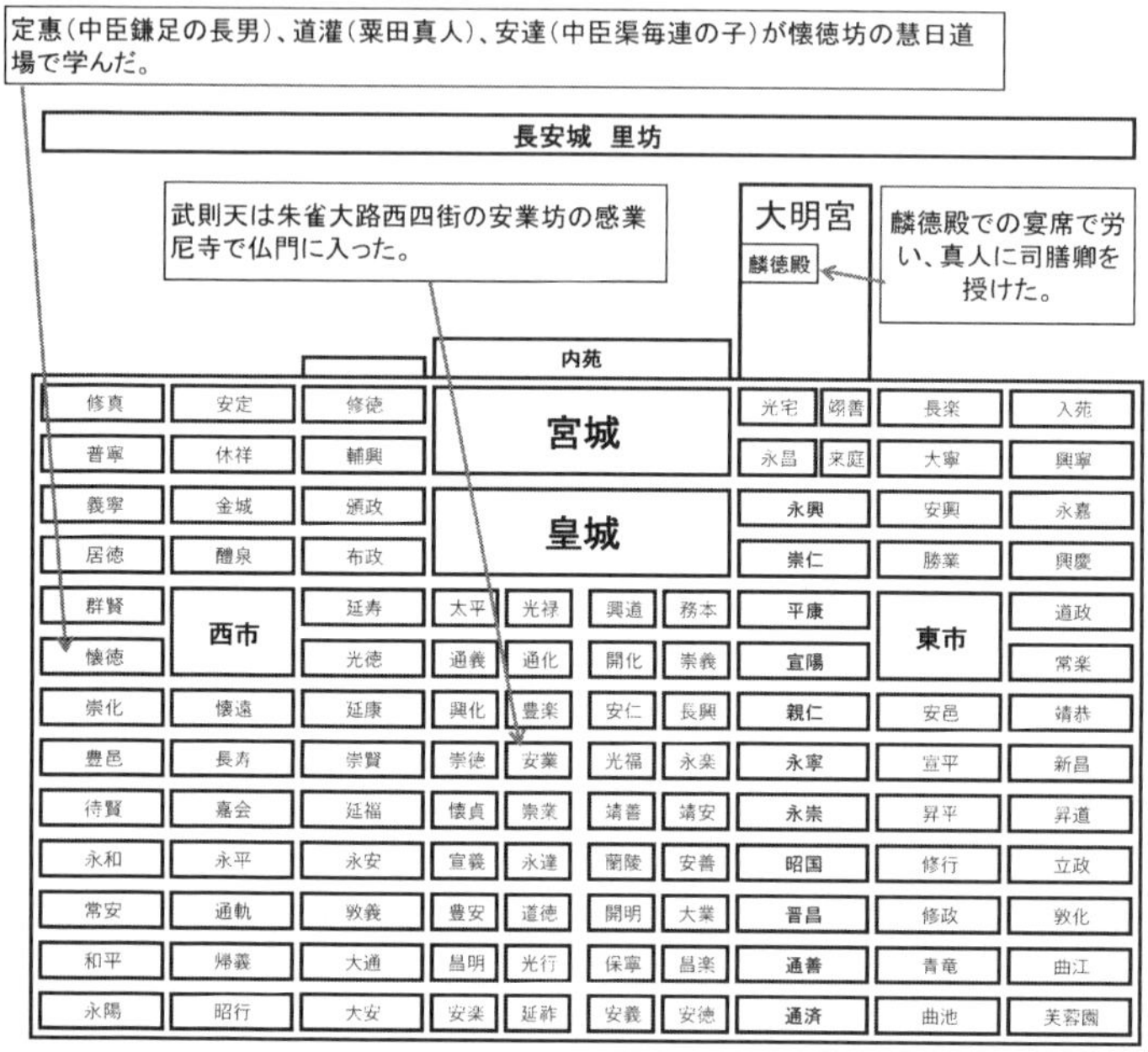
定恵（中臣鎌足の長男）、道灌（粟田真人）、安達（中臣渠毎連の子）が懐徳坊の慧日道場で学んだ。
長安城　里坊
武則天は朱雀大路西四街の安業坊の感業尼寺で仏門に入った。
大明宮
麟徳殿
麟徳殿での宴席で労い、真人に司膳卿を授けた。
内苑
宮城
皇城
西市
東市
修真　安定　修徳　光宅　翊善　長楽　入苑
普寧　休祥　輔興　永昌　来庭　大寧　興寧
義寧　金城　頒政　永興　安興　永嘉
居徳　醴泉　布政　崇仁　勝業　興慶
群賢　延寿　太平　光禄　興道　務本　平康　道政
懐徳　光徳　通義　通化　開化　崇義　宣陽　常楽
崇化　懐遠　延康　興化　豊楽　安仁　長興　親仁　安邑　靖恭
豊邑　長寿　崇賢　崇徳　安業　光福　永楽　永寧　宣平　新昌
待賢　嘉会　延福　懐貞　崇業　靖善　靖安　永崇　昇平　昇道
永和　永平　永安　宣義　永達　蘭陵　安善　昭国　修行　立政
常安　通軌　敦義　豊安　道徳　開明　大業　晋昌　修政　敦化
和平　帰義　大通　昌明　光行　保寧　昌楽　通善　青竜　曲江
永陽　昭行　大安　安楽　延祚　安義　安徳　通済　曲池　芙蓉園

八　平城京図

藤原不比等は、文武天皇・大宝元年（西暦七〇一年）に四三歳で正三位に叙せられ大納言に昇進している。邸宅は、平城宮の東側に隣接していた。不比等の死後、娘である光明皇后が敷地の一部を転用して法華寺、海龍王寺を創建している。

粟田真人は、元明天皇・和銅八年（西暦七一五年）に正三位に叙せられている。

長屋王は、元正天皇・霊亀二年（西暦七一六年）に正三位に叙せられている。長屋王の邸宅は平城宮の東南、平城京左京二条二坊にあり、二条大路に面し、南は曲水苑池の庭である平城京の左京三条二坊宮跡庭園と向かいあっている。

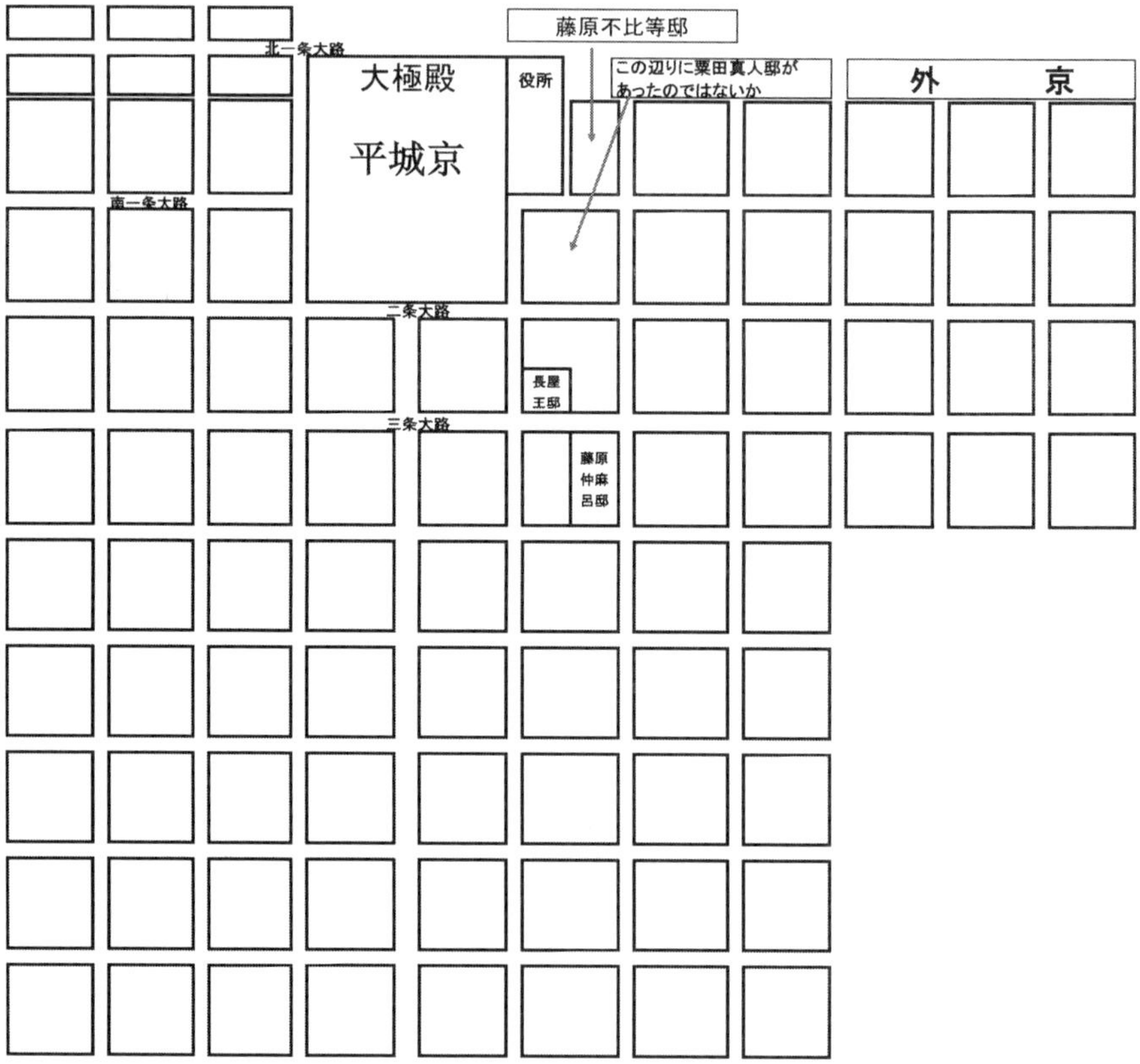
藤原不比等邸
北一条大路
大極殿
平城京
役所
この辺りに粟田真人邸があったのではないか
外　京
南一条大路
二条大路
長屋王邸
三条大路
藤原仲麻呂邸

九　位階

日本書紀　冠位一二階　推古天皇一一年一二月五日
推古天皇一一年十二月戊辰朔壬申　始行冠位　大德・小德・大仁・小仁・大禮・小禮・大信・小信・大義・小義・大智・小智　幷十二階
推古天皇一一年（西暦六〇四年）一二月戊辰（干支の五番目）の日を朔（一日）とする壬申（干支の九番目）の日である五日、初めて冠位を施行した。〜全部で一二階である。
徳仁礼信義智の順になっている。

隋書俀国伝
官に一二等あり。徳仁義礼智信の順になっている。
大徳・小徳、大仁・小仁、大義・小義、大礼・小礼、大智・小智、大信・小信で定員がない。
推古天皇の冠位一二階は、俀国の一二等の官と異なる。俀国の官位の順は中国の儒教の徳目である五常（ごじょう　仁義礼智信）と同一。

日本書紀の官位は中国の順を意識承知したうえで意図的に順を変更している。儒教の徳目をそのまま取り入れることを拒否しているように思われる。

七色十三階冠　冠位十三階制　大化三年（西暦六四七年）の冠位制。

孝徳天皇大化三年是歳　制七色一十三階之冠
一曰織冠　有大小二階　以織爲之　以繡裁冠之緣　服色並用深紫　二曰繡冠　有大小二階　以繡爲之
其冠之緣　服色並同織冠　三曰紫冠　有大小二階　以紫爲之　以織裁冠之緣　服色用淺紫　四曰錦冠
有大小二階　其大錦冠　以大伯仙錦爲之　以織裁冠之緣　其小錦冠　以小伯仙錦爲之　以大伯仙錦
裁冠之緣　服色並用眞緋　五曰青冠　以青絹爲之　有大小二階　其大青冠　以大伯仙錦　裁冠之緣
其小青冠　以小伯仙錦　裁冠之緣　服色並用紺　六曰黑冠　有大小二階　其大黑冠　以車形錦　裁冠
之緣　其小黑冠　以菱形錦　裁冠之緣　服色並用緑　七曰建武初位　又名立身以黑絹爲之　以紺裁冠
之緣
別有鐙冠　以黑絹爲之　其冠之背張漆羅　以緣與鈿異高下　形似於蟬　小錦冠以上之鈿　雜金銀爲之
大小青冠之鈿　以銀爲之　大小黑冠之鈿　以銅爲之　建武之冠　無鈿也　此冠者　大會・饗客・四月
七月齋時所着焉

孝徳天皇大化三年（西暦六四七年）のこの年、七種一三階の冠位を制定した。

第一を織冠《おりもののこうぶり》といい、大小二階がある。織物（綴錦《つづれにしき》）で作られ、刺繡《ししゅう》の飾りで冠のふちを取巻いている。服の色は揃いで深紫である。

第二を繍冠《ぬいもののこうぶり》といい、大小二階がある。繍で作られ、冠の縁や服の色は織冠《おりもののこうぶり》と同じ。

第三を紫冠《むらさきのこうぶり》といい、大小二階がある。紫で作り織《おりもの》冠の縁を取巻く。服の色は浅紫《あさむらさき》。

第四を錦冠《にしきのこうぶり》といい、大小二階がある。その大錦冠《だいきんのこうぶり》は大伯仙《だいはくせん》（錦の文様の一種）の錦で作られ、織で冠の縁を取巻いている。小錦冠《しょうきんのこうぶり》は小伯仙《しょうはくせん》の錦で作られ、大伯仙《だいはくせん》の錦で冠の縁を取り巻いている。服の色は同じく真緋《あけ》を用いる。

第五を青冠《あおきこうぶり》といい、青絹で作られ、大小二階がある。大青冠《だいしょうのこうぶり》は大伯仙の錦で冠の縁を取巻いている。小青冠《しょうじょうのこうぶり》は小伯仙の錦で、冠の縁を取巻いている。服の色は共に紺を用いる。

第六を黒冠《くろきこうぶり》といい、大小二階がある。大黒冠《だいこくのこうぶり》は車形の錦で冠の縁を取巻いている。小黒冠《しょうこくのこうぶり》は菱形の錦で冠の縁を取巻く。服の色は共に緑を用いる。

第七を建武《けんむ》といい、これは黒絹で作られ、紺《ふかきはなだ》で冠の縁を取巻く。

一三階とは別に鐙冠《つぼこうぶり》というのがある。黒絹で作られる。冠の鉢巻きは漆塗りの羅《うすはた》を張り、縁と細（正面の飾り）の高さ短さで区別する。鈿《うず》（かざり、かんざし）の形は蟬《せみ》に似ている。小錦冠《しょうきんのこうぶり》以上の鈿《うず》（かんざし）は金と銀を使って作る。大小青冠《だいしょうのしょうのこうぶり》の鈿《うず》（かんざし）は銀製である。大小《だいしょうの》黒冠《こくのこうぶり》の鈿《うず》（かんざし）は銅製で、建武の冠は鈿《うず》（かんざし）はない。これらの冠は大きな儀式の時、外国使臣の接待、四月（灌仏会）、七月（盂蘭盆会《うらぼんえ》）の斎式の時などに着用する。

位階の種類と順位

大織・小織、大繡・小繡、大紫・小紫、大錦・小錦、大青・小青、大黒・小黒、建武

冠十九階　日本書紀大化五年（西暦六四九年）二月の条に、「冠十九階を制す」との記録がある。

孝徳天皇大化五年春正月丙午朔　賀正焉
二月　制冠十九階　一曰大織　二曰小織　三曰大繡　四曰小繡　五曰大紫　六曰小紫　七曰大花上
八曰大花下　九曰小花上　十曰小花下　十一曰大山上　十二曰大山下　十三曰小山上　十四曰小山下
十五曰大乙上　十六曰大乙下　十七曰小乙上　十八曰小乙下　十九曰立身
是月　詔博士高向玄理與釋僧旻　置八省百官

孝徳天皇大化五年（西暦六四九年）春一月丙午（干支四三番目）の日を朔（一日）とする日に、拝賀の式をした。

二月、冠制を改め、冠位一九階を制定した。

第一　大織《だいしき》、第二　小織《しょうしき》、第三　大繡《だいしゅう》、第四　小纏《しょうしゅう》、第五　大紫《だいし》、第六　小紫《しょうし》、第七　大花上《だいかじょう》、第八　大花下《だいかげ》、第九　小花上《しょうかじょう》、第一〇　小花下《しょうかげ》、第一一　大山上《だいせんじょう》、第一二　大山下《だいせんげ》、第一三　小山上《しょうせんじょう》、第一四　小山下《しょうせんげ》、第一五　大乙上《だいおつじょう》、第一六　大乙下《だいおつげ》、第一七　小乙上《しょうおつじょう》、第一八　小乙下《しょうおつげ》、第一九　立身《りゅうしん》という。

この月、博士《はかせ》の高向玄理《たかこのげんり》と釈僧《しゃくそう》・旻《みん》とに詔《みことのり》して、八省百官の制度を設置した。

位階の種類と順位

大織、小織、大繡、小繡、大紫、小紫、大花上、大花下、小花上、小花下、大山上、大山下、小山上、小山下、大乙上、大乙下、小乙上、小乙下、立身

冠位二十六階制　日本書紀　天智天皇三年（西暦六六四年）
天智天皇三年春二月己卯朔丁亥　天皇命大皇弟　宣増換冠位階名及氏上　民部　家部等事　其冠有廿六階　大織　小織　大縫　小縫　大紫　小紫　大錦上　大錦中　大錦下　小錦上　小錦中　小錦下　大山上　大山中　大山下　小山上　小山中　小山下　大乙上　大乙中　大乙下　小乙上　小乙中　小乙下　大建　小建　是爲廿六階焉
改前花曰錦　従錦至乙加十階　又加換前初位一階　爲大建・小建二階　以此爲異　餘並依前
其大氏之氏上　賜大刀　小氏之氏上　賜小刀　其伴造等之氏上　賜干楯　弓矢　亦定其民部　家部

天智天皇三年（西暦六六四年）春二月己卯（干支の一六番目）の日を朔（一日）とする日の丁亥（干支の二四番目）の日である九日、皇太子（中大兄《なかのおおえ》）は弟の大海人皇子《おおあまのみこ》に詔《みことのり》して、冠位の階名を増加し変更することと、氏上《このかみ》、民部《かきべ》、家部《やかべ》などを設けることを告げられた。

その冠位は二六階ある。大織《だいしき》、小織《しょうしき》、大縫《だいぶう》、小縫《しょうぶう》、大紫《だいし》、小紫《しょうし》、大錦上《だいきんじょう》、大錦中《だいきんちゅう》、大錦下《だいきんか》、小《しょう》錦上《きんじょう》、小錦中《しょうきんちゅう》、小錦下《しょうきんか》、大山上《だいせんじょう》、大山中《だいせんちゅう》、大山下《だいせんか》、小山上《しょうせんじょう》、小山中《しょうせんちゅう》、小山下《しょうせんか》、大乙上《だいおつじょう》、大《だい》乙中《おつちゅう》、大乙下《だいおつか》、小乙上《しょうおつじょう》、小乙中《しょうおつちゅう》、小乙下《しょうおつか》、大建《だいこん》、小建《しょうこん》の二六。

以前の花を錦と改めた。錦より乙に至るまで一〇階増えた。また、これまでの初位一階を増し、改

めて大建《だいこん》、小建《しょうこん》二階とした。これが異ったところで、他は前のままである。大氏《おおうじ》の氏上《このかみ》には大刀を賜わり、小氏の氏上には小刀を賜わる。伴造《とものみやつこ》らの氏上には楯《たて》、弓矢を賜わり、またその民部《かきべ》と家部《やかべ》を定めた。

位階の種類と順位

大織、小織、大縫、小縫、大紫、小紫、大錦上、大錦中、大錦下、小錦上、小錦中、小錦下、大山上、大山中、大山下、小山上、小山中、小山下、大乙上、大乙中、大乙下、小乙上、小乙中、小乙下、大建、小建

諸王十二階　冠位四十八階
天武天皇一四年（西暦六八五年）一月二一日制定の冠位四八階
天武天皇十四年春正月丁未朔戊申　百寮拝朝庭　丁卯　更改爵位之號　仍増加階級
明位二階　浄位四階　毎階有大廣幷十二階　以前諸王已上之位
正位四階　直位四階　勤位四階　務位四階　追位四階　進位四階　毎階有大廣　幷卌八階　以前諸臣之位
是日　草壁皇子尊授浄廣壹位　大津皇子授浄大貳位　高市皇子授浄廣貳位　川嶋皇子忍壁皇子授浄大參位　自此以下諸王諸臣等　増加爵位各有差

天武天皇一四年（西暦六八五年）春正月丁未（干支の四四番目）を朔（一日）とする日の戊申（干

支の四五番目）である二日に、百寮《もものつかさ》は朝庭を拝し賀正の礼を行った。丁卯（干支の四番目）である二一日、さらに爵位の号を改め階級を増加した。

明位は二階、浄位は四階、各階に大と広があり、合わせて一二階、これは諸王（親王、王の皇族）以上の位である。

正位は四階、直位は四階、勤位は四階、務位は四階、追位は四階、進位は四階、階ごとに大と広とあり、合わせて四八階。これは諸臣の位である。

この日、草壁皇子に尊く浄広一位（第六位）を授けられた。大津皇子に浄大二位（第七位）を授けられた。高市皇子に浄広二位（第八位）を授けられた。川嶋皇子と忍壁皇子に浄大三位（第九位）を授けられた。これ以下の諸王、諸臣らに、それぞれ爵位を加増された。

諸王一二階

第一位　明大壱
第二位　明広壱
第三位　明大弐
第四位　明広弐
第五位　浄大壱
第六位　浄広壱
第七位　浄大弐

第八位　浄広弐
第九位　浄大参
第十位　浄広参
第十一位　浄大肆
第十二位　浄広肆
諸臣四十八階
正大壱、正広壱、正大弐、正広弐、正大参、正広参、正大肆、正広肆、
直大壱、直広壱、直大弐、直広弐、直大参、直広参、直大肆、直広肆、
勤大壱、勤広壱、勤大弐、勤広弐、勤大参、勤広参、勤大肆、勤広肆、
務大壱、務広壱、務大弐、務広弐、務大参、務広参、務大肆、務広肆、
追大壱、追広壱、追大弐、追広弐、追大参、追広参、追大肆、追広肆、
進大壱、進広壱、進大弐、進広弐、進大参、進広参、進大肆、進広肆

大宝律令　続日本紀
文武天皇大寶元年（西暦七〇一年）
三月甲戌朔甲午　對馬嶋貢金　建元為大寶元年　始依新令　改制官名位号　親王明冠四品　諸王浄冠
十四階　合十八階　諸臣　正冠六階　直冠八階　勤冠四階　務冠四階　追冠四階　進冠四階　合卅階

外位始直冠正五位上階　終進冠少初位下階　合十二等
始停賜冠　易以位記　語在年代暦　又服制　親王四品已上　諸王諸臣一位者皆黒紫　諸王二位以下
諸臣三位以上者皆赤紫　直冠上四階深緋　下四階淺緋　勤冠四階深緑　務冠四階淺緑　追冠四階深縹
進冠四階淺縹　皆漆冠　綺帶　白襪　黒革舃　其袴者　直冠以上者皆白縛口袴　勤冠以下者白脛裳
授左大臣正廣貳多治比眞人嶋正正二位　大納言正廣參阿倍朝臣御主人正從二位　中納言直大壹石上朝
臣麻呂　直廣壹藤原朝臣不比等正正三位　直大壹大伴宿祢安麻呂　直廣貳紀朝臣麻呂正從三位　又諸
王十四人　諸臣百五人　改位号進爵　各有差　以大納言正從二位阿倍朝臣御主人為右大臣　中納言正
正三位石上朝臣麻呂　藤原朝臣不比等　正從三位紀朝臣麻呂　並為大納言　是日罷中納言官

文武天皇大寶元年（西暦七〇一年）三月甲戌（干支の一一番目）の日を朔（一日）とする甲午（干支の三一番目）の日である二一日、對馬嶋（対馬島）が金を貢《みつ》いできたので、元号を建て大寶元年と為し、始めて新令に依りて官名と位号を改めて制し、親王に明冠四品《ほん》、諸王に浄冠一四階、合わせて一八階、諸臣に正冠六階、直冠八階、勤冠四階、務冠四階、追冠四階、進冠四階合わせて三〇階、外位は直冠正五位上階に始まり、進冠少初位下階に終わるまで合わせて二〇階、勲位は正冠三位に始まり、追冠從八位下階に終わるまで合わせて一二等、始めて賜冠を停し、易《えき》に位記を以てす、語は年代暦に基づいている、又朝服を制し、親王四品已上、諸王諸臣一位の者は皆黒紫、諸王二位以下諸臣三位以上の者は皆赤紫、直冠上四階は深緋、下四階は淺緋、勤冠四階は深緑、務冠四階は淺緑、追冠四階は深縹《はなだ》（明度が高い薄青色）、進冠四階は淺縹、皆漆の冠、綺《あや》（錦に似た薄い絹織物）の帯、白の襪《しとうず》（靴下）、黒革の舄《せき》（履《くつ》）、其の袴は直冠以上の者は皆白の縛口袴《くりばかま》（袴《はかま》の裾《すそ》口に紐《ひも》を込めて通し、引き絞って裾口をすぼめて括《くく》る袴）、勤冠以下の者は白の脛裳《はぎも》（裳《も》形式の下衣）

左大臣正広二・多治比眞人嶋に正正二位、大納言正広三・阿倍朝臣御主人に正従二位、中納言直大一・石上朝臣麻呂、直広一・藤原朝臣不比等に正正三位、直大一・大伴宿祢安麻呂、直広二・紀朝臣麻呂に正従三位を授け、又諸王一四人、諸臣一〇五人、位号を改ため爵位を進め、各に差が有る。大納言正従二位・阿倍朝臣御主人を以て右大臣と為し、中納言正正三位・石上朝臣麻呂、藤原朝臣不比等、正従三位紀朝臣麻呂を以て並んで大納言と為し、是の日に中納言官を罷めた。

位階の種類と順位

親王に明冠四品、諸王に浄冠一四階

諸臣に、正冠六階、直冠八階、勤冠四階、務冠四階、追冠四階、進冠四階の合わせて三〇階

外位に、始直冠正五位上階に始まり、進冠少初位下階に終わるまで合わせて二〇階

十　十干十二支の順番と読み方

（十二支を使用した年代・暦の計算の参考。日本書紀を読むときの助けになります。）

十干十二支（えと）の何番目かに当たるか当て嵌めます。例えば、孝徳天皇白雉四年夏五月辛亥朔壬戌」は、「孝徳天皇白雉四年（西暦六五三年）の夏五月辛亥（干支の四八番目）を朔（初日）とする壬戌（干支の五九番目）の日である一二日（五九－四八＋一＝一二）」と読みます。

順番	十干十二支	訓読み	音読み
一	甲子	きのえね	かっし
二	乙丑	きのとうし	いっちゅう
三	丙寅	ひのえとら	へいいん
四	丁卯	ひのとう	ていぼう
五	戊辰	つちのえたつ	ぼしん
六	己巳	つちのとみ	きし
七	庚午	かのえうま	こうご

八　辛未　かのとひつじ　しんび
九　壬申　みずのえさる　じんしん
一〇　癸酉　みずのととり　きゆう
一一　甲戌　きのえいぬ　こうじゅつ
一二　乙亥　きのとい　いつがい
一三　丙子　ひのえね　へいし
一四　丁丑　ひのとうし　ていちゅう
一五　戊寅　つちのえとら　ぼいん
一六　己卯　つちのとう　きぼう
一七　庚辰　かのえたつ　こうしん
一八　辛巳　かのとみ　しんし
一九　壬午　みずのえうま　じんご
二〇　癸未　みずのとひつじ　きび
二一　甲申　きのえさる　こうしん
二二　乙酉　きのととり　いつゆう
二三　丙戌　ひのえいぬ　へいじゅつ
二四　丁亥　ひのとい　ていがい

二五　戊子　ちのえね　ぼし
二六　己丑　つちのとうし　きちゅう
二七　庚寅　かのえとら　こういん
二八　辛卯　かのとう　しんぼう
二九　壬辰　みずのえたつ　じんしん
三〇　癸巳　みずのとみ　きし
三一　甲午　きのえうま　こうご
三二　乙未　きのとひつじ　いつび
三三　丙申　ひのえさる　へいしん
三四　丁酉　ひのととり　ていゆう
三五　戊戌　つちのえいぬ　ぼじゅつ
三六　己亥　つちのとい　きがい
三七　庚子　かのえね　こうし
三八　辛丑　かのとうし　しんちゅう
三九　壬寅　みずのえとら　じんいん
四〇　癸卯　みずのとう　きぼう
四一　甲辰　きのえたつ　こうしん

四二　乙巳　きのとみ　いつし
四三　丙午　ひのえうま　へいご
四四　丁未　ひのとひつじ　ていび
四五　戊申　つちのえさる　ぼしん
四六　己酉　つちのととり　きゆう
四七　庚戌　かのえいぬ　こうじゅつ
四八　辛亥　かのとい　しんがい
四九　壬子　みずのえね　じんし
五〇　癸丑　みずのとうし　きちゅう
五一　甲寅　きのえとら　こういん
五二　乙卯　きのとう　いつぼう
五三　丙辰　ひのえたつ　へいしん
五四　丁巳　ひのとみ　ていし
五五　戊午　つちのえうま　ぼご
五六　己未　つちのとひつじ　きび
五七　庚申　かのえさる　こうしん
五八　辛酉　かのととり　しんゆう

五九　壬戌　みずのえいぬ　じんじゅつ
六〇　癸亥　みずのとい　きがい

安田権寧（やすだ・けんねい）
昭和54年東京大学法学部卒業（在学中は応援部・主将）
社団法人日本善行会理事（善行調査委員。平成17年退任）
学校・家庭インターネットコミュニケーション共同実験協議会事務局長代行（文部省指導の下、文部省OB、教育関係団体、IT企業で設立。CSK会長大川功氏が協議会会長。文部省、CSK、日立製作所等IT関係企業、日教組、日本PTA全国協議会等参加）
株式会社ビックカメラ取締役・執行役員・法務部長等を歴任。

日本の原点　至宝の外交官　遣唐執節使・粟田真人

2024年4月23日　　第1刷発行

著　者——— 安田権寧
発　行——— 日本橋出版
〒103-0023　東京都中央区日本橋本町2-3-15
https://nihonbashi-pub.co.jp/
電話／03-6273-2638
発　売——— 星雲社（共同出版社・流通責任出版社）
〒112-0005　東京都文京区水道1-3-30
電話／03-3868-3275

ISBN 978-4-434-33708-6